働き方改革時代の規程集

森・濱田松本法律事務所［編著］

労務行政

はじめに

　本書は、企業が労働法上の制度実施に関連して必要と考えられる書式や規程例をまとめたものである。すでに読者諸氏もご案内のとおり、近年特に労働環境の変化が著しい。少子高齢化により労働人口が減少した結果、これまでより多様な人材を労働力として活用する必要が生じるにつれ、生産効率が悪く、かつ健康を害する（時には過労死をも発生させる）長時間労働に対しては、ますます厳しい目が向けられるようになっている。また、正社員といわゆる非正規労働者の格差は深刻となり、若者が低い収入でキャリアアップを図れないという事態も生じている。

　このような時代背景の下、推進されているのが働き方改革であり、2018年に成立した働き方改革関連法である。その一部は2019年4月1日から施行され、従前の36協定届の様式が変更となったのをはじめ、新たに導入された高度プロフェッショナル制度に伴う労使委員会の決議等、様々な手続きが追加されたほか、年次有給休暇の使用者による時季指定義務等が課せられるなど、人事制度を実施するための手続きはますます複雑化している。

　このように労働環境が大きく変化・複雑化している時代において、適法な手続きを踏んで制度に対応していくことはかなりの労力を要することになる。本書においては、働き方改革関連法によって新たに成立した制度のみならず、人事制度全般について、法令上求められている手続きに必要な書式を網羅している。働き方改革を踏まえ、人事制度の改革を検討し、新たな手続きが必要となる企業もあろうかと思うが、本書がその労力を軽減する一助となればうれしく思う。

　最後に、本書の執筆にあたっては、株式会社労務行政の代表取締役である小出健治氏に自ら編集をご担当いただいた。この場を借りて篤く御礼申し上げる。

2019年5月

執筆者を代表して
森・濱田松本法律事務所
弁護士　安倍　嘉一

働き方改革時代の規程集　目次

第1章　労働時間

1. 1カ月単位の変形労働時間制に関する書式 —— 17
　（1）1カ月単位の変形労働時間制に関する労使協定 —— 18
　（2）1カ月単位の変形労働時間制に関する協定届 —— 20

2. 1年単位の変形労働時間制に関する書式 —— 23
　（1）1年単位の変形労働時間制に関する労使協定 —— 24
　（2）1年単位の変形労働時間制に関する協定届 —— 28

3. フレックスタイム制に関する書式 —— 30
　（1）フレックスタイム制［就業規則例］ —— 31
　（2）フレックスタイム制に関する労使協定書 —— 34
　（3）フレックスタイム制の清算期間が1カ月を超える場合の協定届 —— 38

4. 専門業務型裁量労働制に関する書式 —— 39
　（1）専門業務型裁量労働制に関する労使協定 —— 40
　（2）専門業務型裁量労働制に関する協定届 —— 44

5. 企画業務型裁量労働制に関する書式 —— 46
　（1）労使委員会運営規程 —— 47
　（2）企画業務型裁量労働制に関する決議 —— 51
　（3）企画業務型裁量労働制に関する決議届 —— 56
　（4）企画業務型裁量労働同意書 —— 58
　（5）企画業務型裁量労働制に関する報告 —— 59

6. 事業場外みなし労働時間制に関する書式 —— 61
　（1）事業場外みなし労働時間制に関する労使協定 —— 62
　（2）事業場外みなし労働時間制に関する協定届 —— 65

7. 在宅勤務に関する書式 —— 67
　（1）テレワーク勤務規程 —— 68

8. 高度プロフェッショナル制度に関する書式 —— 73
　（1）高度プロフェッショナル制度［就業規則規定例］ —— 74
　（2）高度プロフェッショナル制度に関する労使委員会の決議 —— 76

（3）高度プロフェッショナル制度に関する決議届 ………… 82
　　（4）高度プロフェッショナル制度適用同意書 ……………… 86
　　（5）高度プロフェッショナル制度に関する報告書 ………… 87
　9. 一斉休憩の適用除外に関する書式 …………………………… 91
　　（1）一斉休憩の適用除外に関する労使協定 ………………… 92

第2章 時間外労働

1. 時間外労働に関する書式 …………………………………… 95
　　（1）時間外労働・休日労働に関する協定届（36協定）……… 96
　　（2）時間外労働・休日労働に関する協定届（36協定）特別条項付き … 100
　　（3）36協定の本社一括届出における本社以外の各事業場一覧表 …… 104
　　（4）時間外労働・休日労働に関する労使委員会の決議届 …… 105
　　（5）時間外労働・休日労働に関する労働時間等設定改善委員会の決議届 …… 108
　　（6）監視・断続的労働に従事する者に対する適用除外許可申請書 …… 111
　　（7）断続的な宿直または日直勤務許可申請書 ……………… 113
2. 長時間労働対策に関する書式 ……………………………… 115
　　（1）勤務間インターバル［就業規則例］……………………… 116
　　（2）ノー残業デー規程 ………………………………………… 118
　　（3）時間外労働の事前届・許可申請書 ……………………… 120

第3章 休暇

1. 年次有給休暇の時季指定義務化に関する書式 …………… 127
　　（1）年次有給休暇の時季指定通知書兼意見聴取書 ………… 129
　　（2）年次有給休暇管理簿 ……………………………………… 132
2. 年次有給休暇の計画的付与に関する書式 ………………… 133
　　（1）年次有給休暇の計画的付与に関する協定書 …………… 133
3. 時間単位の年次有給休暇に関する書式 …………………… 137
　　（1）時間単位の年次有給休暇に関する協定書 ……………… 137

4. 年次有給休暇以外の特別休暇に関する書式 … 141
　（1）代替休暇に関する協定書 … 142
　（2）リフレッシュ休暇規程 … 145
　（3）ボランティア休暇規程 … 148

第4章 休業

1. 育児・介護休業に関する書式 … 153
　（1）育児・介護休業等規程 … 154
　（2）育児・介護休業等の適用除外等に関する労使協定 … 178
　（3）育児・介護休業申出書 … 181
　（4）育児・介護休業申出撤回届・休業期間変更申出書 … 184
　（5）育児・介護休業取扱通知書 … 186

2. 育児・介護短時間勤務等に関する書式 … 188
　（1）育児・介護短時間勤務申出書 … 188
　（2）育児・介護時間外労働制限申出書 … 191
　（3）育児・介護のための所定外労働制限申出書 … 193
　（4）育児・介護のための深夜業制限申出書 … 195
　（5）育児・介護短時間勤務取扱通知書 … 197
　（6）子の看護休暇・介護休暇申出書 … 199

第5章 休職・健康

1. 傷病休職に関する書式 … 203
　（1）私傷病休職規程 … 204
　（2）休職発令書 … 208
　（3）休職期間満了に伴う連絡文書 … 209
　（4）受診命令書 … 210
　（5）復職判定期間中の取り扱いについての確認書 … 211
　（6）病状に関する情報提供依頼書 … 213
　（7）休職期間満了に伴う退職通知書 … 215

2. 健康診断に関する書式 216
(1)健康診断規程 217
(2)ストレスチェック制度実施規程 219

第6章 服務規律

1. 情報管理に関する書式 239
(1)情報管理規程 240
(2)職務発明規程 247
(3)個人情報保護規程 255
(4)特定個人情報取扱規程 274
(5)文書規程 288
(6)誓約書(退職時用) 294
(7)誓約書(入社時用) 297
(8)誓約書(プロジェクト参加時用) 302
(9)ITセキュリティ管理規程 305
(10)SNSの私的利用に関するガイドライン 311

2. ハラスメントに関する書式 313
(1)セクシュアルハラスメント防止規程 314
(2)パワーハラスメント防止規程 320

3. コンプライアンスに関する書式 324
(1)反社会的勢力対応規程 325
(2)内部通報規程 332

4. 副業・兼業に関する書式 340
(1)副業・兼業取扱規程 341

5. ダイバーシティに関する書式 344
(1)ダイバーシティ宣言 345

第7章 人事

1. 採用・試用に関する書式 — 349
（1）労働条件通知書（一般労働者用：常用・有期雇用型） — 350
（2）労働条件通知書（一般労働者用：日雇型） — 354
（3）労働条件通知書（短時間労働者型） — 356
（4）労働者名簿 — 360
（5）インターンシップ規程 — 362

2. 就業規則に関する書式 — 367
（1）就業規則（変更）届 — 368
（2）就業規則意見書 — 369
（3）就業規則本社一括届出対象事業場一覧表 — 370

3. 限定正社員に関する書式 — 372
（1）勤務地限定正社員規程 — 373
（2）職務限定正社員規程 — 377
（3）勤務地限定正社員　労働契約書 — 381
（4）職務限定正社員　労働契約書 — 383
（5）雇用形態変更に関する通知書 — 385

第8章 退職・継続雇用

1. 退職に関する書式 — 389
（1）退職証明書 — 390
（2）解雇制限除外認定申請書 — 393
（3）解雇予告除外認定申請書 — 393

2. 継続雇用に関する書式 — 396
（1）継続雇用規程 — 397
（2）65歳定年制規程 — 400
（3）65歳以降継続雇用規程 — 402

第9章 賃金

1. 賃金に関する書式 ... 407
　（1）給与規程 ... 407
　（2）賃金台帳 ... 418
　（3）賃金控除に関する協定書 ... 420
　（4）口座振込同意書 ... 422

第10章 パート・アルバイト等

1. 同一労働同一賃金に関する書式 ... 425
　（1）（同一労働同一賃金対応）契約社員　就業規則 ... 426
2. 無期転換に関する書式 ... 445
　（1）有期契約社員［就業規則例］（無期契約への転換について） ... 446
　（2）無期転換社員［就業規則例］ ... 447
　（3）無期労働契約転換申込書 ... 449
　（4）無期労働契約転換申込書受理通知書 ... 450
　（5）無期転換意向確認書 ... 451
　（6）計画認定・変更申請書 ... 452
　（7）有期労働契約不更新通知書 ... 456
3. 正社員転換に関する書式 ... 457
　（1）正社員転換制度規程 ... 457

【付録】モデル就業規則 ... 463

凡　例

1. 本書の構成
　　項目ごとに10章に分類し、それぞれ関連する規程、様式の作成が容易にできるよう、規程・様式にはCHECK欄を設け、留意点をまとめている。原則としてCHECK欄は、疑問形で表示している。

2. 「働き方改革を推進するための関係法律の整備に関する法律」（平成30年法律第71号）関連箇所に 働き方改革 を付した。

3. 働き方関連テーマごとに以下のマークを付して、分かりやすくしている。

    🕒 時間および長時間労働対策

    ¥ 処遇改善

    👥 優秀な人材の確保

    💻 働きやすい環境づくり

    👨‍👧 両立支援

    🔒 健康管理

    🔗 情報管理

    👥 ハラスメント

    🚫 コンプライアンス

4. 解説文中の法令名については、略称を使用した。
    ［法令名略称］
    ・労基法：労働基準法
    ・労基則：労働基準法施行規則
    ・労契法：労働契約法
    ・男女雇用機会均等法：雇用の分野における男女の均等な機会及び待遇の確保等に関する法律
    ・育介法：育児休業、介護休業等育児又は家族介護を行う労働者の福祉に関する法律
    ・パートタイム労働法：短時間労働者の雇用管理の改善等に関する法律（2020年4月1日より「短時間労働者及び有期雇用労働者の雇用管理の改善等に関する法律」に変更）
    ・有期雇用特別措置法：専門的知識等を有する有期雇用労働者等に関する特別措置法
    ・高年法：高年齢者等の雇用の安定等に関する法律
    ・派遣法：労働者派遣事業の適正な運営の確保及び派遣労働者の保護等に関する法律

・障害者雇用促進法：障害者の雇用の促進等に関する法律
・安衛法：労働安全衛生法
・安衛則：労働安全衛生規則
・労組法：労働組合法
・個人情報保護法：個人情報の保護に関する法律
・個人情報保護法施行令：個人情報の保護に関する法律施行令
・個人情報保護法施行規則：個人情報の保護に関する法律施行規則

【参　考】
■厚生労働省ホームページ
・働き方改革の実現に向けて
　https://www.mhlw.go.jp/stf/seisakunitsuite/bunya/0000148322.html
・働き方改革特設サイト
　https://www.mhlw.go.jp/hatarakikata/index.html
・事業者のための労務管理・安全衛生管理診断サイト
　36協定届け　　1年単位の変形労働時間制に関する書面　　就業規則支援ツール
　https://www.startup-roudou.mhlw.go.jp/
・有期契約労働者の無期転換ポータルサイト
　http://muki.mhlw.go.jp/
・働き方・休み方改善ポータルサイト
　https://work-holiday.mhlw.go.jp/
・時間外労働の上限規制
　わかりやすい解説
　https://www.mhlw.go.jp/content/000463185.pdf
・年5日の年次有給休暇の確実な取得
　わかりやすい解説
　https://www.mhlw.go.jp/content/000463186.pdf
・高度プロフェッショナル制度
　わかりやすい解説
　https://www.mhlw.go.jp/content/000497408.pdf

■法令様式については、厚生労働省ホームページの下記URLよりダウンロードしてください。
・労働契約法の改正について～有期労働契約の新しいルールができました～
　様式第1号
　https://www.mhlw.go.jp/stf/seisakunitsuite/bunya/koyou_roudou/roudoukijun/keiyaku/kaisei/

　様式第7号
　https://www.mhlw.go.jp/stf/seisakunitsuite/bunya/koyou_roudou/

roudoukijun/keiyaku/kaisei/

・1カ月単位、1年単位の変形労働時間制協定届
様式第3号の2（第12条の2の2）
様式第4号（第12条の4の6）
https://www.mhlw.go.jp/bunya/roudoukijun/roudoujouken01/

・「働き方改革を推進するための関係法律の整備に関する法律」について
様式第3号の3（第12条の3の2）
様式9号（第16条第1項）
様式9号の2（第16条第1項）
様式9号の6（第70条）
様式9号の7（第70条）
https://www.mhlw.go.jp/stf/seisakunitsuite/bunya/0000148322_00001.html#h2_free4

・裁量労働制関係
様式第13号（第24条の2の2の第4項）
様式第13号の2（第24条の2の3第1項）
様式第13号の4（第24条の2の5第1項）
https://www.mhlw.go.jp/bunya/roudoukijun/roudoujouken01/

・事業場外労働に関する協定届
様式第12号（第24条の2第3項）

・監視断続労働適用除外許可申請書
様式第14号（第34条）

・断続的な宿直または日直勤務許可申請書
様式第10号（第23条）
https://www.mhlw.go.jp/bunya/roudoukijun/roudoujouken01/

ご購入者特典

　本書をご購入いただくと、本文で紹介している規程、様式等がwordファイルでダウンロードできます（法令様式除く）。

 収録されている規程等のうち左記のマークが付いているものについて、WEBサイトからダウンロードしてください。なお、営利目的での使用は禁止しております。

ダウンロードの方法について

　株式会社労務行政（https://www.rosei.jp/）の下段にある「ご購入特典ダウンロード集」のバナーをクリックしてください。画面上でダウンロードまでの流れをご覧いただくことができますので、その内容に沿ってお手続きください。

※ダウンロードには、サイトの会員登録（無料）が必要となります。

ご購入者特典　パスワード

yk39vm8

第1章 労働時間

1 1カ月単位の変形労働時間制に関する書式
1. 1カ月単位の変形労働時間制に関する労使協定
2. 1カ月単位の変形労働時間制に関する協定届

2 1年単位の変形労働時間制に関する書式
1. 1年単位の変形労働時間制に関する労使協定
2. 1年単位の変形労働時間制に関する協定届

3 フレックスタイム制に関する書式
1. フレックスタイム制[就業規則例]
2. フレックスタイム制に関する労使協定書
3. フレックスタイム制の清算期間が1カ月を超える場合の協定届

4 専門業務型裁量労働制に関する書式
1. 専門業務型裁量労働制に関する労使協定
2. 専門業務型裁量労働制に関する協定届

5 企画業務型裁量労働制に関する書式
1. 労使委員会運営規程
2. 企画業務型裁量労働制に関する決議
3. 企画業務型裁量労働制に関する決議届
4. 企画業務型裁量労働同意書
5. 企画業務型裁量労働制に関する報告

6 事業場外みなし労働時間制に関する書式
1. 事業場外みなし労働時間制に関する労使協定
2. 事業場外みなし労働時間制に関する協定届

7 在宅勤務に関する書式
1. テレワーク規程

8 高度プロフェッショナル制度に関する書式
1. 高度プロフェッショナル制度[就業規則規定例]
2. 高度プロフェッショナル制度に関する労使委員会の決議
3. 高度プロフェッショナル制度に関する決議届
4. 高度プロフェッショナル制度適用同意書
5. 高度プロフェッショナル制度に関する報告書

9 一斉休憩の適用除外に関する書式
1. 一斉休憩の適用除外に関する労使協定

1　1カ月単位の変形労働時間制に関する書式

第 1 章　労働時間

1. 1カ月単位の変形労働時間制とは

　使用者は、事業場の労使協定または就業規則その他これに準ずるものにより、1カ月以内の一定期間を平均し1週間当たりの労働時間が週の法定労働時間（つまり40時間）を超えない定めをした場合には、特定された週において、1週間の法定労働時間40時間、特定された日において、1日の法定労働時間8時間を超えて、労働させることができる（労基法32条の2第1項）。

　労基法は、3種類の変形労働時間制を定めているが、1カ月単位の変形労働時間制は、そのうち最も基本的な変形労働時間制である。また、労使協定の締結は必須ではなく、就業規則に必要な事項を規定しても適用可能である。

2. 変形期間と起算日

　1カ月単位の変形労働時間制を採用する場合、変形期間と変形期間の起算日を定め（労基則12条の2第1項）、変形期間を平均して1週間当たりの労働時間が週法定労働時間40時間を超えないように定める必要がある。

　また、変形期間における各日、各週の労働時間は、労使協定または就業規則その他これに準ずるものにより、具体的に定められる必要がある。

3. 労働時間の変更権

　使用者がいったん変形期間における各日各週の労働時間を特定した後、任意に各週、各日の労働時間を変更できるような制度は、原則として許されない。例外として特定後に各週、各日の労働時間を変更しよう

とする場合には、労働者から見てどのような場合に変更が行われるのかを予測することが可能な程度に変更事由を具体的に定めることが必要である（JR東日本（横浜土木技術センター）事件　東京地裁　平12.4.27判決）。

1. 1カ月単位の変形労働時間制に関する労使協定

CHECK①	変形労働時間制の適用対象となる従業員の範囲は明確か
CHECK②	１カ月を平均し１週間の労働時間が40時間を超えない定めになっているか
CHECK③	各日および各週における労働時間が特定されているか
CHECK④	変形期間および変形期間の起算日は規定されているか
CHECK⑤	一度特定された労働時間を変更する場合、どのような場合に変更が行われるかを労働者が予測できるような定めとなっているか
CHECK⑥	労使協定の有効期間は定められているか

１カ月単位の変形労働時間制に関する労使協定

（対象となる従業員の範囲）
第１条　製造部に所属する正社員については、１カ月単位の変形労働時間制を適用し、勤務時間は、次条以下の定めによる。

（勤務時間）
第２条　所定労働時間は、１カ月単位の変形労働時間制によるものとし、１カ月を平均して週40時

CHECK①
変形労働時間制の適用対象とする従業員の範囲を明確にする必要がある。

間を超えないものとする。また、変形期間の起算日は毎月1日とし、変形期間は毎月末日までの1カ月とする。
2 所定労働時間、始業・終業の時刻、休憩時間は次のとおりとする。
①毎月1日から24日まで：所定労働時間1日7時間（始業午前9時、終業午後5時、休憩正午から午後1時まで）
②毎月25日から月末まで：所定労働時間1日9時間（始業午前8時、終業午後6時、休憩正午から午後1時まで）
3 休日は、毎週土曜日および日曜日、年末年始（12月○日〜1月○日）、夏季休日（○月○日〜○月○日）とする。

【勤務表において労働日を特定する場合】

(勤務時間)

※第2条 所定労働時間は、1カ月単位の変形労働時間制によるものとし、1カ月を平均して週40時間を超えないものとする。また、変形期間の起算日は毎月1日とし、変形期間は毎月末日までの1カ月とする。
2 始業・終業時刻、休憩時間は次のパターンの組み合わせによることとし、前月20日までに勤務表を作成して、従業員に周知する。
①A勤務（実働6時間）
　始業時刻：午前10時
　終業時刻：午後5時
　休憩時間：正午から午後1時までの1時間
②B勤務（実働7時間）
　始業時刻：午後1時
　終業時刻：午後9時
　休憩時間：午後5時から6時までの1時間

CHECK②
1カ月を平均して1週間当たりの労働時間が40時間を超えない定めにすることが必要である。

CHECK③
変形労働時間制を採用する場合でも、変形期間における各日、各週の労働時間を具体的に特定する必要がある。

CHECK③
労働時間の特定は、その必要がある場合には、シフト制と勤務表によって特定することも認められる。

CHECK④
1カ月の変形労働時間制では、変形期間および変形期間の起算日を定めなければならない。

第1章　労働時間

> ③Ｃ勤務（実働10時間）
>   始業時刻：午前9時
>   終業時刻：午後8時
>   休憩時間：正午から午後1時までの1時間
>
> （所定労働時間の変更）
> 第3条　事故、災害または取引先の緊急発注等により納期が切迫した場合、第2条の始業、終業時刻を繰り上げ、または繰り下げることがある。この場合において業務の都合によるときは、所属長が前日までに通知する。
>
> （有効期間）
> 第4条　本協定の有効期間は○○年○月○日から○○年○月○日までとする。

CHECK⑤
一度特定された労働時間を変更する場合、どのような場合に変更が行われるかを労働者が予測できるような事由を定めておく必要がある。

CHECK⑥
労使協定で1カ月単位の変形労働時間を定める場合は有効期間を定める必要がある。

2. 1カ月単位の変形労働時間制に関する協定届

CHECK①	変形期間の長さは、1カ月以内となっているか
CHECK②	変形期間の各日および各週の労働時間、休日を具体的に定めているか

※［様式第3号の2（第12条の2の2関係）1箇月単位の変形労働時間制に関する協定届］21ページ参照。

1カ月単位の変形労働時間制に関する書式

様式第3号の2（第12条の2の2関係）

1箇月単位の変形労働時間制に関する協定届

事業の種類	事業の名称	事業の所在地（電話番号）	常時使用する労働者数
機械器具製造業	□□□株式会社	〒100-0001 東京都千代田区○○丁目○番○号 （○○○-○○○○-○○○○）	5人

業務の種類	該当労働者数 （満18歳未満の者）	変形期間 （起算日）	変形期間中の各日及び各週の労働時間並びに所定休日	協定の有効期間
電子部品組立業務	2人	1カ月 （○○年4月1日）	別紙（編注：22ページ参照） によって定める	○○年4月1日から 1年間

労働時間が最も長い日の労働時間数 （満18歳未満の者）	労働時間が最も長い週の労働時間数 （満18歳未満の者）
10時間 時間（　　　　分）	44時間 時間（　　　　分）

協定の成立年月日　　　年　　月　　日

協定の当事者である労働組合の名称又は労働者の過半数を代表する者の職名　**組立作業員**
　　　　　　　　　　　　　　　　　　　　　　　　　　　　　　　　　　氏名　**○○○○**

協定の当事者（労働者の過半数を代表する者の場合）の選出方法（　**投票による選挙**　）

　　　　　　　　　　　　　　　　　　　　　　使用者　職名　□□□株式会社　代表取締役
　　　　　　　　　　　　　　　　　　　　　　　　　　氏名　○○○○　㊞

　　年　　月　　日

○○労働基準監督署長　殿

記載心得
1　法第60条第3項第2号の規定に基づき満18歳未満の者に変形労働時間制を適用する場合には、「該当労働者数」、「労働時間が最も長い日の労働時間数」及び「労働時間が最も長い週の労働時間数」の各欄に括弧書きすること。
2　「変形期間」の欄には、当該変形労働時間制における時間通算の期間の単位を記入し、その起算日を括弧書きすること。
3　「変形期間中の各日及び各週の労働時間並びに所定休日」の欄中に当該事項を記入しきれない場合には、別紙に記載して添付すること。

別紙

　対象期間における労働日、その労働日ごとの労働時間および始業・終業時刻、休憩時間、休日は以下のとおりとする。

期間	始業	終業	休憩時間
毎月1日～15日	午前10時	午後5時	正午から1時間
毎月16日～27日	午後1時	午後9時	午後5時から1時間
毎月28日～末日	午前9時	午後8時	正午から1時間

●休日
　■土曜日および日曜日
　■年末年始（12月○日～1月○日）
　■夏季休日（○月○日～○月○日）

2 1年単位の変形労働時間制に関する書式

第1章 労働時間

1. 1年単位の変形労働時間制とは

　使用者は、事業場の労使協定により、1カ月を超え1年以内の一定期間を平均して1週間当たりの労働時間が40時間を超えない範囲で1週40時間、1日8時間の法定労働時間を超えて、労働者を労働させることができる（労基法32条の4）。

　1年単位の変形労働時間制は、1カ月単位の変形労働時間制とは異なり、必ず労使協定を締結しなければならない。

2. 変形期間と起算日

　1年単位の変形労働時間制を採用する場合には、労使協定に、対象期間（1カ月を超え、1年以内の期間）と起算日を定める必要があり（労基法32条の4第1項2号、労基則12条の2第1項）、対象期間における労働日および当該労働日ごとの労働時間を定める必要がある。また、当該労働時間を定めるに当たっては、対象期間を平均して1週間当たりの労働時間が40時間を超えないようにする必要があり、また、対象期間の所定労働日数、連続労働日数、1週、1日の所定労働時間の長さ等について、以下の表のとおり、それぞれ上限が定められている（労基法32条の4第3項、労基則12条の4第3項～5項）。

	1カ月をこえ1年以内の変形労働時間制	
	3カ月以内のもの	3カ月をこえるもの
基本的要件	変形期間を平均して週40時間、労使協定を締結し届出（就業規則への記載も必要）	
所定労働時間の特定の仕方	事業場の労働者代表（組合）の同意を得て1カ月ごとに書面で特定すればよい	
所定労働日数の限度	1年当たり313日（週休制による休日日数）	1年当たり280日（隔週週休2日制プラス7日の休日日数）
連続労働日数の上限	6日（繁忙な特定の期間は12日）	
1日・1週の所定労働時間の上限	1日10時間、1週52時間	
		これら新上限時間を利用して所定労働時間を延長する場合には休日増が必要
所定が48～52時間の週の限度	なし	連続3週間以内 3カ月に3週間以内
時間外労働の上限に関する特別の基準	なし（「1年360時間」を基本とした通常の基準）	あり（「1年320時間」を基本とした特別の基準）

資料出所：菅野和夫著『労働法 第11版補正版』（弘文堂）506ページ

1. 1年単位の変形労働時間制に関する労使協定

CHECK ①	対象期間について記載したか
CHECK ②	対象労働者の範囲について記載したか
CHECK ③	労働日数、労働時間は法定の上限の範囲内の定めとなっているか
CHECK ④	当該変形期間における労働日と労働日ごとの所定労働時間が特定されているか

1年単位の変形労働時間制に関する書式

CHECK⑤	特定期間（対象期間のうち特に業務が繁忙な時期として定められた期間）を定めているか
CHECK⑥	清算条項を定めているか
CHECK⑦	労使協定の有効期間を規定したか

1年単位の変形労働時間制に関する労使協定

○○株式会社と○○労働組合は、1年単位の変形労働時間制の実施について、次のとおり協定する。

（対象期間）
第1条　本協定に基づく1年単位の変形労働時間制（以下、「変形労働時間制」という）は、毎年4月1日から翌年3月末日までの1年間とする。

CHECK①
1カ月を超え1年以内の期間で「対象期間」を定めなければならない。

（対象労働者）
第2条　本協定による変形労働時間制は、以下のいずれかに該当する者を除き、当社の正社員に適用する。
（1）妊娠中または産後1年を経過しない女性従業員のうち、本制度の適用免除を申し出た者
（2）育児や介護を行う従業員、職業訓練または教育を受ける従業員その他特別の配慮を要する従業員に該当する者のうち、本制度の適用免除を申し出た者

CHECK②
変形労働時間制を適用する労働者の範囲を明確にする必要がある。

（変形労働時間制の内容）
第3条　変形労働時間制の具体的内容は、以下のとおりとする。
1　変形期間中の労働日数は280日以下とする。

CHECK③
対象期間が3カ月を超える場合、1年当たりの労働日数は280日以内でなければならない。また、労働時間は、対象期間を平均して1週間当たり40時間を超えない範囲でなければならない。

2 対象期間における労働日、その労働日ごとの労働時間および始業・終業時刻、休憩時間は以下のとおりとする。

 （1）6月および11月
  所定労働時間：8時間30分
  始業：午前9時00分、終業：午後6時30分、
  休憩：正午から午後1時
 （2）それ以外の月
  所定労働時間：7時間30分
  始業：午前9時00分、終業：午後5時30分、
  休憩：正午から午後1時

3 休日は別紙年間カレンダーのとおりとする。

（特定期間）
第4条 特定期間は次のとおりとする。
11月1日～11月8日

（割増賃金と途中適用者の清算）
第5条 各所定労働時間を超えて労働した場合には、会社は賃金規則に定めるところにより、時間外割増賃金を支払う。期間の途中での入・退社者、転出・入者については当該勤務を行った対象勤務期間を平均し、1週間当たりの所定労働時間が40時間を超えている時間については割増賃金を支払い清算する。

（有効期間）
第6条 この協定の有効期間は〇〇年〇月〇日より〇〇年〇月〇日とする。ただし、有効期間満了の3カ月前までに労使のいずれからも書面による異議の申し出がない場合には、本協定はさらに1年間更新されるものとし、以後も同様とする。

CHECK④ 変形期間における労働日と労働日ごとの所定労働時間を特定して、具体的に設定する必要がある。

CHECK⑤ 特定期間（対象期間中の特に業務が繁忙な期間）を定めた場合、特定期間中の連続労働日数の限度は12日とすることができる(特定期間以外の期間については、6日)。

CHECK⑥ 期間途中で入退社した者については、それぞれ、変形労働時間制に移行したタイミングに応じて清算を行わなければならない。

CHECK⑦ 労使協定の有効期間を定める必要がある。なお、通達上、有効期間は1年程度とすることが望ましいとされているが、自動更新条項を設けることも法的には可能と解される。

1年単位の変形労働時間制に関する書式

(年間カレンダー) ゴシック数字の日は休日

1月

日	月	火	水	木	金	土
		1	2	3	4	**5**
6	7	**8**	9	10	11	**12**
13	**14**	15	16	17	18	**19**
20	21	22	23	24	25	**26**
27	28	29	30	31		

2月

日	月	火	水	木	金	土
					1	**2**
3	4	5	6	7	8	**9**
10	**11**	12	13	14	15	**16**
17	18	19	20	21	22	**23**
24	25	26	27	28		

3月

日	月	火	水	木	金	土
					1	**2**
3	4	5	6	7	8	**9**
10	11	12	13	14	15	**16**
17	18	19	20	**21**	22	**23**
24	25	26	27	28	29	**30**
31						

4月

日	月	火	水	木	金	土
	1	2	3	4	5	**6**
7	8	9	10	11	12	**13**
14	15	16	17	18	19	**20**
21	22	23	24	25	26	**27**
28	**29**	30				

5月

日	月	火	水	木	金	土
			1	2	**3**	**4**
5	**6**	7	8	9	10	**11**
12	13	14	15	16	**17**	**18**
19	20	21	22	**23**	24	**25**
26	27	28	29	30	31	

6月

日	月	火	水	木	金	土
						1
2	3	4	5	6	7	**8**
9	10	11	12	13	14	**15**
16	17	18	19	20	21	**22**
23	24	25	26	27	28	**29**
30						

7月

日	月	火	水	木	金	土
	1	2	3	**4**	5	**6**
7	8	9	10	11	12	**13**
14	**15**	16	17	18	19	**20**
21	22	23	24	25	26	**27**
28	29	30	31			

8月

日	月	火	水	木	金	土
				1	2	**3**
4	5	6	7	8	9	**10**
11	**12**	13	14	15	16	**17**
18	19	20	21	22	23	**24**
25	26	27	28	29	30	**31**

9月

日	月	火	水	木	金	土
1	2	3	4	5	6	**7**
8	9	10	11	12	13	**14**
15	**16**	17	18	19	20	**21**
22	**23**	24	25	26	27	**28**
29	30					

10月

日	月	火	水	木	金	土
		1	2	3	4	**5**
6	7	8	9	10	11	**12**
13	**14**	15	16	17	18	**19**
20	21	22	23	24	25	**26**
27	28	29	30	31		

11月

日	月	火	水	木	金	土
					1	**2**
3	4	5	6	7	8	**9**
10	11	12	13	14	15	**16**
17	18	19	20	21	22	**23**
24	25	26	27	28	29	**30**

12月

日	月	火	水	木	金	土
1	2	3	4	5	6	**7**
8	9	10	11	12	13	**14**
15	16	17	18	19	20	**21**
22	23	24	25	26	27	**28**
29	30	31				

27

2. 1年単位の変形労働時間制に関する協定届

CHECK①	対象期間中の1週間の平均労働時間は40時間以内に収まっているか
CHECK②	変形期間は、1カ月を超えていれば1年より短い期間を定めても差し支えない
CHECK③	変形期間の各日および各週の労働時間、休日を具体的に定める必要がある。対象期間を1カ月以上の期間に区分した場合には、最初の期間については労働日および労働日ごとの労働時間を定める必要があるが、残りの期間については、労使協定においては、各期間の労働日数および総労働時間を定めることで足りる（具体的な労働日・労働時間は期間の初日の30日前までに労働組合等の同意を得て特定する）
CHECK④	対象期間が3カ月を超える場合には、1年当たりの労働日は280日以内である必要がある（労基則12条の4第3項）
CHECK⑤	労働時間の特定に際しては、1日の上限、1週間の上限、連続労働日数の制限を遵守する必要がある（労基則12条の4第4項～5項）

※［様式第4号（第12条の4第6項関係）1年単位の変形労働時間制に関する協定届］29ページ参照。

別紙

労働日ごとの労働時間および始業・終業時刻、休憩時間は以下のとおりとする。
（1）6月および11月
　所定労働時間：8時間30分
　始業：午前9時00分、終業：午後6時30分、
　休憩：正午から午後1時
（2）それ以外の月
　所定労働時間：7時間30分
　始業：午前9時00分、終業：午後5時30分、
　休憩：正午から午後1時

1年単位の変形労働時間制に関する書式

様式第4号(第12条の4第6項関係)

1年単位の変形労働時間制に関する協定届

事業の種類	事業の名称	事業の所在地(電話番号)	常時使用する労働者数
器具製造業	□□□株式会社	東京都○○区○○町1-2-3 (電話 ○○○○-○○○○)	140 人

該当労働者数 (満18歳未満の者)	対象期間及び特定期間 (起算日)	対象期間中の各日および各週の労働時間並びに所定休日	対象期間中の1週間の平均労働時間数	協定の有効期間
10 人	1年 (○○年○月○日) 特定期間 11月1日～11月8日	別紙によって定める (備考:28ページ年間カレンダーは27ページ参照)	40 時間	○○年○月○日 から1年間

	労働時間が最も長い日の労働時間数(満18歳未満の者)	労働時間が最も長い週の労働時間数(満18歳未満の者)	対象期間中の最も長い連続労働日数	対象期間中の総労働日数
	8 時間 30 分 時間 分	51 時間 時間 分	6 日間	243 日

対象期間中の労働時間が48時間を超える週の最長	対象期間中の労働時間が48時間を超える連続週数
2 週	5 週

旧協定の対象期間の労働時間	旧協定の対象期間中の総労働日数
1年 48 時間 年 月 日	8 時間 252 日

協定の成立年月日　　　年　月　日

協定の当事者である労働組合の名称又は労働者の過半数を代表する者の職名 係長
氏名 開発部 ○○○○

協定の当事者(労働者の過半数を代表する者の場合)の選出方法(投票により選出　　)

　　　　年　月　日

使用者　職名 □□□株式会社 代表取締役
氏名 ○○○○ ㊞

○○　労働基準監督署長　殿

記載心得
1 法第60条第3項第2号の規定に基づき第18歳未満の者に変形労働時間制を適用する場合には、「該当労働者数」、「労働時間が最も長い日の労働時間数」及び「労働時間が最も長い週の労働時間数」の各欄に括弧書きすること。
2 「対象期間及び特定期間」の欄のうち、対象期間については当該変形労働時間制における時間通算の単位を記入し、その起算日を括弧書きすること。
3 「対象期間中の各日及び各週の労働時間並びに所定休日」については、別紙に記載して添付すること。
4 「旧協定」とは、則第12条の4第3項に規定するものであること。

第1章 労働時間

3 フレックスタイム制に関する書式

1.フレックスタイム制

　フレックスタイム制は、清算期間で定められた所定労働時間の中で、労働者が自分で労働時間を決めながら効率的に働くことができる制度である（労基法32条の3）。

　一般的なフレックスタイム制は、1日の労働時間帯を必ず勤務すべき時間帯（コアタイム）、その時間帯の中であればいつ出社または退社してもよい時間帯（フレキシブルタイム）に分けている。ただし、コアタイムは必ず設けなければならないものではないので、すべてをフレキシブルタイムとすることもできる。

【基本モデル】

資料出所：厚生労働省「フレックスタイム制の適正な導入のために」

2.清算期間の上限の延長

　現行のフレックスタイム制では清算期間の上限が1カ月とされていたが、子育てや介護などのさまざまな生活上のニーズと仕事との調和を図りつつ、効率的な働き方をより一層可能にするため「働き方改革を推進するための関係法律の整備に関する法律（平成30年法律第71号）」（以下「働き方改革関連法」）によりフレックスタイム制の清算期間の上限をこれまでの1カ月から3カ月に延長した。

3.労使協定の締結・届け出

　フレックスタイム制の導入に当たっては、労基法32条の3第1項の規定に基づき、就業規則等の定めおよび労使協定の締結を要するものであるが、働き方改革関連法により清算期間が1カ月を超えるものである場合においては、労使協定に有効期間の定めをするとともに、労基則様式第3号の3（38ページ参照）により、当該労使協定を所轄労働基準監督署長に届け出なければならないとされている。

1. フレックスタイム制 ［就業規則例］

CHECK ①	対象労働者の範囲を明確に定めているか
CHECK ②	始業・終業時刻を対象労働者の決定に委ねることを定めているか
CHECK ③	清算期間、清算期間の起算日および法定の範囲内の総労働時間を定めたか
CHECK ④	標準となる1日の労働時間および年次有給休暇を取得した場合に当該労働時間労働したものとみなす旨を記載したか
CHECK ⑤	コアタイムまたはフレキシブルタイムを設けた場合には、その時間帯の開始および終了の時刻を適切に規定したか
CHECK ⑥	休憩時間は定めたか

第1章 労働時間

(対象労働者の範囲)
第○条 本社企画開発部に所属する従業員にフレックスタイム制を適用するものとする。

CHECK①
対象労働者は「全労働者」や「特定の職種の労働者」など自由に定めることができる。

(フレックスタイム制)
第○条 フレックスタイム制を適用することとした従業員の始業および終業の時刻については、第○条の始業・終業時刻の規定を適用せず、当該従業員が自主的に決定したところに委ねるものとする。

CHECK②
始業および終業の時刻の一方のみを労働者の自主的決定に委ねることはできない。

(清算期間)
第○条 フレックスタイム制における勤務時間の清算の期間は、毎月1日から末日までの1カ月間とする。

CHECK③
原則として、清算期間を平均し、1週間の労働時間が40時間以内になるように総労働時間を定める必要がある。

働き方改革

(総労働時間)
第○条 清算期間における所定総労働時間は、160時間とする。

(標準労働時間)
第○条 1日の標準となる労働時間は、7時間とする。

CHECK④
標準となる1日の労働時間を定めておく。

(フレキシブルタイム)
第○条 始業時刻につき従業員の自主的決定に委ねる時間帯は、午前7時から午前10時まで、終業時刻につき従業員の自主的決定に委ねる時間帯は、午後3時から午後7時までの間とする。

CHECK⑤
フレキシブルタイムの時間帯が極端に短い制度は、フレックスタイム制の趣旨に反する。

(コアタイム)
第○条 午前10時から午後3時までの間(正午から午後1時までの休憩時間を除く)については、所

属長の承認のないかぎり、所定の労働に従事しなければならない。

(休憩時間)
第○条　フレックスタイム制の適用対象となる従業員の休憩時間は、正午から午後1時までの間とする。

(過不足調整)
第○条　従業員は、所定総労働時間に対し著しい過不足時間が生じないように努めなければならない。やむを得ず過不足時間を生じる場合にも、その時間は1カ月20時間を超えないようにしなければならない。
2　年次有給休暇は第○条の1日の標準となる労働時間労働したものとみなす。
3　所定総労働時間を超えた労働に対しては、賃金規定の定めるところにより時間外労働手当を支給する。
4　所定総労働時間に不足が生じた場合には、翌月の月間法定総労働時間から所定総労働時間を差し引いた範囲内の労働時間分を翌月の所定労働時間に加算して清算することができる。

(休日の振替)
第○条　フレックスタイム制の適用対象となる従業員は、あらかじめ所属長に申し出ることにより従業員本人の希望により休日の振替変更ができる。

(その他)
第○条　前○条に掲げる事項以外については労使で協議する。

CHECK⑥
フレックスタイム制においても労基法の規定どおりに休憩を与える必要がある。一斉休憩が必要な場合は、コアタイム中に休憩時間を定めることが望ましい。

CHECK④
フレックスタイム制の対象労働者が年次有給休暇を1日取得した場合には、標準となる1日の労働時間労働したものとして取り扱う。

2. フレックスタイム制に関する労使協定書

CHECK①	対象労働者の範囲を明確に定めているか
CHECK②	清算期間、清算期間の起算日および法定の範囲内の総労働時間を定めたか
CHECK③	標準となる1日の労働時間および年次有給休暇を取得した場合に当該時間労働したものとみなす旨は記載したか
CHECK④	コアタイムまたはフレキシブルタイムを設けた場合には、その時間帯の開始および終了の時刻を適切に規定したか
CHECK⑤	休憩時間は定めたか
CHECK⑥	1カ月を超える清算期間を定めた場合、労使協定の有効期間について定めたか

フレックスタイム制に関する労使協定書

□□□□株式会社と【□□□□労働組合／従業員の過半数を代表する者】は、労働基準法第32条の3の規定に基づき、フレックスタイム制の実施に関し、次のとおり協定する。

（対象労働者の範囲）
第1条　対象労働者の範囲は、本社研究課に属する従業員とする。

（清算期間）
第2条　清算期間は毎月21日から翌月20日までの1カ月間とする。

CHECK①
対象となる部署等を具体的に定めることも考えられる。

CHECK②
清算期間は、単に「○カ月」と定めるのではなく、その始期と終期を明確にする必要がある。

(清算期間における総労働時間)
第3条　各清算期間における総労働時間は、1日当たり8時間を基準とし、その時間に当該清算期間における就業規則に定める所定労働日数を乗じて得た時間とする。

(標準となる1日の労働時間の長さ)
第4条　標準労働時間は、1日8時間とし、年次有給休暇、出張等については8時間の労働とみなし取り扱う。

CHECK③
標準となる1日の労働時間とは、年次有給休暇を取得した際にこれを何時間労働したものとして賃金を計算するのか、明確にしておくためのものであり、時間数を定めることで足りる。

(コアタイム)
第5条　必ず労働しなければならない時間帯（コアタイム）は午前10時から午後3時までとする。

CHECK④
コアタイムが標準となる1日の労働時間と同程度になるような場合は、フレックスタイム制の趣旨に反するので注意が必要となる。

(フレキシブルタイム)
第6条　従業員の選択により労働することができる時間帯は次のとおりとする。
　　　開始　午前7時から午前10時まで
　　　終了　午後3時から午後9時まで

(休憩)
第7条　休憩時間は1時間とし、コアタイムの途中で自主的に取るものとする。

CHECK⑤
フレックスタイム制の場合でも休憩は付与する必要がある。

(労働時間の清算)
第8条　各清算期間終了時における労働時間の清算は、次の各号に定めるところによる。
（1）清算期間中の労働時間が第3条の総労働時間を超えた場合には、賃金規定の定めるところにより時間外割増手当を支払う。
（2）清算期間中の労働時間が第3条の総労働時間に不足した場合には、当該不足時間につ

いては、当該月の法定労働時間を超えない範囲内において、翌月分の労働時間により清算することができる。
（3）所属長の承認を得て休日に労働した場合には、賃金規定に定める休日労働手当を支払い、本協定上の取り扱いはしない。

（労働時間の管理）
第9条 フレックスタイム制の労働時間の管理は次のとおりとする。
（1）従業員は自己の労働時間を個人別勤務票に記録して、所属長に提出しなければならない。
（2）従業員は、総労働時間に著しい過不足が生じないように留意しなければならない。
（3）各人の総労働時間を30時間以上超えて労働する可能性がある場合、所定休日に労働する必要がある場合および午後9時以降に労働する必要がある場合には、事前に所属長の承認を得なければならない。
（4）従業員は、時間外・休日労働協定の範囲を超えて時間外労働および休日労働をしてはならない。
（5）遅刻・早退・欠勤に関する就業規則の定めは、第5条のコアタイムについてこれを適用する。

（育児・介護対象者の特例）
第10条 フレックスタイム制が適用される従業員のうち未就学児の養育または要介護状態にある家族の介護を行う者で、本人が事前に所定の手続きにより申し出た場合の時間外労働は、月間法定労働時間を超えて1カ月24時間、1年150時間の範囲内とし、深夜労働は行わないものとする。ただし、会社事業の運営を妨げることになる場合には、

この限りではない。

(有効期間)
第11条　本協定の有効期間は〇〇年〇月〇日から〇〇年〇月〇日までの1年とする。ただし有効期間満了の1カ月前までに、会社、組合のいずれからも申し出がないときには、さらに1年間有効期間を延長するものとし、以降も同様とする。

> **CHECK⑥**
> 労基法の改正により、労使協定の有効期間を定めることが必要となった。
> 働き方改革

(1カ月を超える総労働時間を定める場合（抜粋）)
(清算期間)
第2条　清算期間は毎月21日から翌々々月20日までの3カ月間とする。

(労働時間の管理)
第9条　清算期間における総労働時間を超えて労働する場合であっても、清算期間をその開始の日以降1カ月ごとに区分した各期間ごとに、当該各期間を平均し1週間当たりの労働時間が50時間を超えてはならないものとする。

> **CHECK②**
> 労基法により1カ月を超える清算期間を定める場合、1カ月当たりの総労働時間の上限が設けられた。
> 働き方改革

(有効期間)
第11条　本協定の有効期間は〇〇年〇月〇日から〇〇年〇月〇日までの1年とする。ただし有効期間満了の1カ月前までに、会社、組合のいずれからも申し出がないときには、さらに1年間有効期間を延長するものとし、以降も同様とする。

> **CHECK⑥**
> 労基法の改正により、労使協定の有効期間を定めることが必要となった。
> 働き方改革

〇〇年〇月〇日
　□□□□株式会社
　　　代表取締役社長　　□□□□㊞
　【□□□□労働組合執行委員長／労働者代表】
　　　　　　　　　　　□□□□㊞

3. フレックスタイム制の清算期間が1カ月を超える場合の協定届

CHECK ① 清算期間が1カ月を超える場合には、労使協定を所轄労働基準監督署に届け出をしたか

様式第3号の3（第12条の3第2項関係）

清算期間が1カ月を超えるフレックスタイム制に関する協定届

事業の種類	事業の名称	事業の所在地（電話番号）	常時雇用する労働者数	協定の有効期間
□□□□	□□□□株式会社	（〒○○○－○○○○） □□県□□区□□町○丁目○番○号 （電話番号：○○－○○○○－○○○○）	○○○名	○○年○月○日から ○○年○月○日まで

業務の種類	該当労働者数	清算期間（起算日）	清算期間における総労働時間
企画開発	○名	3カ月 （毎月21日）	160時間

標準となる1日の労働時間			
8時間	コアタイム 午前10時～午後3時	フレキシブルタイム 開始：午前7時～午前10時 終了：午後3時～午後9時	

協定の成立年月日　○○年　○月　○日

協定の当事者である労働組合（事業場の労働者の過半数で組織する労働組合）の名称又は労働者の過半数を代表する者の　職名　□□□□
氏名　□□□□　㊞

協定の当事者（労働者の過半数を代表する者の場合）の選出方法（　投票による選挙　）

○○年　○月　○日

使用者　職名　□□□□　株式会社　代表取締役
氏名　□□□□　㊞

□□□□労働基準監督署長殿

記載心得
1　「清算期間（起算日）」の欄には、当該清算時間通算の清算期間の単位を記入し、その起算日を（　）内に記入すること。
2　「清算期間における総労働時間」の欄には、当該清算期間の労働時間として定めた時間を記入すること。
3　「標準となる1日の労働時間」の欄には、当該清算期間において、労働者が年次有給休暇を取得した際に支払われる賃金の算定基礎となる労働時間の長さを記入すること。
4　「コアタイム」の欄には、労働基準法施行規則第12条の3第1項第2号の労働者が労働しなければならない時間帯を定める場合には、その時間帯の開始及び終了の時刻を記入すること。
5　「フレキシブルタイム」の欄には、労働基準法施行規則第12条の3第1項第3号の労働者がその選択により労働することができる時間帯に制限を設ける場合には、その時間帯の開始及び終了の時刻を記入すること。

4 専門業務型裁量労働制に関する書式

第1章 労働時間

1.概要

専門業務型裁量労働制は、法令等により定められた19業務の中から、対象となる業務を労使協定で定め、労働者を実際にその業務に就かせた場合、労使協定であらかじめ定めた時間を労働したものとみなす制度である（労基法38条の3）。

同制度の対象とすることができる業務（法令等により定められた19業務）の内容については、行政通達（平6.1.4基発1号、平9.2.14基発93号、平14.2.13基発0213002号、平15.10.22基発1022004号）において一定の解釈が示されているため、当該解釈を参考としつつ、専門業務型裁量労働制の適用の可否を判断する必要がある。

2.導入手続

専門業務型裁量労働制を導入するためには、導入する事業場ごとに、①対象業務（法令等により定められた19業務）、②みなし労働時間（対象業務に従事する労働者の労働時間として算定される時間）、③対象業務を遂行する手段および時間配分の決定等に関し、対象業務に従事する労働者に具体的な指示をしないこと、④対象業務に従事する労働者の労働時間の状況の把握方法と把握した労働時間の状況に応じて実施する健康・福祉確保措置の具体的内容、⑤対象業務に従事する労働者からの苦情処理措置の具体的内容、⑥有効期間、⑦④および⑤に関し、把握した労働時間の状況と講じた健康・福祉確保措置および苦情処理措置の記録を協定の有効期間中およびその期間の満了後3年間保存することについて、書面による労使協定を定めることが必要である。

1. 専門業務型裁量労働制に関する労使協定

CHECK①	対象労働者の業務は、法令等により定められた対象業務に該当するか
CHECK②	専門業務型裁量労働制の原則について規定したか
CHECK③	みなし労働時間数について規定したか
CHECK④	健康・福祉確保措置および苦情処理措置について規定したか
CHECK⑤	勤務状況等に関する記録の保存について規定したか

専門業務型裁量労働制に関する労使協定

□□□□株式会社と［従業員代表□□□□／□□□□労働組合］は、労働基準法第38条の3の規定に基づき専門業務型裁量労働制に関し、次のとおり協定する。

（適用対象業務）
第1条　本協定に定める<u>裁量労働の対象業務</u>および従事員の範囲は、次のとおりとする。
　（1）商品開発部において新商品または新技術の研究開発の業務に従事する従業員
　（2）情報システム部において情報処理システムの分析または設計の業務に従事する従業員

（専門業務型裁量労働制の原則）
第2条　<u>前条の規定により裁量労働を行う者（以下、「裁量労働従事者」という）に対しては、会社は、</u>

CHECK①
専門業務型裁量労働を導入できるのは、省令および告示に定められた19業務のみである。

CHECK②
労使協定には、「対象業務を遂行する手段、時間配分の決定等に関し、対象労働者に具体的な指示をしない」旨を記載する。

業務遂行の手段および時間配分の決定等につき具体的な指示をしないものとする。ただし、業務内容、服務規律および勤怠管理上の指示等については、この限りでない。

(裁量労働従事者の労働時間の取り扱い)
第3条　裁量労働従事者が、所定労働日に労働した場合は、1日9時間労働したものとみなす。
2　前項のみなし労働時間が就業規則第○条に定める所定労働時間を超える部分については、賃金規程第○条の定めるところにより割増賃金を支払う。

> **CHECK③**
> 法定労働時間を超過するみなし労働時間を設定する場合は、36協定の締結および届出ならびに時間外割増賃金の支払いが必要である。

(休憩)
第4条　裁量労働従事者の休憩は1時間とし、その取得時間帯は裁量労働従事者の決定に委ねる。

(休日)
第5条　裁量労働従事者の休日は就業規則第○条の定めるところによる。

(休日労働)
第6条　裁量労働従事者が所定休日に労働する場合は、休日労働協定の範囲内で事前に所属長に申請し、許可を得なければならない。
2　前項の場合、裁量労働従事者の休日労働に対しては、賃金規程第○条の定めるところにより割増賃金を支払う。

(深夜労働)
第7条　裁量労働従事者が深夜に労働する場合は、事前に所属長に申請し、許可を得なければならない。

2　前項の場合、裁量労働従事者の深夜労働に対しては、賃金規程第○条の定めるところにより割増賃金を支払う。

（裁量労働従事者の健康と福祉の確保）
第8条　裁量労働従事者の健康と福祉を確保するために、次の各号に定める措置を講ずるものとする。
　（1）裁量労働従事者の健康状態を把握するために次の各号に定める措置を実施する。
　　①裁量労働従事者は、出勤した日ごとに、所定の「出勤簿」に出退勤時刻を記入の上、毎月○日までに前月分の出勤簿を所属長に提出する。
　　②裁量労働従事者は、2カ月に1回、自己の健康状態および勤務状況について所定の「自己診断カード」に記入の上、所属長に提出する。
　　③所属長は、前号の自己診断カードを受領後、必要と認めたときは、当該裁量労働従事者について速やかに、健康状態、勤務状況等についてのヒアリングを実施する。
2　会社は、前項の結果をとりまとめ、産業医に提出するとともに、産業医が必要と認めるときには、当該裁量労働従事者について、次の各号に定める措置を実施する。
　（1）産業医による保健指導を受けさせる。
　（2）定期健康診断とは別に、特別健康診断を実施する。
　（3）特別休暇または連続有給休暇を付与する。
3　精神・身体両面の健康についての相談室を総務部に設置する。

（裁量労働制適用の中止）
第9条　裁量労働従事者に専門業務型裁量労働制を

> **CHECK④**
> 対象労働者の過重労働防止の観点から、労使協定には、健康・福祉確保措置および苦情処理措置について具体的に規定する必要がある。

適用することがふさわしくないと認められた場合または裁量労働従事者が専門業務型裁量労働制の適用の中止を申し出た場合は、会社は、当該労働者に対する専門業務型裁量労働制の適用を中止することができるものとする。

(裁量労働従事者の苦情の処理)
第10条　人事部は、裁量労働従事者からの裁量労働制の運用に関する事項、対象労働者に適用している評価制度、これに対応する賃金制度等の処遇制度全般の苦情を受け、相談者のプライバシーに配慮した上で、その報告に対し適切な措置を講ずるものとする。

(勤務状況等に関する記録の保存)
第11条　会社は、第8条および第10条に基づいて講じた措置の内容を対象従業員ごとに記録し、当該記録を本協定の有効期間の始期から有効期間満了後3年を経過する時まで保存するものとする。

(有効期間)
第12条　本協定の有効期間は、〇〇年〇月〇日から〇〇年〇月〇日までの3年間とする。

〇〇年〇月〇日
　　　□□□□株式会社　代表取締役　□□□□　㊞
　　　　　　　　　　　　従業員代表　□□□□　㊞
　　　[□□□□労働組合　執行委員長　□□□□　㊞

> **CHECK④**
> 対象労働者の過重労働防止の観点から、労使協定には、健康・福祉確保措置および苦情処理措置について具体的に規定する必要がある。

> **CHECK⑤**
> ①対象労働者の労働時間の状況、②対象労働者の健康・福祉確保措置の状況、③対象労働者からの苦情処理措置の状況に関する記録は、労使協定の有効期間中および同期間満了後3年間保存しなければならない。

第1章 労働時間

2. 専門業務型裁量労働制に関する協定届

CHECK ①	専門業務型裁量労働従事者の業務の内容を具体的に記載しなければならない
CHECK ②	健康・福祉確保措置、労働時間の把握方法および苦情処理措置の内容を具体的に記載しなければならない
CHECK ③	法定労働時間を超過するみなし労働時間を設定した場合は、36協定の届出の年月日を記載しなければならない

※【様式第13号（第24条の２の２第４項関係）専門業務型裁量労働制に関する協定届】45ページ参照。

専門業務型裁量労働制に関する書式

様式第13号（第24条の2の2第4項関係）

専門業務型裁量労働制に関する協定届

事業の種類	事業の名称	事業の所在地（電話番号）	協定の有効期間
□□□□	□□□□株式会社 （労働者の労働時間の状況の把握方法）	□□□□県□□□□市□□区□□町○丁目○番○号（○○○-○○○○-○○○○）	

業務の種類	業務の内容	該当労働者数	1日の所定労働時間	協定で定める労働時間	労働者の健康及び福祉を確保するための措置	労働者からの苦情の処理に関して講ずる措置	協定の有効期間
新商品または新技術の研究開発	自己の研究計画に基づいて、新商品・新技術の開発・研究・試験などを行う。	○名	8時間	9時間	2カ月に1回、所属長が「自己診断カード」に基づき健康状態について面談を行い、必要に応じて産業医に相談し、特別健康診断の実施や休暇の付与等を行う。（出勤簿、自己診断カード）	毎週○曜日○時から○時に総務部に裁量労働相談室を設け、裁量労働制の運用、評価制度および賃金制度等の処遇制度全般の苦情を扱う。本人のプライバシーに配慮した上で、実態調査を行い、本人の了解を得て解決等を会社に報告する。	○○年○月○日から ○○年○月○日まで
情報処理システムの分析または設計	コンピュータを使用して、新システムの分析・設計などを行う。	○名	8時間	9時間	同上	同上	同上

時間外労働に関する協定の届出年月日 ○○年 ○月 ○日

協定の成立年月日 ○○年 ○月 ○日

協定の当事者である労働組合の名称又は労働者の過半数を代表する者の 職名【□□□□／□□□□労働組合 執行委員長】 氏名 □□□□

協定の当事者（労働者の過半数を代表する者の場合）の選出方法（ 投票による選挙 ）

○○年 ○月 ○日

使用者 職名 □□□□株式会社 代表取締役 氏名 □□□□ ㊞

□□ 労働基準監督署長 殿

記載心得

1 「業務の内容」の欄には、業務の性質上、業務の遂行の方法等を大幅に当該業務に従事する労働者の裁量にゆだねる必要がある旨を具体的に記入すること。
2 「労働者の健康及び福祉を確保するために講ずる措置（労働者の労働時間の状況の把握方法）」の欄には、労働基準法第38条の3第1項第4号に規定する措置の内容を具体的に記入するとともに、同号の労働者の労働時間の状況の把握方法を具体的に（ ）内に記入すること。
3 「労働者からの苦情の処理に関し講ずる措置」の欄には、労働基準法第38条の3第1項第5号に規定する措置の内容を具体的に記入すること。
4 「時間外労働に関する協定の届出年月日」の欄には、当該事業場における時間外労働に関する協定の届出の年月日（届出していない場合はその予定年月日）を記入すること。
ただし、協定で定める時間が労働基準法第32条又は第40条の労働時間を超えない場合には記入を要しないこと。

第1章 労働時間

5 企画業務型裁量労働制に関する書式

1.概要

　企画業務型裁量労働制は、労基法38条の4に規定される対象事業場の対象業務に対象労働者を就かせたときに、当該事業場に設置された労使委員会で決議した時間を労働したものとみなすことができる制度である。

　同制度の対象とできる労働者の範囲は、対象業務（①事業の運営に関する事項についての業務であること、②企画、立案、調査および分析の業務であること、③当該業務の性質上これを適切に遂行するにはその遂行の方法を大幅に労働者の裁量にゆだねる必要がある業務であること、④当該業務の遂行の手段および時間配分の決定等に関し使用者が具体的な指示をしないこととする業務であること、の要件をいずれも満たす業務）に従事する者のみであり、同制度の適用の可否については、慎重に検討を行う必要がある。

2.導入手続

　企画業務型裁量労働制を導入するためには、まず、対象事業場において労使委員会を設置する必要がある。労使委員会の運営規程には、①労使委員会の招集に関する事項、②労使委員会の定足数に関する事項、③議事に関する事項、④その他労使委員会の運営について必要な事項、⑤労使委員会が労使協定に代えて決議を行うことができる規定の範囲についての定めを規定すべきである。

　次に、労使委員会の委員の5分の4以上の多数決により、①対象業務の具体的な範囲、②対象労働者の具体的な範囲、③労働したものとみなす時間、④対象労働者の勤務状況に応じて実施する健康・福祉確保措置

の具体的内容、⑤対象労働者からの苦情処理措置の具体的内容、⑥企画業務型裁量労働制の導入につき労働者本人の同意を得なければならないことおよび不同意の労働者に対し不利益取り扱いをしてはならないこと、⑦決議の有効期間、⑧企画業務型裁量労働制の実施状況に係る労働者ごとの記録を保存することについて、決議しなければならない。

1. 労使委員会運営規程

CHECK①	労使委員会は事業場ごとに設けられているか
CHECK②	労働者代表委員は労使委員会の構成員の半数を占めているか
CHECK③	労使を代表する委員ごとに定足数を規定したか
CHECK④	議決方法の記載は適切か
CHECK⑤	その他労使委員会の運営について必要な事項は記載したか

労使委員会運営規程

（名称）
第1条 本委員会は、□□□□株式会社本社事業場労使委員会と称する。

（設置）
第2条 労使委員会は、□□□□株式会社本社事業場に置くものとする。

> **CHECK①**
> 労使委員会は必ず、裁量労働制を実施する事業場ごとに設けなければならない。

（審議事項）
第3条 労使委員会で審議する事項は以下のとおりである。
（1）企画業務型裁量労働制に関すること
（2）高度プロフェッショナル制度に関すること
（3）その他賃金、労働時間等労働条件に関すること

（委員）
第4条 労使委員会の委員は、次の6名の者により構成するものとする。
（1）使用者が指名する使用者代表委員　3名
（2）［従業員代表□□□□／□□□□株式会社労働組合］によって指名された労働者代表委員　3名

> **CHECK②**
> 労働者代表委員は半数を占めていなければならない（労基法38条の4第2項1号）。なお、使用者代表委員1名・労働者代表委員1名の2名のみで構成する労使委員会は認められない。

（任期）
第5条 委員の任期は、2年とする。ただし、所定の指名手続きによる再任は妨げない。
2　前条第1号の使用者代表委員が欠けた場合には、使用者は速やかに委員を補充しなければならない。
3　前条第2号の労働者代表委員が欠けた場合に

は、労働組合は速やかに委員を補充すべく所定の手続きを実施しなければならない。
4　前2項に基づき選任された委員の任期は、前任者の残任期間とする。

(委員会の開催)
第6条　労使委員会の開催は、次のとおりとする。
（1）毎年3月、6月、9月、12月（以下、「定例労使委員会」という）
（2）労使委員会の委員の半数以上の要請があったとき
（3）その他会社が必要と認めたとき
2　委員会の招集は、議長が行う。ただし、第1回の委員会は人事部長が行う。

(定足数)
第7条　労使委員会は、委員の4名以上、かつ、第4条第1号の使用者代表委員および同第2号の労働者代表委員の各2名以上の出席がなければ成立しない。

(議長)
第8条　労使委員会の議事の進行に当たり議長を置くものとし、議長は委員の中から互選によって選出する。

(議決)
第9条　労使委員会の議事は、出席委員の過半数の賛否で決定し、可否同数のときは議長が裁定する。ただし、第3条第1号［および第2号］に係る決議については出席した委員の5分の4以上の多数による決議で決定する。
2　前項のただし書きの決議は、書面により行い、

> **CHECK③**
> 全委員に係る定足数のほか、労使各側を代表する委員ごとに一定割合または一定数以上の出席を要する旨定めることが適当である。

> **CHECK④**
> 労基法38条の4柱書に定める「委員の5分の4以上の多数による議決」とは、出席委員の5分の4以上の多数による決議で足りる。

出席委員全員の署名または記名押印を行うものとする。

(議事録)
第10条　人事部担当者は、労使委員会の開催の都度議事録を作成し、労使委員会に出席した委員2名（第4条第1号の使用者代表委員および同第2号の労働者代表委員の各1名）の署名または記名押印を行うものとする。
2　前項の議事録は、人事部で委員会開催後（第3条第1号［および第2号］に係る決議の議事録については有効期間満了後）3年間保存するものとする。また、議事録の作成の都度、速やかに、その内容を社内ネットワークに掲示することにより、労働者に周知するものとする。

(報告)
第11条　会社は、12月の定例労使委員会において、次の情報を開示しなければならない。
（1）対象労働者の勤務状況、対象労働者に対する健康・福祉確保措置、苦情処理等の実施状況
（2）労働基準監督署長にした報告の内容
2　会社は、委員の要請により、対象労働者に適用する評価制度、賃金制度の具体的内容を開示しなければならない。ただし、各対象労働者の考課結果についてはこの限りでない。

附　則
1　この規程は、○○年○月○日から施行する。
2　この規程の改正については、委員会の同意を得て行う。

> **CHECK⑤**
> 使用者が労使委員会に対し開示すべき情報の範囲、開示手段および開示が行われる労使委員会の開催時期等の必要事項を規定しておくことが適当である。

2. 企画業務型裁量労働制に関する決議

CHECK①	対象労働者の業務は、法令等により定められた対象業務に該当するか
CHECK②	対象労働者は、対象業務を適切に遂行するための知識、経験等を有するか
CHECK③	対象労働者の同意の手続きは明確か
CHECK④	みなし労働時間数について規定したか
CHECK⑤	健康・福祉確保措置および苦情処理措置について規定したか

企画業務型裁量労働制に関する決議

　□□□□株式会社本社事業場労使委員会は、企画業務型裁量労働制につき、次のとおり決議する。

（対象業務）
第1条　企画業務型裁量労働制を適用する業務の範囲は、次のとおりとする。
（1）経営企画部で経営計画を策定する業務
（2）財務部で財務計画を策定する業務
（3）営業企画部で全社的な営業計画を策定する業務

（対象労働者）
第2条　企画業務型裁量労働制を適用する労働者は、前条で定める業務に常態として従事する者のうち、入社して5年目以上でかつ職能資格等級が

CHECK①
企画業務型裁量労働制を導入できるのは、事業の運営に関する事項についての企画、立案、調査および分析の業務であって、当該業務の性質上これを適切に遂行するにはその遂行の方法を大幅に労働者の裁量に委ねる必要があるため、当該業務の遂行の手段および時間配分の決定等に関し使用者が具体的な指示をしないこととする業務に限られる。

○級以上である者とする。ただし、就業規則第○条で定める管理監督者を除く。

(対象労働者の事前の同意)
第3条　会社は、対象労働者を対象業務に従事させる前に、本人の書面による同意を得なければならない。会社は、対象労働者の同意を得るに当たっては、本決議の内容、同意した場合に適用される評価制度および賃金制度の内容ならびに同意しなかった場合の配置および処遇について、事前に対象労働者に説明する。

(不同意者の取り扱い)
第4条　会社は、前条の同意をしなかった者に対して、同意しなかったことを理由として、処遇等について本人に不利益な取り扱いをしてはならない。

(裁量労働従事者の労働時間の取り扱い)
第5条　第2条に定める者のうち、第3条に基づき同意を得た者(以下、「裁量労働従事者」という)が、所定労働日に労働した場合は、1日9時間労働したものとみなす。
2　前項のみなし労働時間が就業規則第○条に定める所定労働時間を超える部分については、賃金規程第○条の定めるところにより割増賃金を支払う。

(休憩)
第6条　裁量労働従事者の休憩は1時間とし、その取得時間帯は裁量労働従事者の決定に委ねる。

CHECK②
対象労働者は「対象業務に常態として従事していることが原則」であり、また、「対象業務を適切に遂行するための知識、経験等」がある労働者である必要があるため、3～5年以上の職務経験があることが望ましい。

CHECK③
対象労働者の同意の手続き等について決議で定めることが適当である。

CHECK④
法定労働時間を超過するみなし労働時間を設定する場合は、36協定の締結および届出ならびに時間外割増賃金の支払いが必要である。

(休日)
第7条　裁量労働従事者の休日は就業規則第○条の定めるところによる。

(休日労働)
第8条　裁量労働従事者が所定休日に労働する場合は、休日労働協定の範囲内で事前に所属長に申請し、許可を得なければならない。
2　前項の場合、裁量労働従事者の休日労働に対しては、賃金規程第○条の定めるところにより割増賃金を支払う。

(深夜労働)
第9条　裁量労働従事者が深夜に労働する場合は、事前に所属長に申請し、許可を得なければならない。
2　前項の場合、裁量労働従事者の深夜労働に対しては、賃金規程第○条の定めるところにより割増賃金を支払う。

(裁量労働従事者の健康と福祉の確保)
第10条　裁量労働従事者の健康と福祉を確保するために、次の各号に定める措置を講ずる。
2　裁量労働従事者の健康状態を把握するために次の各号に定める措置を実施する。
　(1)　裁量労働従事者は、出勤した日ごとに、所定の「出勤簿」に出退勤時刻を記入の上、毎月○日までに前月分の出勤簿を所属長に提出する。
　(2)　裁量労働従事者は、2カ月に1回、自己の健康状態および勤務状況について所定の「自己診断カード」に記入の上、所属長に提出する。

CHECK⑤
対象労働者の過重労働防止の観点から、健康・福祉確保措置および苦情処理措置について具体的に決議で定める必要がある。

（3）所属長は、前号の自己診断カードを受領後、必要と認めたときは、当該裁量労働従事者について速やかに、健康状態、勤務状況等についてのヒアリングを実施する。
3　会社は、前項の結果をとりまとめ、産業医に提出するとともに、産業医が必要と認めるときには、当該裁量労働従事者について、次の各号に定める措置を実施する。
　（1）産業医による保健指導を受けさせる。
　（2）定期健康診断とは別に、特別健康診断を実施する。
　（3）特別休暇または連続有給休暇を付与する。
4　精神・身体両面の健康についての相談室を総務部に設置する。

（裁量労働制適用の中止）
第11条　勤務状況または健康状態に鑑み、裁量労働従事者に企画業務型裁量労働制を適用することがふさわしくないと認められた場合または裁量労働従事者が企画業務型裁量労働制の適用の中止を申し出た場合、会社は、当該労働者に対する企画業務型裁量労働制の適用を中止することができる。

（裁量労働従事者の苦情の処理）
第12条　裁量労働従事者から苦情等があった場合には、次の各項に定める手続きに従い、対応する。
2　裁量労働相談室を次のとおり開設する。
　（1）場所　総務部
　（2）開設日時　毎週○曜日○時から○時
　（3）相談員　□□□□
3　裁量労働相談室で取り扱う苦情の範囲は、次のとおりとする。

> **CHECK⑤**
> 対象労働者の過重労働防止の観点から、健康・福祉確保措置および苦情処理措置について具体的に決議で定める必要がある。

（1）裁量労働制の運用に関する全般の事項
（2）裁量労働従事者に適用している評価制度、これに対応する賃金制度等の処遇制度全般
4　第1項の相談担当者は、相談者の秘密を厳守し、プライバシーの保護に努めるとともに、必要に応じて実態調査を行い、相談者の了解を得て解決策等を会社に報告する。

（決議の変更）
第13条　決議した時点では予見することができない事情の変化が生じ、委員の半数以上から労使委員会開催の申し出があった場合には、有効期間の途中であっても、決議した内容を変更する等のための労使委員会を開催するものとする。

（勤務状況等の保存）
第14条　会社は、第10条および第12条に基づいて講じた措置の内容を対象従業員ごとに記録し、当該記録を本決議の有効期間の始期から有効期間満了後3年を経過するときまで保存するものとする。

（評価制度・賃金制度の労使委員会への開示）
第15条　会社は、裁量労働従事者に適用している評価制度、これに対応する賃金制度を変更する場合、事前にその内容について委員に対し説明するものとする。

（労使委員会への情報開示）
第16条　会社は、労使委員会において、裁量労働従事者の勤務状況、裁量労働従事者の健康と福祉確保のために講じた措置、裁量労働従事者からの苦情について講じた措置の情報を開示するものとする。

> （決議の有効期間）
> 第17条　本決議の有効期間は〇〇年〇月〇日から〇〇年〇月〇日までの３年間とする。
>
> 〇〇年〇月〇日
> □□□□株式会社本社事業場労使委員会
> 　　委員　□□□□㊞　　□□□□㊞
> 　　　　　□□□□㊞　　□□□□㊞
> 　　　　　□□□□㊞　　□□□□㊞

3. 企画業務型裁量労働制に関する決議届

CHECK①	企画業務型裁量労働制を適用する対象業務の種類を具体的に記載したか
CHECK②	健康・福祉確保措置、労働時間の把握方法および苦情処理措置の内容を具体的に記載したか

※【様式第13号の２（第24条の２の３第１項関係）　企画業務型裁量労働制に関する決議届】57ページ参照

企画業務型裁量労働制に関する書式

様式第13号の2（第24条の2の3第1項関係）

企画業務型裁量労働制に関する決議届

事業の種類	事業の名称	事業の所在地（電話番号）	常時使用する労働者数
□□□□	□□□□株式会社	□□□□県□□□□市□□□□町□丁目□番□号（○○○-○○○○-○○○○）	□□□名

業務の種類	労働者の範囲（職務経験年数、職能資格等）	労働者数	決議で定める労働時間
経営企画部で経営計画を策定する業務	入社5年目以上、職能資格等級が〇〇級以上	○○○名	9時間
財務部で財務計画を策定する業務	同上		9時間
営業企画部で全社的な営業計画を策定する業務	同上		9時間

労働者の健康及び福祉を確保するために講ずる措置（労働者の労働時間の状況の把握方法）
2カ月に1回、所属長が「自己診断カード」に基づき健康状態についてヒアリングを行い、必要に応じて産業医に相談し、特別健康診断の実施や代替の付与を行う。（別添決議第10条のとおり）

労働者からの苦情の処理に関して講ずる措置
別添決議第12条のとおり。

労働者ごとに、労働時間の状況及びこの同意をしなかった場合に解雇その他不利益な取扱いをしてはならないことについて講じた措置、労働者からの苦情の処理に関する措置の実施状況に関する記録を保存することに労働者の同意を得なければならないこと及びこの同意をしなかった当該労働者の健康及び福祉を確保するための措置、苦情の処理に関する措置の実施状況に関する記録を保存することについての決議の有無　有・無

労働者ごと、労働時間の状況及びこの同意並びに当該同意の撤回に関する記録を決議の有効期間中及び当該有効期間の満了後3年間保存することについての決議の有無　有・無

決議の成立年月日	○○年 ○月 ○日	決議の有効期間	○○年 ○月 ○日から ○○年 ○月 ○日まで
委員会の委員数	6	現行の有無　有☑・無	運営規程に関する事項（議長の選出方法・決議の方法に関する事項・定足数に関する事項）
	委員会の同意を得て指名された委員		その他　委員会の開催に関する事項・委員会への周知に関する事項

任期を定めて指名された委員	氏　名	任　期
	□□□□	2年
	□□□□	2年
	□□□□	2年
	□□□□	2年
	□□□□	2年

使用者の職名　氏名　□□□□／労働組合　執行委員長

委員会の委員の半数について任期を定めて指名した者（労働者の過半数を代表する者の場合は、労働者の過半数を代表する者の職名　氏名　□□□□株式会社　代表取締役　□□□□）㊞

○○年 ○月 ○日

□□□□労働基準監督署長　殿

決議は、上記委員の5分の4以上の多数による決議によって行われたものである。
委員会の委員の半数について任期を定めて指名した者又は労働者の過半数を代表する者の選出方法

【記載心得】
1　「業務の種類」の欄には、労働基準法第38条の4第1項第1号に規定する業務として決議した業務を具体的に記入すること。
2　「労働者の範囲」の欄（職務経験年数、職能資格等）には、労働基準法第38条の4第1項第2号に規定する労働者の範囲について、必要とされる職務経験年数、職能資格等を具体的に記入すること。
3　「決議で定める労働時間」の欄には、労働基準法第38条の4第1項第3号に規定する対象労働者が労働したものとして算定される時間を記入すること。
4　「労働者の健康及び福祉を確保するための措置（労働者の労働時間の状況の把握方法）」の欄には、労働基準法第38条の4第1項第4号に規定する措置の内容を具体的に記入するとともに、その労働時間の状況の把握方法を具体的に（　　　）内に記入すること。
5　「労働者からの苦情の処理に関して講ずる措置」の欄には、労働基準法第38条の4第1項第5号に規定する措置の内容を具体的に記入すること。
6　「任期を定めて指名された委員」の欄には、労働基準法第38条の4第2項第1号の規定により、任期を定めて指名された委員の氏名を記入すること。
7　合議の委員の半数について任期を定めて指名した者又は労働者の過半数を代表する者の場合は、労働者の過半数で組織する労働組合がある場合においてはその労働組合、労働者の過半数で組織する労働組合がない場合においては労働者の過半数を代表する者の氏名を記入すること。
8　「運営規程に含まれている事項」の欄は、該当する事項を記入すること。

4. 企画業務型裁量労働同意書

CHECK①	労働者の同意は、労使委員会による決議の有効期間ごとに得られているか
CHECK②	労働者ごとに、個別の同意が得られているか

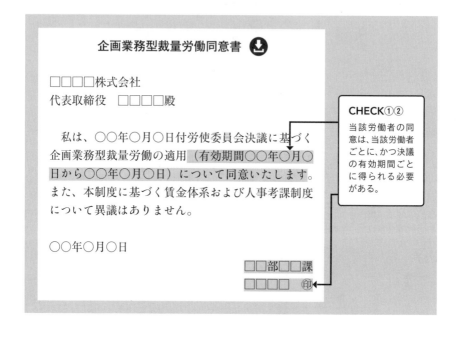

企画業務型裁量労働同意書

□□□□株式会社
代表取締役　□□□□殿

　私は、○○年○月○日付労使委員会決議に基づく企画業務型裁量労働の適用（有効期間○○年○月○日から○○年○月○日）について同意いたします。また、本制度に基づく賃金体系および人事考課制度について異議はありません。

○○年○月○日

□□部□□課
□□□□　㊞

CHECK①②
当該労働者の同意は、当該労働者ごとに、かつ決議の有効期間ごとに得られる必要がある。

5. 企画業務型裁量労働制に関する報告

CHECK ①	企画業務型裁量労働制を適用する対象労働者の範囲およびその人数を記載したか
CHECK ②	企画業務型裁量労働従事者について把握した時間のうち、平均的なものおよび最長のものの状況を具体的に記載したか
CHECK ③	企画業務型裁量労働従事者の健康・福祉確保措置の実施状況を具体的に記載したか
CHECK ④	労使委員会の決議日から起算して6カ月以内ごとに1回提出しているか

※【様式第13号の4（第24条の2の5第1項関係）　企画業務型裁量労働制に関する報告】60ページ参照

第1章 労働時間

様式第13号の4（第24条の2の5第1項関係）

企画業務型裁量労働制に関する報告

報告期間　○○年○月から　○○年○月まで

事業の種類	事業の名称	事業の所在地	（電話番号）
□□□□	□□□□株式会社	□□□県□□□市□□区□□町○丁目○番○号	（○○○-○○○○-○○○○）

業務の種類	労働者の範囲	労働者数	労働者の労働時間の状況 （労働時間の把握方法）	労働者の健康及び福祉を確保するための措置の実施状況
経営計画の策定	経営企画部で入社5年目以上、職能資格等級が○級以上	○	平均10時間、最長15時間 自己診断カード （　　　　）	特別健康診断の実施（○○年○月○日）、 特別休暇の付与
財務計画の策定	財務部で入社5年目以上、職能資格等級が○級以上	○	平均9時間、最長14時間 自己診断カード （　　　　）	特別健康診断の実施（○○年○月○日）、 特別休暇の付与
全社的な営業計画の策定	営業企画部で入社5年目以上、職能資格等級が○級以上	○	平均9時間、最長15時間 自己診断カード （　　　　）	特別健康診断の実施（○○年○月○日）、 特別休暇の付与

○○年　○月　○日

□□　労働基準監督署長　殿

使用者　　職名　□□□□株式会社　代表取締役
　　　　氏名　□□□□　㊞

記載心得
1　「業務の種類」の欄には、労働基準法第38条の4第1項第1号に規定する業務を具体的に記入すること。
2　「労働者の範囲」及び「労働者数」の欄には、労働基準法第38条の4第1項第2号に規定して決議した労働者の範囲及びその数を記入すること。
3　「労働者の労働時間の状況」の欄には、労働基準法第38条の4第1項第4号に規定する労働時間の状況として把握した時間のうち、平均的なもの及び最長のものの状況を具体的に記入すること。また、労働時間の状況を実態に即して把握した方法を具体的に（　　）内に記入すること。
4　「労働者の健康及び福祉を確保するための措置の実施状況」の欄には、労働基準法第38条の4第1項第4号に規定する措置として講じた措置の実施状況を具体的に記入すること。

6 事業場外みなし労働時間制に関する書式

1.事業場外みなし労働時間制とは

　労働時間とは、労働者が使用者の現実かつ直接の指揮命令の下に置かれている時間をいうところ（安西愈著『労働時間・休日・休暇の法律実務［全訂7版］』〔中央経済社〕485ページ）、労働者の業務内容によっては、労働者が指揮命令の下に置かれている時間を使用者が算定し難い場合がある。そこで、労働者が労働時間の全部または一部について事業場外で勤務しており、労働者の「労働時間を算定し難い」場合に、労働者が一定の労働時間働いたものとみなす制度が、事業場外みなし労働時間制度である（労基法38条の2）。

　みなし労働時間制度を適用できる業務は、「労働時間を算定し難い」ものである必要があるため、事業場外で行われる業務であっても、労働時間を管理する者が帯同する場合や、携帯電話等で随時使用者の指示を受けながら労働している場合には、みなし労働時間制度は適用されない。

2.労働時間の計算方法

　みなし労働時間制が適用された場合には、当該労働者は、原則として所定労働時間労働したものとみなされる。これは労働時間の全部が事業場外労働の場合に限られず、一部分が事業場外労働である場合にもともに所定労働時間の労働とみなされる。

　また、当該業務を行う上で通常所定労働時間を超えた労働が必要となる場合には、当該時間を「通常必要とされる時間」として労使協定によってあらかじめ定めておく必要があり、労働者は、この「通常必要とされる時間」分働いたものとみなされる。

3.在宅勤務制度への応用

　今般、業務の効率化と柔軟な働き方を推進する観点より、在宅勤務等のいわゆるテレワークを導入する企業が増加しているところ、このような企業においては、在宅勤務の従業員に対して事業場外みなし労働時間制度を適用する例がみられる（67ページ参照）。

　前述のように、事業場外みなし労働時間制度は、使用者が労働者の労働時間を算定し難いときに適用できるものであるところ、テレワークによる在宅勤務制度においては、

> ア　情報通信機器が、使用者の指示により常時通信可能な状態におくこととされていないこと
> イ　随時使用者の具体的な指示に基づいて業務を行っていないこと

の二つが認められる場合に、事業場外みなし労働時間制度の適用が認められる（厚生労働省「情報通信技術を利用した事業場外勤務の適切な導入及び実施のためのガイドライン」）。

1. 事業場外みなし労働時間制に関する労使協定

CHECK ①	みなし労働時間制度の対象となる業務・従業員は明確か
CHECK ②	みなし労働時間の算定方法は定められているか
CHECK ③	事業場外みなし労働時間制の適用要件を充足しているか
CHECK ④	割増賃金についての規定を置いているか
CHECK ⑤	休日・深夜の事業場外業務について規定しているか

事業場外みなし労働時間制に関する労使協定

　株式会社○○と○○労働組合は、労働基準法第38条の2第2項に基づき、事業場外で業務に従事する従業員のみなし労働時間の取り扱いに関し次のとおり協定する。

（対象従業員）
第1条　本協定の対象労働者の範囲は、次のとおりとする。
　本協定は、営業部に所属する販売促進課○○地区担当および同課○○地区担当の従業員で、主として事業場外において業務に従事する者に適用する。

（みなし労働時間）
第2条　前条の労働者が、事業場外において業務に従事した場合の労働時間の計算は、次のとおりとする。
（1）営業部販売促進課○○地区担当：所定労働時間に一日○時間を加えた時間を労働したものとみなす。
（2）営業部販売促進課○○地区担当：当該日の所定労働時間労働したものとみなす（ただし、一般的な出張ではなく、所定労働時間外にわたる具体的業務につき別段の指示・命令のあった場合であって、その所定労働時間外にわたる業務の実労働時間を算定しがたいときは、当該日について前項に定める加算時間を加えた時間を労働したものとみなす。）。

（割増賃金）
第3条　前条のみなし労働時間に係る割増賃金の取

CHECK①
みなし労働時間制が適用される労働者の範囲が明確にされている必要がある。

CHECK②
みなし労働時間の算定方法として、「当該業務の遂行に通常必要とされる時間」を定める必要がある。

CHECK③
事業場外のみなし労働時間制の適用が認められるのは、使用者が労働者の労働時間管理を把握できない場合でなければならない。

CHECK④
業務の遂行に通常必要とされる時間を超えて時間外労働を行った場合には、割増賃金が発生する旨を確認的に規定することも考えられる。

り扱いは、次のとおりとする。
（1）事業場外において業務に従事した場合に前条により労働したものとみなされた労働時間と事業場内の労働時間の合計が法定労働時間を超える場合、その超えた時間については給与規程第〇条による割増賃金の支給対象時間とし、通常賃金に加えて割増賃金を支給する。
（2）本協定の対象従業員が事業場内において業務に従事した場合（欠勤、有給休暇、特別休暇を含む）および事業場外の業務であっても実労働時間を算定できる場合には本協定の取り扱いにはよらず、通常の労働時間の取り扱いとする。

（休日・深夜の事業場外業務）
第4条 従業員が、使用者の指示により休日または深夜に勤務した場合には、本協定は適用せず、使用者は、当該従業員に対して、給与規程第〇条の定めるところにより時間外・休日勤務手当を支払う。

（休憩時間）
第5条 本協定の対象従業員は、就業規則第〇条に定める休憩時間を取らなければならない。ただし、事業場外での勤務により所定の時間に休憩時間が取れない場合には、別の時間帯に休憩を取るものとする。

（有効期間）
第6条 本協定の有効期間は、〇〇年〇月〇日から1年間とする。ただし、会社および労働者代表者から改訂の申し出がない場合には、1年ごとに自

CHECK⑤
みなし労働時間制による労働時間の計算は、法定休日および深夜労働については適用されない。

動更新するものとする。

　　　年　月　日
　　　　　　　□□□□株式会社　代表取締役
　　　　　　　　　　　　　　　　　　　印
　　　　　　　□□□□株式会社労働組合　執行委員長
　　　　　　　　　　　　　　　　　　　印

2. 事業場外みなし労働時間制に関する協定届

CHECK①	事業の種類欄には、行っている事業を簡潔に記載したか
CHECK②	業務の種類欄には、事業場外みなし労働時間制を適用しようとしている業務を記載したか。その際、当該業務が労働時間管理のできない業務に当たるかチェックしたか

様式第12号（第24条の2第3項関係）

事業場外労働に関する協定届

事業の種類	事業の名称	事業の所在地（電話番号）			
化粧品販売業	□□□□株式会社	○○区○○1丁目○○番○○号 （○○-○○○○-○○○○）			
業務の種類	該当労働者	一日の所定労働時間	協定で定める時間	協定の有効期間	
販売促進課 ○○地区担当	20人	7時間30分	9時間	○○年 から1年間	
販売促進課 ○○地区担当	3人	7時間	10時間		
時間外労働に関する協定届の届出年月日				○○年○月○日	

・協定の成立年月日：〇〇年〇月〇日

・協定の当事者である労働組合の名称
　又は労働者の過半数を代表する者の
　　職名：□□□□株式会社〇〇営業部　販売促進課　　主任
　　氏名：〇〇〇〇

・協定の当事者（労働者の過半数を代表する者の場合）の選出方法
　投票による選挙

〇〇年〇月〇日
　使用者　　職名　　　□□□□株式会社　代表取締役
　　　　　　氏名　　　〇〇〇〇　　　　　　　　　㊞

〇〇〇〇労働基準監督署長殿

第 1 章 労働時間

7 在宅勤務に関する書式

　在宅勤務制度は、労働者の自宅で勤務を行う勤務形態であって、サテライトオフィス勤務（労働者の属するメインのオフィス以外に設けられたオフィスを利用する勤務形態）やモバイル勤務（携帯電話やノートパソコン等を用いて臨機応変に選択した場所で業務を行う勤務形態）と同じく、テレワーク（情報通信技術を活用し、時間や場所にとらわれない柔軟な働き方）の一つとして挙げられるものである。テレワークの目的としては、ワークライフバランスの実現・生産性の向上が挙げられる。

　テレワークを行う場合であっても、当然、労基法、安衛法、最賃法等の労働基準関係法令が適用される。そのため、例えば、テレワークを行う労働者に対してフレックスタイム制や事業場外みなし労働時間制を適用するためには、別途これらの制度の適用要件を満たす必要がある点に留意されたい。

　また、テレワークを採用する場合、コミュニケーション不足、情報漏えいの危険および労働者の労働時間の管理が課題となり得るため、テレワーク規程においては適宜それらに配慮した規定を設けることが検討されるべきである。

　なお、厚生労働省は、在宅勤務を含めたテレワークに関するガイドライン（平成30年2月22日付「情報通信技術を利用した事業場外勤務の適切な導入及び実施のためのガイドライン」）を公表しており、かかるガイドラインにはテレワーク実施の際の留意点が記載されているので、適宜参照されたい。

1. テレワーク規程

CHECK①	テレワークの定義は、自社が導入しようとしている制度の内容を適切に反映しているか
CHECK②	情報管理義務の規定を設けているか
CHECK③	勤務時間の算定について、労基法等に適合した内容を定めているか
CHECK④	進ちょく状況を把握するための規定を設けているか
CHECK⑤	必要に応じ、特定の日時には会社への出社を義務付ける旨を規定したか

テレワーク規程

（総則）
第1条 この規程は、テレワークの取り扱いを定める。

（定義）
第2条 この規程において「テレワーク」とは、特定の業務を効率的・集中的に遂行するために、一定期間自宅において業務を遂行する制度をいう。

CHECK①
「テレワーク」の定義には、在宅勤務の他にも、サテライトオフィス勤務やモバイル勤務を含むことも可能。

（目的）
第3条 テレワークの目的は、次のとおりとする。
（1）時間を有効に活用して業務の効率化を図ること
（2）仕事と家庭生活とのバランスを図ること
（3）生活のゆとりを高めること

（4）勤労意欲の向上を図ること

(資格者の範囲)
第4条　次のいずれにも該当する者は、会社に対し、テレワークを申請することができる。
（1）勤続2年以上
（2）経理、書類作成および事務処理の業務（メール等での顧客対応を含む）に従事する者
（3）特定の業務を短期間に集中的に取りまとめることが求められている者

(申請事項)
第5条　テレワークを希望する者は、次の事項を記載した申請書を人事部に提出するものとする。
（1）申請年月日
（2）氏名、所属
（3）テレワークの開始日、終了日
（4）テレワークで遂行する業務の内容
（5）テレワークを必要とする理由
2　前項の申請は、テレワーク開始日の1週間前までに行わなければならない。

(許可)
第6条　会社は、テレワークの申請があったときは、その必要性および本人の時間管理能力等を審査し、その裁量により、申請の許可または不許可を決定する。

(期間)
第7条　テレワークの期間は、原則として1回当たり連続1カ月を上限とし、本人が申請した期間とする。

(作業環境基準)
第8条　第6条の許可に基づきテレワークをする者（以下、「テレワーカー」という）は、自宅において、次に掲げる作業環境を確保するよう努めなければならない。
（1）仕切られた作業スペースを確保すること
（2）作業に集中できる静かな場所を確保すること
（3）身体に合った机、椅子を用意すること
（4）適切な照明、空調設備を備えること
（5）会社と通信できる機器（電話、携帯電話、パソコン等）を置くこと

> **CHECK②**
> 前提として、会社は、情報漏えいが生じないようなリモートデスクトップ等のセキュリティを確保するシステムを用意する必要がある。

(情報セキュリティ遵守)
第9条
（1）テレワーカーは、機密情報の安全を守る義務があることに留意し、情報の漏えいがないように最大限の注意を払わなければならない。
（2）テレワーカーは、会社の許可を得ずに、自宅外に会社の業務情報を持ち出してはならない。

(業務専念義務)
第10条　テレワーカーは、テレワーク期間中においても、勤務時間中は業務に専念しなければならない。

(休日)
第11条　テレワーク期間中の休日は、就業規則の定めるところによる。

(勤務時間の算定)
第12条

> **CHECK③**
> 労働時間のみなしを行う場合には、別途、フレックスタイム制や事業場外みなし労働時間制についての適用要件を満たす必要がある。

(1) 1日の労働時間および休憩時間は、就業規則（労働時間）の定めによる。
(2) 前項の規定にかかわらず、テレワーカーは、会社の承認を得た場合には、始業時刻、終業時刻および休憩時間を変更することができる。

（届け出）
第13条　テレワーカーは、次のいずれかの事由によりテレワークをしないときは、あらかじめ人事部に届け出なければならない。
(1) 年次有給休暇を取得するとき
(2) 年次有給休暇以外の休暇を取得するとき
(3) 個人的な都合で仕事をしないとき

（業務報告）
第14条　テレワーカーは、業務の進ちょく状況を電子メール、電話その他により、適宜会社に報告しなければならない。

CHECK④
会社としてより業務の進ちょく状況を把握したいと考えるときは、就業規則にモニタリングについて定めることも考えられる。

（出社命令）
第15条　テレワーカーは、第5条による申請および第6条による許可の内容にかかわらず、毎週水曜日の午前9時から午前10時の間は本来の勤務場所に出勤し、当該場所において勤務するものとする。また、会社は、業務上必要であると認めるときは、テレワーカーに対し、本来の勤務場所での勤務を命令することがある。

CHECK⑤
社内におけるコミュニケーション不足を解消するという観点から、申請の有無および内容にかかわらず、特定の日時には会社への出社を義務付ける旨規定することも考えられる。

（復帰）
第16条　テレワーカーは、次のいずれかに該当するときは、申請期間中であってもテレワークを打ち切り、通常の勤務に復帰しなければならない。

(1) 会社から通常の勤務への復帰を命令されたとき
(2) 第6条により許可されたテレワークの期間を経過したとき
(3) テレワーカーがテレワークの打ち切りを希望し、会社が許可したとき

(附則)
この規程は、〇〇年〇月〇日から施行する。

8 高度プロフェッショナル制度に関する書式

第1章 労働時間

1.高度プロフェッショナル制度の意義　働き方改革

　特定行動専門業務・成果型労働制（いわゆる高度プロフェッショナル制度）は、一定の年収要件を満たす労働者が高度の専門的知識等を必要とし、労働時間と成果との関連性が通常高くないと認められる業務に従事する場合に、下記**2.**に記載の手続きを経ることを要件として、労基法上の労働時間、休日および深夜の割増賃金等の規定が適用除外になる制度である（労基法41条の２）。

　その制度趣旨は、自律的で創造的な働き方を希望する労働者が、高い収入を確保しながら、メリハリのある働き方をすることができるように、本人の希望に応じた柔軟な働き方の選択肢を用意することにある。

2.高度プロフェッショナル制度の導入手続き・実施要件

　高度プロフェッショナル制度を導入・実施するためには、①事業場に設置された労使委員会において、②委員の５分の４以上の多数で、③労基法41条の２第１項各号記載の事項（一定日数の休日の付与、法定の健康確保措置の実施等）について決議し、④使用者が当該決議を所轄労働基準監督署長に届け出を行い、⑤対象労働者から書面等により同意を得た上で、⑥対象業務に就かせ、⑦前記③で定めた健康確保措置等を実施し、⑧前記⑦の実施内容を労働基準監督署長に対して届け出を行うことが必要である。

　上記①から⑧の要件のいずれかが欠けた場合には高度プロフェッショナル制度は適用されないこととなる。すなわち、健康確保措置等についても、規程に定めるのみならず、実際に当該措置を実施しなければ高度プロフェッショナル制度は適用されない点に留意が必要である。

第1章 労働時間

1. 高度プロフェッショナル制度
[就業規則規定例]

  働き方改革

CHECK①	制度導入のために必要な手続きの履践方法につき、明確に定めているか
CHECK②	対象となる労働者の範囲の定めは明確か

（高度プロフェッショナル制度）
第○条
1 　会社は、労働基準法第41条の2に従い、労使委員会を設置し、同条第1項所定の事項に関して同委員会の5分の4以上の多数により決議し、かつ、当該決議を所轄労働基準監督署長に対して届け出ることで、高度プロフェッショナル制度を導入することができる（以下、同制度の適用対象となる従業員を「高度プロフェッショナル従業員」という）。
　但し、同制度の対象とすることができる従業員は、以下の業務に従事する者に限られる。
（1）金融工学等の知識を用いて行う金融商品の開発の業務
（2）資産運用（指図を含む）の業務または有価証券の売買その他の取引の業務のうち、投資判断に基づく資産運用の業務、投資判断に基づく資産運用として行う有価証券の売買その他の取引の業務または投資判断に基づき自己の計算において行う有価証券の売買その他の取引の業務
（3）有価証券市場における相場等の動向または有価証券の価値等の分析、評価またはこれ

> **CHECK①**
> 高度プロフェッショナル制度導入のためには労使委員会の決議等必要な手続きを履践する必要がある。

> **CHECK②**
> 高度プロフェッショナル制度の適用対象とする従業員の範囲について、法令上の制限内で、就業規則に明確に定める必要がある。
> 働き方改革

に基づく投資に関する助言の業務
（４）顧客の事業の運営に関する重要な事項についての調査または分析およびこれに基づく当該事項に関する考案または助言の業務
（５）新たな技術、商品または役務の研究開発の業務
2　高度プロフェッショナル従業員については、本就業規則第〇条（労働時間）から第〇条（割増賃金）までの規定は適用しない。
3　会社は、高度プロフェッショナル制度を導入した場合、第１項の労使委員会の決議および労働基準法第41条の２の定めに従い、休日、特別有給休暇の付与、勤務間インターバル制度の実施、深夜労働の回数制限、法定の健康診断・医師による面接指導その他法令上必要な措置を講じ、かつ、法令に従いその実施状況を所轄労働基準監督署長に対して報告するものとする。
4　高度プロフェッショナル従業員の賃金その他の労働条件、勤務評価の方法、健康確保措置その他については、第１項の労使委員会の決議および労働基準法第41条の２の定めに従う。

> **CHECK①**
> 高度プロフェッショナル制度導入のために必要な健康確保措置の実施方法等につき、いかなる方法を採用するかを、労使委員会の決議や別規程おいて明確化する必要がある。

2. 高度プロフェッショナル制度に関する労使委員会の決議

 働き方改革

CHECK ①	対象労働者の業務は、法令等により定められた対象業務の範囲内で定められているか
CHECK ②	対象労働者は、法令の定める年収要件を満たし、また、本制度を適用するのにふさわしい勤務期間、等級を有する者に限定されているか
CHECK ③	対象労働者の同意の手続きは明確か
CHECK ④	健康管理時間の把握方法について適切に定めたか
CHECK ⑤	採用する健康確保措置を具体的に規定したか
CHECK ⑥	適切な健康管理時間の状況に応じた健康確保措置を規定したか
CHECK ⑦	決議の有効期間を定めたか

高度プロフェッショナル制度に関する決議

　□□□□株式会社本社事業場労使委員会は、高度プロフェッショナル制度につき、次のとおり決議(以下、「本決議」という)する。

(対象業務)
第1条 高度プロフェッショナル制度を適用する業務の範囲は、次のとおりとする。
　(1) 金融工学等の知識を用いて行う金融商品の開発の業務

> **CHECK①**
> 厚生労働省令第29号(平成31.3.25)が定める範囲内で対象業務の範囲を具体的に定める必要がある。

(2) 資産運用（指図を含む。以下この（2）において同じ。）の業務または有価証券の売買その他の取引の業務のうち、投資判断に基づく資産運用の業務、投資判断に基づく資産運用として行う有価証券の売買その他の取引の業務または投資判断に基づき自己の計算において行う有価証券の売買その他の取引の業務

(3) 有価証券市場における相場等の動向または有価証券の価値等の分析、評価またはこれに基づく投資に関する助言の業務

(4) 顧客の事業の運営に関する重要な事項についての調査または分析およびこれに基づく当該事項に関する考案または助言の業務

(5) 新たな技術、商品または役務の研究開発の業務

（対象労働者）
第2条　高度プロフェッショナル制度の適用が認められる労働者（以下、「対象労働者」という）は、前条各号の業務に常態として従事する者のうち、入社して7年目以上で、職能資格等級が○級以上であり、かつ、前年度の年収が1075万円以上の者とする。ただし、就業規則第○条で定める管理監督者を除く。

> **CHECK②**
> 対象労働者は、省令が定める年収要件を満たす必要があるほか、勤務期間や等級に係る要件を設けることが望ましい。

（対象労働者の事前の同意）
第3条　会社は、対象労働者が高度プロフェッショナル制度に基づき業務に従事する以前に、書面（対象労働者が希望した場合には、電磁的方法）による本人の同意を得なければならない。会社は、対象労働者の同意を得るに当たっては、本決議の内容、同意した場合に適用される評価制度および賃

> **CHECK③**
> 対象労働者の同意取得の手続き等について決議で定めることが望ましい。

金制度の内容ならびに同意しなかった場合の配置および処遇について、事前に対象労働者に説明するものとする。

(不同意者の取り扱い)
第4条　会社は、前条の同意をしなかった者に対して、同意しなかったことを理由として、処遇等について本人に不利益な取り扱いをしてはならない。

(高度プロフェッショナル従業員の労働時間の取り扱い)
第5条　第2条に定める者のうち、第3条に基づき同意を得た者(以下、「高度プロフェッショナル従業員」という)については、就業規則第○条(労働時間)から第○条(割増賃金)までの規定は適用しない。

(健康管理時間の把握)
第6条　会社は、高度プロフェッショナル従業員の健康管理時間(次の各号の合計時間)を、各号に定める方法により把握し、記録する。
(1) 事業場内にいた時間(休憩時間その他高度プロフェッショナル従業員が労働をしていない時間を除く):タイムカードによる記録
(2) 事業場外で労働した時間:高度プロフェッショナル従業員の自己申告

CHECK④
タイムカード等の客観的な方法による把握を原則とするが、事業場外での労働であり、やむを得ない理由があるときは、自己申告によることもできる。

(健康確保措置の実施)
第7条　会社は、高度プロフェッショナル従業員について、その健康および福祉の確保のため、次の措置を講じる。
(1) 4週間を通じて4日以上で、かつ、1年間

CHECK⑤
法の定める健康管理措置のうち実際に採用するものを、具体的に定める必要がある。

を通じて104日以上の所定休日を確保する。
(2) 1週間当たりの健康管理時間が40時間を超えた場合におけるその超過時間（以下、「本超過時間」という）が1カ月当たり80時間を超えたときまたは本人が申し出たとき、健康診断を実施する。

(健康確保措置)
第8条　会社は、高度プロフェッショナル従業員のうち本超過時間が1カ月当たり100時間を超える者については、産業医による面接指導を行うものとする。
2　会社は、前項の面接指導の結果を取りまとめ、産業医に提出するとともに、必要と認めるときには、当該高度プロフェッショナル従業員について、次の各号に定める措置を実施する。
(1) 必要な場合には適切な部署に配置転換する
(2) 代償休日または特別な休暇を付与する
3　第11条に従い、精神・身体両面の健康についての相談室を総務部に設置する。

> **CHECK⑥**
> (i)法定の選択的措置のうち選択しなかったもの、または(ii)代償休日または特別な休暇の付与、心とからだの相談窓口の設置、配置転換、産業医の助言指導に基づく保健指導、医師による面接指導等を定める必要がある。

(同意の撤回)
第9条　高度プロフェッショナル従業員は、第3条の同意を撤回する場合、書面により同意撤回届を人事部に対して提出する。

(高度プロフェッショナル制度適用の中止)
第10条　勤務状況または健康状態にかんがみ、高度プロフェッショナル従業員に高度プロフェッショナル制度を適用することがふさわしくないと認められた場合または高度プロフェッショナル従業員が高度プロフェッショナル制度の適用の中止を申し出た場合（前条に基づき同意を撤回した場

合を含む)、会社は、当該労働者に対する高度プロフェッショナル制度の適用を中止する。

(高度プロフェッショナル従業員の苦情の処理)
第11条　高度プロフェッショナル従業員から苦情等があった場合には、会社は、次の各項に定める手続きに従い、対応する。
1　高度プロフェッショナル制度相談室を次のとおり開設する。
　(1)　場所　　総務部
　(2)　開設日時　毎週○曜日○時から○時
　(3)　相談員　　□□□□
2　高度プロフェッショナル制度相談室で取り扱う苦情の範囲は、次のとおりとする。
　(1)　高度プロフェッショナル制度の運用に関する全般の事項
　(2)　高度プロフェッショナル従業員に適用している評価制度、これに対応する賃金制度等の処遇制度全般
3　第1項の相談員は、相談者の秘密を厳守し、プライバシーの保護に努めるとともに、必要に応じて実態調査を行い、相談者の了解を得て解決策等を会社に報告する。

(決議の変更)
第12条　本決議の時点では予見することができない事情の変化が生じ、委員の半数以上から労使委員会開催の申し出があった場合には、有効期間の途中であっても、本決議の内容の変更等を目的として、労使委員会を開催するものとする。

(記録等の保存)
第13条　会社は、次の事項について内容を高度プ

ロフェッショナル従業員(第9条に基づき第3条の同意を撤回した者を含む)ごとに記録し、当該記録を本決議の有効期間の始期から有効期間満了後3年を経過する時まで保存するものとする。
(1) 第3条に基づく同意および第9条に基づく当該同意の撤回
(2) 職務の内容、支払われると見込まれる賃金の額および健康管理時間の状況
(3) 第7条、第8条および第11条に基づいて講じた措置

(評価制度・賃金制度の変更)
第14条　会社は、高度プロフェッショナル従業員に適用している評価制度または賃金制度を変更する場合、事前に委員に対してその内容を説明するものとする。

(労使委員会への情報開示)
第15条　会社は、労使委員会において、高度プロフェッショナル従業員の勤務状況、高度プロフェッショナル従業員の健康と福祉確保のために講じた措置、高度プロフェッショナル従業員からの苦情について講じた措置の情報を開示するものとする。

(労使委員会の開催)
第16条　労使委員会の開催は、次のとおりとする。
(1) 毎年3月、6月、9月、12月の第2金曜日(ただし、議長より別途開催日を指定された場合は当該日)
(2) 労使委員会の委員の半数以上の要請があったとき
(3) その他会社が必要と認めたとき

第1章 労働時間

> 2　委員会の招集は、議長が行う。ただし、第1回の委員会は人事部長が行う。
>
> **（決議の有効期間）**
> **第17条**　本決議の有効期間は〇〇年〇月〇日から〇〇年〇月〇日までの3年間とし、有効期間満了時までに労働基準法第41条の2第1項に基づく労使委員会の決議が再度行われない限り、更新されないものとする。
>
> 〇〇年〇月〇日
>
> □□□□株式会社本社事業場労使委員会
> 　　　　委員　□□□□印　　□□□□印
> 　　　　　　　□□□□印　　□□□□印
> 　　　　　　　□□□□印　　□□□□印

CHECK⑦
決議の有効期間を定める必要がある。

3. 高度プロフェッショナル制度に関する決議届

 働き方改革

CHECK①	高度プロフェッショナル制度に関する労使委員会の決議について所轄の労働基準監督署長に届出を行うことが、高度プロフェッショナル制度の導入要件である
CHECK②	高度プロフェッショナル制度の対象とする業務・労働者の範囲について、労使委員会の決議内容に従い、具体的に記載する必要がある

※［様式第14号の2（第34条の2第1項関係）高度プロフェッショナル制度に関する決議届］83ページ参照。

高度プロフェッショナル制度に関する書式

様式第14号の2（第34条の2第1項関係）

高度プロフェッショナル制度に関する決議届

		労働保険番号	□□□□□ □□□ □□□□□□ □□□
		法人番号	□□□□□□□□□□□□□

事業の種類	事業の名称	事業の所在地（電話番号）
○○業	□□□□株式会社	（〒○○○ - ○○○○） □□□県□□市□□町○丁目○番○号 （電話番号：○○ - ○○○○ - ○○○○）

	常時使用する労働者数	決議の有効期間
	○○○名	○年○月○日から○年○月○日 所定議しない限り更新る れない旨の決議の有無 （有・無）

業務の種類及びその分類	労働者の範囲	支払われると見込まれる賃金の額	同意を得る方法
○○業務（①）	○○業務に関する業務のうち、入社して7年目以上で、職務給別給額 が○組以上であり、かつ、年収見合計額が1075万円以上の者	○人	1075万円	同意が不適切であるとみた場合には、適切な措置に基因を払う
○○業務（③）	○○業務に関する業務のうち、入社して7年目以上で、職務給別給額 が○組以上であり、かつ、年収見合計額が1075万円以上の者	○人	1075万円	
○○業務（④）	○○業務に関する業務のうち、入社して7年目以上で、職務給別給額 が○組以上であり、かつ、年収見合計額が1075万円以上の者	○人	1075万円	（チェックボックスに要チェック）

健康管理時間（決議において除くこととした健康管理時間がある場合その範囲）	タイムカードによる記録及び自己申告（休憩時間その他労働者が労働していない時間）
の把握方法	自己申告（タイムカードによる記録ができない場合）

1年間を通じ104日以上、かつ、4週間を通じ4日以上の休日を与当該決議内容及び実績適用対象労働者の休日の確保のための措置
選択的措置の種類及びその具体的内容	①（1週間当たりの健康管理時間が40時間を超えた時間について1箇月当たり80時間を超えない範囲内の時間とする）（代表者による調査の結果必要と認める場合には、（代表者による調査の結果必要と認める場合には、③（健康診断又は面接指導の結果を踏まえ医師の意見を聴くこと。適切な措置に基因を払う）
労働者の健康及び福祉を確保するための措置の種類及びその具体的内容	申出方法：人事部○○課○○担当（○○係）別表決議第11条による
同意の撤回に関する手続	
労働者からの苦情の処理に関する措置	別表決議第16条による
同意をしなかった労働者（同意を撤回した労働者を含む）に対して解雇その他の不利益な取扱いをしてはならないことについての決議の有無	有・無
委員会の開催頻度及び開催時期	
同意及びその撤回、合意に基づき定められた職務の内容、支払われると見込まれる賃金の額、健康管理時間の状況、休日を確保した措置の実施状況、選択的措置の実施状況、健康・福祉確保措置の実施状況並びに苦情処理措置の実施状況、同意の撤回に関する手続並びに労働者からの苦情の処理に関する措置の実施状況並びに同意の撤回の申出があった労働者に関する記録を決議の有効期間中及び当該有効期間満了後3年間保存することについての決議の有無	有・無

決議の成立年月日 ○年 ○月 ○日

委員会の委員数	委員会の有無	委員会に含まれている事項	運営規程に含まれている事項
○人	有・無		開催に関する事項・議事の運営に関する事項・決議の方法に関する事項・定足数に関する事項・委員会への情報開示に関する事項

	任期	氏名	その他の委員
運営規程を定めて任期を指名した委員	1年	□□□□	氏名
	同上	□□□□	□□□□
	同上	□□□□	□□□□

使用者 □□□□株式会社 代表取締役
職名 □□□□
氏名 □□□□ ㊞

決議は、上記委員の5分の4以上の多数により行われたものである。
委員会委員の半数について任期を定めて指名した労働組合の名称又は労働者の過半数を代表する者の職名 □□□□ 氏名 □□□□
委員会委員の半数について任期を定めて指名した者（労働者の過半数を代表する者の場合）の選出方法（ 投票による選挙 ）
○年 ○月 ○日

労働基準監督署長殿

第1章 労働時間

(裏面)

記載心得
1 「業務の種類及びその分類」の欄には、労働基準法第41条の2第1項第1号に規定する業務として決議した業務を具体的に記入するとともに、労働基準法施行規則第34条の2第3項各号に掲げる対象業務のうちいずれに該当するものかを以下の番号から選択して( )内に記入すること。
 ①金融工学等の知識を用いて行う金融商品の開発の業務
 ②資産運用(指図を含む。以下この②において同じ。)の業務又は有価証券の売買その他の取引の業務のうち、投資判断に基づく資産運用、投資判断に基づき自己の計算において行う有価証券の売買その他の取引の業務
 ③有価証券市場における相場等の動向又は有価証券の価値等の分析、評価又はこれに基づく投資に関する助言の業務
 ④顧客の事業の運営に関する重要な事項についての調査又は分析及びこれに基づく当該事項に関する考案又は助言の業務
 ⑤新たな技術、商品又は役務の研究開発の業務
2 「労働者の範囲」の欄には、当該業務における対象労働者の範囲を具体的に記入すること。また、職位により限定する場合にはは当該職位等を具体的に記入すること。
3 「支払われることと見込まれる賃金の額」の欄には、同意の対象となる期間中に労働契約により、使用者から支払われることが確実に見込まれる賃金の額を1年間当たりの賃金の額に換算した額を記入すること。また、同一の業務に従事する種類の労働者が複数いる場合、当該労働者のうち、記入すべき額が最も低い者の額を記入すること。
4 「同意を得る方法」の欄には、労働者本人の同意を得る方法を具体的に記入すること。なお、労働基準法施行規則第34条の2第2項に規定する方法に該当しなければならないこと。
5 チェックボックスは、同意を得るに当たって、①労働基準法第4章の規定が適用されない旨、②同意の対象となる期間及び③適用される期間における支払われることと見込まれる賃金の額を明示することを確認する趣旨のものであること。
6 「労働者の健康管理時間の把握方法」の欄の記入に当たっては、次のとおりとすること。
 (1)「事業場内にいた時間」の欄には、事業場内にいた時間の把握方法を具体的に記入すること。なお、労働基準法施行規則第34条の2第8項本文に規定する方法に該当しなければならないこと。また、委員会において事業場内にいた時間のうち労働時間以外の時間を決議することとしたときは、当該決議において、当該決議により把握することとした労働時間以外の時間の種類や性質を具体的に( )内に記入すること。なお、決議においてこれらを一律に定めることは認められないこと。
 (2)「事業場外において労働した時間」の欄には、事業場外において労働した時間の把握方法を具体的に記入すること。なお、労働基準法施行規則第34条の2第8項に規定する方法に該当しなければならないこと。また、労働基準法施行規則第34条の2第8項ただし書に該当し、やむを得ない理由により当該時間を自己申告により把握することとした場合には、以下の番号から選択した上で、やむを得ない理由を具体的に( )内に記入すること。
7 「選択的措置の種類及びその具体的内容を」の欄には、労働基準法第41条の2第1項第5号に規定する措置について、以下の番号から選択して記入した上で、その具体的内容を( )内に記入すること。
 ①労働者ごとに始業から24時間を経過するまでに11時間以上の継続した休息時間を確保し、かつ、労働基準法第37条第4項に規定する時刻の間において労

高度プロフェッショナル制度に関する書式

働かせる回数を1箇月について4回以内とすること。
② 1週間当たりの健康管理時間が40時間を超えた場合におけるその超えた時間について、1箇月100時間又は3箇月240時間を超えない範囲内とすること。
③ 1年に1回以上の継続した2週間（労働者が請求した場合においては、1年に2回以上の継続した1週間）について、休日を与えること。
④ 1週間当たりの健康管理時間が40時間を超えた場合におけるその超えた時間が1箇月当たり80時間を超えた労働者又は申出があった場合に健康診断を実施すること。
8 「労働者の健康及び福祉を確保するための措置の具体的内容及びその具体的内容」の欄には、労働基準法第41条の2第1項第6号に規定する措置について、以下の番号から選択して記入した上で、その具体的内容を（　）内に記入すること。
 ① 労働基準法第41条の2第1項第5号から⑦までに掲げるいずれかの措置であって、同項の決議及び就業規則その他これに準ずるもので定めるところにより使用者が講ずることとした措置以外のもの
 ② 健康管理時間が一定時間を超える対象労働者に対し、医師による面接指導を行うこと。
 ③ 対象労働者の勤務状況及びその健康状態に応じた代償休日又は特別な休暇を付与すること。
 ④ 対象労働者の勤務状況及びその健康状態について、健康管理問題についての相談窓口を設置すること。
 ⑤ 対象労働者の勤務状況及びその健康状態に応じて、必要な場合には適切な部署に配置転換をすること。
 ⑥ 産業医等による助言若しくは指導を受け、又は対象労働者に産業医による保健指導を受けさせること。
9 「同意の撤回に関する手続」の欄には、撤回の申出先となる部署及び担当者、撤回の申出及び方法等を具体的に記入すること。
10 「労働者からの苦情の処理に関する手続」の欄には、苦情の申出先となる部署及び担当者、取り扱う苦情の範囲、処理の手順、方法等を具体的に記入すること。
11 「委員会の開催頻度及び開催時期」の欄には、労働基準法第41条の2第1項に規定する委員会の開催頻度及び開催時期を具体的に記入すること。なお、労働基準法第41条の2第2項の規定による報告を行う時期に開催しなければならないことから、必要に応じて決議を見直す観点から、少なくとも6箇月に1回、当該報告を行う時期に開催しなければならない。
12 「労働者の健康管理等を行うのに必要な知識を有する医師の選任」の欄は、常時50人未満の労働者を使用する事業場においては、必ず選任しなければならない。
13 「任期を定めて指名された委員」の欄には、労働基準法第41条の2第3項において準用する同法第38条の4第2項第1号の規定により、労働者の過半数で組織する労働組合がある場合においてはその労働組合、労働者の過半数で組織する労働組合がない場合においては労働者の過半数を代表する者に任期を定めて指名された委員の氏名を記入すること。なお、労働者の過半数を代表する者は、労働基準法施行規則第6条の2第1項の規定により、労働基準法第41条の2号に規定する監督又は管理の地位にある者でなく、かつ同法に規定する協定等をする者を選出することを明らかにして実施される投票、挙手等の方法による手続により選出された者であって、使用者の意向に基づき選出されたものでないこと。これらの要件を満たさない場合には、有効な決議とはならないことに留意すること。
14 「運営規程に含まれている事項」の欄は、該当する事項を〇で囲むこと。

85

4. 高度プロフェッショナル制度適用同意書

 働き方改革

CHECK①	労働者の同意は、労使委員会による決議の有効期間ごとに得られているか
CHECK②	労働者ごとに、個別の同意が得られているか

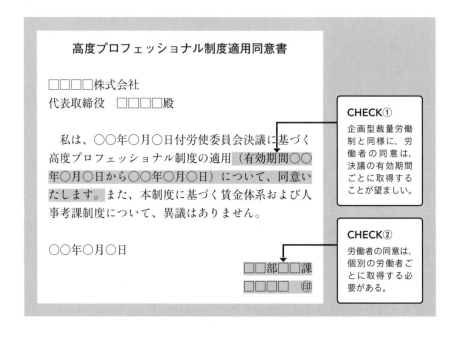

5. 高度プロフェッショナル制度に関する報告書

 働き方改革

CHECK ①	高度プロフェッショナル制度に関する労使委員会の決議を所轄労働基準監督署長に届け出た使用者は、当該決議の日から6カ月以内ごとに、下記様式により健康確保措置の実施状況等について、所轄労働基準監督署長に報告しなければならない
CHECK ②	選択的措置・健康確保措置の実施状況について、実際の事実関係に基づき、具体的に記載する必要がある

※ [様式第14号の3（第34条の2の2第1項関係）高度プロフェッショナル制度に関する報告] 88ページ参照。

第1章 労働時間

様式第14号の3（第34条の2の2第1項関係）

高度プロフェッショナル制度に関する報告

（表は省略）

高度プロフェッショナル制度に関する書式

(裏面)

(記載心得)
1 「業務の種類及びその分類」の欄には、労働基準法第41条の2第1項第1号に規定する業務として決議した業務を具体的に記入するとともに、労働基準法施行規則第34条の2第3項各号に掲げる対象業務のうちいずれに該当するのかを以下の番号から選択して（　）内に記入すること。
　①金融工学等の知識を用いて行う金融商品の開発の業務
　②資産運用（指図を含む。以下この②において同じ。）の業務又は有価証券の売買その他の取引の業務のうち、投資判断に基づく資産運用の業務、投資判断に基づき自己の計算において行う有価証券の売買その他の取引の業務又は投資判断に基づく有価証券の売買その他の取引に関する考案又は助言の業務
　③有価証券市場における相場等の動向又は有価証券の価値等の分析、評価又はこれらに基づく投資に関する考案又は助言の業務
　④顧客の事業の運営に関する重要な事項についての調査又は分析及びこれらに基づく当該事項に関する考案又は助言の業務
　⑤新たな技術、商品又は役務の研究開発の業務
2 「労働者の範囲」の欄には、労働基準法第41条の2第1項第2号に規定する労働者として決議した労働者の範囲を記入すること。また、「同意した労働者数」の欄には、労働基準法第41条の2第1項の同意をした労働者数及び当該同意を撤回した労働者数を業務の種類ごとに記入すること。
3 「労働者の健康管理時間の状況（健康管理時間の把握方法）」の欄には、労働基準法第41条の2第1項第3号に規定する健康管理時間として把握した時間のうち、当該報告期間中に対象業務に従事した労働者の1箇月当たりの健康管理時間数が最も長かった者の当該1箇月当たりの健康管理時間数及び当該報告期間中に対象業務に従事した労働者全員の1箇月当たりの健康管理時間数の平均値を業務の種類ごとに具体的に記入すること。なお、時間数については、小数点第二位を四捨五入した時間数を記入すること。健康管理時間を実際に把握した方法を具体的に記入するとともに、チェックボックスは、事業場内にいた時間から労働に従事した時間を除いた時間の把握に労働者が関与した場合にチェックすること。
4 「労働者の休日の取得状況」の欄には、対象労働者の休日の取得状況について、当該報告期間中に対象業務に従事した者のうち、その者の当該報告期間中に対象業務に従事した期間における休日数が最も少ない者の当該取得日数と、それらの者が複数いる場合はそれらの者のうちの休日の取得日数を記入すること。また、チェックボックスは、当該報告期間中に対象業務に従事した労働者全員が4週間を通じ4日以上の休日を取得した場合にチェックすること。
5 「選択的措置の実施状況」の欄には、労働基準法第41条の2第1項第5号に規定する措置として講じた以下の番号から選択した上で、その実施状況を具体的に（　）内に記入すること。
　①労働者ごとに始業から24時間を経過するまでに11時間以上の休息時間を確保し、かつ、労働基準法第37条第4項に規定する時刻の間において労働させる回数を1箇月について4回以内とすること。
　②1週間当たりの健康管理時間が40時間を超えた場合におけるその超えた時間について、1箇月100時間又は3箇月240時間を超えない範囲内とすること。
　③1年に1回以上の継続した2週間（労働者が請求した場合においては、1年に2回以上の継続した1週間）について、休日を与えること。
　④1週間当たりの健康管理時間が40時間を超えた場合におけるその超えた時間が1箇月当たり80時間を超えた場合又は労働者からの申出があった場合に健康診断を実施すること。
6 「労働者の健康及び福祉を確保するための措置の実施状況」の欄には、労働基準法第41条の2第1項第6号に規定する措置として講じた措置について、以下

89

第1章 労働時間

の番号から選択して記入した上で、その実施状況を具体的に（　）内に記入すること。
①労働基準法第41条の2第1項第5号から二までに掲げるいずれかの措置であって、同項の決議及び就業規則その他これに準ずるものので定めるところにより使用者が講ずることとした措置以外のもの
②健康管理時間が一定時間を超える対象労働者に対し、医師による面接指導を行うこと。
③対象労働者の勤務状況及びその健康状態に応じて、代償休日又は特別な休暇を付与すること。
④対象労働者の心とからだの健康問題についての相談窓口を設置すること。
⑤対象労働者の勤務状況及びその健康状態に配慮し、必要な場合には適切な部署に配置転換をすること。
⑥産業医等による助言若しくは指導を受け、又は対象労働者に産業医等による保健指導を受けさせること。

9 一斉休憩の適用除外に関する書式

第1章 労働時間

1. 一斉休憩の原則と適用除外

　使用者は、事業場の労働者に対し、原則として休憩時間を一斉に与えなければならない（労基法34条2項本文）。ただし、以下に掲げる事業については、一斉休憩の原則は適用されない（労基則31条、労基法別表第1）。

　①道路、鉄道、軌道、索道、船舶または航空機による旅客または貨物の運送の事業
　②物品の販売、配給、保管もしくは賃貸または理容の事業
　③金融、保険、媒介、周旋、集金、案内または広告の事業
　④映画の製作または映写、演劇その他興行の事業
　⑤郵便、信書便または電気通信の事業
　⑥病者または虚弱者の治療、看護その他保健衛生の事業
　⑦旅館、料理店、飲食店、接客業または娯楽場の事業
　⑧官公署の事業

2. 労使協定の締結による不適用

　上記**1.**の①から⑧に掲げる事業以外の事業であっても、労使協定において、①一斉に休憩を与えない労働者の範囲、および②当該労働者に対する休憩の与え方を定めた場合には、事業場の労働者に対して休憩を一斉に与えずに、休憩を順次付与することができる（労基法34条2項ただし書き）。

第1章 労働時間

1. 一斉休憩の適用除外に関する労使協定

CHECK ①	一斉休憩の適用除外事業に該当しないか（該当する場合は労使協定不要）
CHECK ②	適用範囲について具体的に記載したか
CHECK ③	休憩の与え方について具体的に記載したか

一斉休憩の適用除外に関する労使協定

　□□□□株式会社と□□□□株式会社労働組合は、労働基準法第34条第2項ただし書きに基づき、一斉休憩の除外に関して、次のとおり協定する。

（適用範囲）
第1条　本協定に定める一斉休憩の除外の適用範囲は、次のとおりとする。
（1）営業部に所属する従業員
（2）製造部に所属する従業員

（休憩の交替制）
第2条　前条に記載の従業員については、部門長の決定により、早番・遅番の2組に分け、それぞれ交替で次の時間を休憩時間とする。
　　早番　　午前12時00分から午後1時00分まで
　　遅番　　午後1時00分から午後2時00分まで

（有効期間）
第3条　本協定の有効期間は、○○年○月○日から○○年○月○日までの1年間とし、期間満了の1カ月前までに当事者いずれからも異議がない場合は、さらに1年間更新するものとし、その後も同様とする。

CHECK①②
労基則31条において一斉休憩の原則が適用されない業種が規定されており、当該業種については、一斉休憩の原則の適用除外に関する労使協定を締結する必要がない。

CHECK③
休憩の与え方が明確であれば、第1班、第2班、…やA群、B群、…等と区分してそれぞれ休憩を与えることも可能である。

第2章 時間外労働

1 時間外労働に関する書式
1. 時間外労働・休日労働に関する協定届(36協定)
2. 時間外労働・休日労働に関する協定届(36協定)特別条項付
3. 36協定の本社一括届出における本社以外の各事業場一覧表
4. 時間外労働・休日労働に関する労使委員会の決議届
5. 時間外労働・休日労働に関する労働時間等設定改善委員会の決議届
6. 監視・断続的労働に従事する者に対する適用除外許可申請書
7. 断続的な宿直または日直勤務許可申請書

2 長時間労働対策に関する書式
1. 勤務間インターバル[就業規則例]
2. ノー残業デー規程
3. 時間外労働の事前届・許可申請書

第2章 時間外労働

1 時間外労働に関する書式

1. 時間外労働の上限規制の概要 　働き方改革

　労働時間は1日8時間・1週40時間を原則とし、使用者が労働者に時間外労働・休日労働をさせるには、労基法36条に基づき、労使間で協定（36協定）を締結し、所轄の労働基準監督署長に届け出ることが必要である（「時間外労働・休日労働に関する協定届」と題する書式（様式第9号）に所要の事項を記載し、労働者の過半数を代表する者の押印を加えれば、その様式自体が36協定になる）。

　働き方改革関連法の一つとして、労基法の一部が改正され（平成31年4月1日施行）、告示（平成10年12月28日労告154号）に委ねられていた時間外労働の上限時間は、法律で明記されることとなった。上限規制に違反した場合の罰則規定（労基法119条、120条）を併せ設けることにより、残業時間抑制が強制力を持って担保されることになる。

2. 時間外労働の上限規制の内容

　時間外労働は、原則として、1カ月で45時間、1年で360時間が限度である（労基法36条3項、4項）。もっとも、臨時的に必要性が生じた場合で、（ⅰ）1カ月における時間外労働および休日労働ができる時間が100時間未満（労基法36条6項2号）、（ⅱ）2カ月ないし6カ月の期間における時間外労働時間および休日労働の1カ月当たりの平均時間が80時間以内（同項3号）、（ⅲ）1年間で時間外労働が可能な時間が720時間（労基法36条5項）、（ⅳ）原則である月45時間を超えることができる月数が1年で6カ月以内（労基法36条5項）の範囲内においては、例外的に、時間外労働が認められる旨定められた。

　なお、時間外労働の上限規制につき、「新たな技術、商品又は役務の

研究開発に係る業務」については適用除外とされており、「工作物の建設等の事業」、「自動車の運転業務（タクシーの運転手やトラックの運転手）」、「医師」などの職種については適用までの猶予期間が設けられている点に留意すべきである。

3. その他時間外労働に関する規定改正における留意点

改正法の適用対象となる労使協定は、施行日（平成31年４月１日）以後の期間のみを定める労使協定である。平成31年３月31日までの期間を含む労使協定は、当該協定の初日から起算して１年経過後から改正法の適用対象となる（例えば、2019年３月１日から2022年２月28日付の労使協定の場合、2020年３月１日から改正法が適用される）。

また、今回の改正に際して特別条項の様式も定められ、「様式第９号の２（第16条第１項関係）」の「記載心得」１（９）にある「限度時間を超えて労働させる労働者に対する健康及び福祉を確保するための措置」のいずれかを定める必要がある。

1. 時間外労働・休日労働に関する協定届（36協定）

CHECK①	労基法改正により時間外労働の上限規制が強化されたことに伴い、36協定に係る協定届もその様式が改められた。当該様式に所要の事項を記載し、労働者の過半数を代表する者の押印を加えれば、その様式自体が36協定となる。改正労基法の定めに従い、時間外労働の上限規制を把握し、実態に即した36協定とする必要がある
CHECK②	労基法は、原則として、１カ月で45時間・１年で360時間を時間外労働の上限と定めており、企業は、この範囲内で、時間外労働の上限を設定する必要がある。もっとも、１年単位の変形労働時間制により労働する労働者に対する時間外労働の上限は、１カ月42時間・１年で320時間と変更されている点に留意が必要である

時間外労働に関する書式

様式第9号（第16条第1項関係）

時間外労働　に関する協定届
休　日　労　働

事業の種類	事業の名称	事業の所在地（電話番号）		協定の有効期間
機械器具製造業	□□□□株式会社○○工場	（〒○○○－○○○○） ○○県□□市△△町１丁目２番３号 （電話番号：○○○－○○○○－○○○○）		○年○月○日〜○年○月○日

労働保険番号 □□□□□□□□□□□□□□
法人番号 □□□□□□□□□□□□□

	業務の種類	労働者数 (満18歳 以上の者)	所定労働時間 (1日) (任意)	延長することができる時間数		
				1日	1箇月（①については45時間まで、②については42時間まで）	1年（①については360時間まで、②については320時間まで） 起算日 （年月日）　○年○月○日
						法定労働時間を 所定労働時間を 超える時間数 超える時間数 （任意）
時間外労働をさせる 必要のある具体的事由				法定労働時間を 所定労働時間を 超える時間数 超える時間数 （任意）	法定労働時間を 所定労働時間を 超える時間数 超える時間数 （任意）	
時間外労働 ① 下記②に該当しない労働者	受注の集中	設計	○人	8時間	5時間 5時間	45時間 45時間	360時間 360時間
	納期変更	機械組立	○人	同上	同上　同上	同上　同上	同上　同上
	製品不都合への対応	検査	○人	同上	同上　同上	同上　同上	同上　同上
② 1年単位の変形労働時間制 により労働する労働者							

	休日労働をさせる必要のある具体的事由	業務の種類	労働者数 (満18歳 以上の者)	所定休日 (任意)	労働させることができる法 定休日の日数	労働させることができる法 定休日における始業及び終業の時刻
休日労働	受注の集中	設計	○人	土曜日、日曜日、国民の祝日、夏季休業、 年末年始、その他会社が指定する日	1ヵ月に4日以内	始業○時始業○時終業○時
	納期変更	機械組立	○人	同上	同上	同上

上記で定める時間数にかかわらず、時間外労働及び休日労働を合算した時間数は、1箇月について100時間未満でなければならず、かつ2箇月から6箇月までを平均して80時間を超過しないこと。☑
（チェックボックスに要チェック）

協定の成立年月日　　○○○○年　○月　○日

協定の当事者である労働組合（事業場の労働者の過半数で組織する労働組合）の名称又は労働者の過半数を代表する者の　職名　○○○○
　　氏名　○○○○

協定の当事者（労働者の過半数を代表する者の場合）の選出方法（　投票による選挙　）

　　　　　　　　　　　　　　　　　　　　　　　　　　　　　　　　　　　　使用者　職名　○○○○
　　氏名　○○○○　㊞

○○　労働基準監督署長殿

第2章 時間外労働

(裏面)

(記載心得)
1 「業務の種類」の欄には、時間外労働又は休日労働をさせる必要のある業務を具体的に記入し、労働基準法第36条第6項第1号の健康上特に有害な業務について協定をした場合には、当該業務とその他の業務を区別して記入すること。なお、業務の種類を記入するに当たっては、業務の区分を細分化することにより当該業務の範囲を明確にしなければならないことに留意すること。
2 「労働者数(満18歳以上の者)」の欄には、時間外労働又は休日労働をさせることができる労働者の数を記入すること。
3 「延長することができる時間数」の欄の記入に当たっては、次のとおりとすること。時間数は労働基準法第32条から第32条の5まで又は第40条の規定により労働させることができる最長の労働時間(以下「法定労働時間」という。)を超える時間数を記入すること。なお、本欄には労働基準法第32条の5の規定にかかわらず、時間外労働及び休日労働を合算した時間数が1箇月について100時間以上となった場合、及び2箇月から6箇月までを平均して80時間を超えた場合には労働基準法違反(同法第119条の規定により6箇月以下の懲役又は30万円以下の罰金)となることに留意すること。
 「1日」の欄には、法定労働時間を超えて延長することができる限度となる時間数を併せて記入することができる。所定労働時間を超える時間数についても協定する場合においては、所定労働時間を超える時間数を併せて記入することができる。
 (2)「1箇月」の欄には、法定労働時間を超えて延長することができる限度となる時間数(対象期間が3箇月を超える1年単位の変形労働時間制の対象者については、42時間)の範囲内で、「1年」の欄において定める1年の起算日から1ヶ月ごとについての延長することができる限度となる時間数を併せて記入すること。なお、所定労働時間を超える時間数についても協定する場合においては、所定労働時間を超える時間数を併せて記入することができる。
 (3)「1年」の欄には、法定労働時間を超えて延長することができる限度となる時間数を記入すること。「起算日」においては、該当する「1年」の上限時間(対象期間が3箇月を超える1年単位の変形労働時間制の対象者については、320時間)の範囲内で記入すること。なお、所定労働時間を超える時間数についても協定する場合においては、所定労働時間を超える時間数を併せて記入することができる。
4 ②の欄は、労働基準法第32条の4の規定により労働時間を延長して労働させる1年単位の変形労働時間制(対象期間が3箇月を超えるものに限る。)により労働する労働者(1箇月42時間、1年320時間)ことに留意すること。
5 「労働させることができる法定休日の日数」の欄には、労働基準法第35条の規定による休日(1週1休又は4週4休であること)に労働させることができる日数を記入すること。
6 「労働させることができる法定休日における始業及び終業の時刻」の欄には、労働基準法第35条の規定による休日であって労働させることができる休日の始業及び終業の時刻を記入すること。
7 チェックボックスは労働基準法第36条第6項第2号及び第3号の要件を遵守する趣旨のものであり、「2箇月から6箇月まで」とは、起算日をまたぐケースも含め、過去に遡った2箇月から6箇月までの期間を指すことに留意すること。また、チェックボックスにチェックがない場合は有効な協定とはならないことに留意すること。
8 協定については、労働者の過半数で組織する労働組合がある場合はその労働組合、労働者の過半数で組織する労働組合がない場合には労働者の過半数を代表する者と協定すること。なお、労働者の過半数を代表する者は、労働基準法施行規則第6条の2第1項の規定により、労働基準法第41条第2号に規定する監督又は管理の地位にある者でなく、かつ、同法に規定する協定等をする者を選出することを明らかにして実施される投票、挙手等の方法による手続により選出された者であって、使用者の意向に基づき選出されたものでないこと。

(備考)
1 労働基準法施行規則第24条の2第4項の規定により、労働基準法第38条の2第2項の協定(事業場外で従事する業務の遂行に通常必要とされる時間を協定する場合の当該協定)の内容を本様式に付記して届け出る場合においては、事業場外労働の対象業務とは区別し、「所定労働時間」の欄には当該業務の遂行に通常必要とされる時間を括弧書きすること。また、「協定の有効期間」の欄には事業場外労働に関する協定の有効期間を括弧書きすること。

2 労働基準法第38条の4第5項の規定により、労使委員会が設置されている事業場において、本様式を労使委員会の決議として届け出る場合においては、「協定」とあるのは「労使委員会の決議」と、「協定の当事者である労働組合」とあるのは「労使委員会の委員の半数について任期を定めて指名した労働組合」と、「協定の当事者(労働者の過半数を代表する者)の選出方法」とあるのは「委員会の委員の半数について任期を定めて指名した者(労働者の過半数を代表する者)の選出方法」と、「任期を定めて指名された委員の氏名を記入すること。なお、委員の過半数で組織する労働組合がある場合においては委員の過半数を代表する者に任期を定めて指名された委員の氏名を記入することとし、労働者の過半数で組織する労働組合がない場合においては委員の過半数を代表する者に任期を定めて指名された委員の氏名を記入することに留意すること。

3 労働時間等の設定の改善に関する特別措置法第7条の規定により、労働時間等設定改善委員会が設置されている事業場において、本様式を労働時間等設定改善委員会の決議として届け出る場合においては、「協定」とあるのは「委員会の5分の4以上の多数による議決による決議」と、「協定の当事者である労働組合」とあるのは「労働時間等設定改善委員会の委員」と、「協定の当事者(労働者の過半数を代表する者)の選出方法」とあるのは「委員会の委員の半数の推薦者の選出方法(労働者の過半数を代表する者)の選出方法」と読み替えるものとする。なお、委員の氏名を記入するに当たっては、推薦に基づき指名された委員の氏名を記入することとし、労働者の過半数で組織する労働組合がある場合においては労働者の過半数で組織する労働組合、労働者の過半数で組織する労働組合がない場合においては労働者の過半数を代表する者の推薦に基づき指名された委員の氏名を記入することに留意すること。

は管理の地位にある者でなく、かつ同法に規定する協定等をする者を選出することを明らかにして実施される投票、挙手等の方法による手続により選出された者であって、使用者の意向に基づき選出されたものでないこと。これらの要件を満たさないものは、有効な協定とはならないことに留意すること。

9 本様式で記入部分が足りない場合は同一様式を使用することで差し支えない。この場合、必要のある事項のみ記入すること。

2. 時間外労働・休日労働に関する協定届（36協定）特別条項付き

CHECK ①	「臨時的に限度時間を超えて労働させることができる場合」は、下記記載例のように「予算、決算業務期」、「ボーナス商戦に伴う業務の繁忙期」、「大規模なクレームへの対応のため」等、事由を限定して規定する必要がある。また、使用者は、上限時間を超えた労働者に対し、健康確保措置を講じることを定める必要がある
CHECK ②	労基法は、原則として、時間外労働の上限を1カ月で45時間・1年で360時間と定めているが、臨時の必要性がある場合には、1カ月について100時間未満、2カ月から6カ月までを平均して80時間未満、かつ、6カ月を超えない回数に限り、1年間の総時間外労働時間を720時間に達するまで延長することができる（特別条項）
CHECK ③	「限度時間を超えた労働に係る割増賃金率」については、法定割増賃金率（1カ月の合計が60時間までの時間外労働は2割5分（労基法37条1項・割増賃金率令）、1カ月の合計が60時間を超えた時間外労働は5割（労基法37条1項ただし書き））を超える率とされている（中小企業については、適用猶予あり）

※［様式第9号の2（第16条第1項関係）時間外労働・休日労働に関する協定届（特別条項）］101ページ参照。

時間外労働に関する書式

様式第9号の2（第16条第1項関係）

時間外労働 に関する協定届（特別条項）
休 日 労 働

臨時的に限度時間を超えて労働させる場合	業務の種類	労働者数（満18歳以上の者）	1日（任意）			1箇月（時間外労働及び休日労働を合算した時間数。100時間未満に限る。）				1年（時間外労働のみの時間数。720時間以内に限る。）起算日（年月日）		
			延長することができる時間数		延長することができる時間数及び休日労働の時間数			限度時間を超えて労働させることができる回数（6回以内に限る。）	延長することができる時間数		
			法定労働時間を超える時間数	所定労働時間を超える時間数（任意）		法定労働時間を超える時間数と休日労働の時間数を合算した時間数	所定労働時間を超える時間数と休日労働の時間数を合算した時間数（任意）			法定労働時間を超える時間数	所定労働時間を超える時間数（任意）	限度時間を超えた労働に係る割増賃金率
突発的な仕様変更、新システムの導入	設計	○人	6時間	同上		90時間	同上	6回	720時間	同上		35%
製品トラブル・大規模なクレームへの対応	検査	○人	同上	同上		同上	同上	同上	同上	同上		同上
機械トラブルへの対応	機械組立	○人	同上	同上		同上	同上	同上	同上	同上		同上

限度時間を超えて労働させる場合における手続	労働者代表に対する事前の申入れ
限度時間を超えて労働させる労働者に対する健康及び福祉を確保するための措置	（該当する番号）①、③、⑩（具体的内容）対象労働者への医師による面接指導の実施、対象労働者に11時間の勤務間インターバルを設定、職場での時短対策会議を開催

上記で定める時間数にかかわらず、時間外労働及び休日労働を合算した時間数は、1箇月について100時間未満でなければならず、かつ2箇月から6箇月までを平均して80時間を超過しないこと。☑
（チェックボックスに要チェック）

協定の成立年月日 ○○年 ○月 ○日

協定の当事者である労働組合（事業場の労働者の過半数で組織する労働組合）の名称又は労働者の過半数を代表する者の
職名 ○○○○
氏名 ○○○○

協定の当事者（労働者の過半数を代表する者の場合）の選出方法（ 投票による選挙 ）

○○年 ○月 ○日

使用者 職名 ○○○○
氏名 ○○○○ ㊞

○○ 労働基準監督署長殿

(裏面)
記載心得
1 労働基準法第36条第1項の協定において同条第5項に規定する事項に関する定めをする場合の様式に当たっては、次のとおりとすること。
(1)「臨時的に限度時間を超えて労働させることができる場合」の欄には、当該事業場における通常予見することのできない業務量の大幅な増加等に伴い臨時的に限度時間を超えて労働させる必要があるものをできる限り具体的に記入すること。なお、業務の都合上必要な場合、業務上やむを得ない場合等恒常的な長時間労働を招くおそれがあるものを記入することは認められないことに留意すること。
(2)「業務の種類」の欄には、時間外労働又は休日労働をさせる必要のある業務を具体的に記入し、労働基準法第36条第6項第1号の健康上特に有害な業務について協定をした場合には、当該業務を他の業務と区別して記入すること。なお、業務の種類を細分化することにより当該業務の範囲を明確にしなければならないことに留意すること。
(3)「労働者数(満18歳以上の者)」の欄には、時間外労働又は休日労働をさせることができる労働者の数を記入すること。
(4)「起算日」の欄には、本様式における時間外労働・休日労働に関する協定の起算日と同じ年月日を記入すること。
(5)「延長することができる時間数及び休日労働の時間数」の欄には、労働基準法第32条から第40条の5までの規定により労働させることができる1日の法定労働時間を超える時間数又は同法第40条の規定により労働させることができる1日の法定労働時間を超える時間数を定めた時間数であって、所定労働時間を超える時間数についても協定する場合においては、所定労働時間を超える時間数を併せて記入することができる。
「延長することができる時間数」の欄には、法定労働時間を超えて延長することができる時間数を記入すること。「1年」にあっては、「起算日」において定める日から1年についての延長することができる時間数を記入すること。なお、所定労働時間を超える時間数についても協定する場合においては、所定労働時間を超える時間数を併せて記入することができる。
なお、これらの欄に記入する時間数にかかわらず、時間外労働及び休日労働を合算した時間数が1箇月について100時間以上となった場合、及び2箇月から6箇月までを平均して80時間を超えた場合には労働基準法違反(同法第119条の規定により6箇月以下の懲役又は30万円以下の罰金)となることに留意すること。
(6)「限度時間を超えて労働させることができる回数」の欄には、限度時間(1箇月45時間(対象期間が3箇月を超える1年単位の変形労働時間制により労働する者については、42時間))を超えて労働させる回数を6回の範囲内で記入すること。
(7)「限度時間を超えた労働に係る割増賃金率」の欄には、協定した割増賃金率を記入すること。なお、当該割増賃金の率は、法定割増賃金率を超える率とするよう努めること。
(8)「限度時間を超えて労働させる場合における手続」の欄には、協定の締結当事者間の手続として、「協議」、「通告」等具体的な内容を記入すること。
(9)「限度時間を超えて労働させる労働者に対する健康及び福祉を確保するための措置」の欄には、以下の番号を「(該当する番号)」に選択して記入した上で、その具体的内容を「(具体的内容)」に記入すること。
①労働時間が一定時間を超えた労働者に医師による面接指導を実施すること。
②労働基準法第37条第4項に規定する時刻の間において労働させる回数を1箇月について一定回数以内とすること。
③終業から始業までに一定時間以上の継続した休息時間を確保すること。

④労働者の勤務状況及びその健康状態に応じて、代償休日又は特別な休暇を付与すること。
⑤労働者の勤務状況及びその健康状態に応じて、健康診断を実施すること。
⑥年次有給休暇についてまとまった日数連続して取得することを含めてその取得を促進すること。
⑦心とからだの健康問題についての健康相談窓口を設置すること。
⑧労働者の勤務状況及びその健康状態に配慮し、必要な場合には適切な部署への配置転換をすること。
⑨必要に応じて、産業医等による助言・指導を受け、又は労働者に産業医等による保健指導を受けさせること。
⑩その他

2 チェックボックスは労働基準法第36条第6項第2号及び第3号の要件を遵守する趣旨のものであり、「2箇月から6箇月まで」とは、起算日をまたぐケースも含め、連続した2箇月から6箇月までの期間を指すことに留意すること。また、チェックボックスにチェックがない場合には有効な協定とはならないことに留意すること。

3 協定については、労働者の過半数で組織する労働組合がある場合にはその労働組合と、労働者の過半数で組織する労働組合がない場合は労働基準法施行規則第6条の2第1項の規定により、労働基準法第41条第2号に規定する監督又は管理の地位にある者でなく、かつ、同法に規定する協定等をする者を選出することを明らかにして実施される投票、挙手等の方法による手続により選出された者であって、使用者の意向に基づき選出されたものでないことに留意すること。これらの要件を満たさない場合には、有効な協定とはならないことに留意すること。この場合、必要のある事項のみ記入することで差し支えない。

4 本様式中に記入部分が足りない場合は同一様式を使用すること。

(備考)
1 労働基準法第38条の4第5項の規定により、労使委員会が設置されている事業場においては、本様式を労使委員会の決議として届け出る場合においては、委員の5分の4以上の多数による議決により行われたものであるので、「協定」とあるのは「労使委員会の決議」と、「協定の当事者である労働組合」とあるのは「委員会の委員の半数について任期を定めて指名をした労働組合」と、「協定の当事者(労働者の過半数を代表する者の場合)の選出方法」とあるのは「委員の半数について任期を定めて指名をした者(労働者の過半数を代表する者の場合)の選出方法」と読み替えるものとする。なお、委員の氏名を記入するに当たっては、同条第2項第1号の規定により、労働者の過半数で組織する労働組合がない場合においては労働者の過半数を代表する者を任期を定めて指名された委員の氏名を記入することとし、任期を定めて指名された委員とその他の委員とを区別して記入することとし、委員の半数について労働者の過半数で組織する労働組合がない場合においては労働者の過半数を代表する者の推薦に基づき指名された委員の氏名を記入すること。

2 労働時間等の設定の改善に関する特別措置法第7条の規定により、労働時間等設定改善委員会が設置されている事業場において、本様式を労働時間等設定改善委員会の決議として届け出る場合においては、委員の5分の4以上の多数による議決により行われたものであるので、本様式中「協定」とあるのは「労働時間等設定改善委員会の決議」と、「協定の当事者である労働組合」とあるのは「委員会の委員の半数について任期を定めて指名をした労働組合」と、「協定の当事者(労働者の過半数を代表する者の場合)の選出方法」とあるのは「委員の半数について任期を定めて指名をした者(労働者の過半数を代表する者の場合)の選出方法」と読み替えるものとする。なお、委員の氏名を記入するに当たっては、同条第1号の規定により、推薦に基づき指名された委員の氏名を記入することとし、推薦に基づき指名された委員とその他の委員とを区別して記入することとし、委員の半数について労働者の過半数で組織する労働組合がない場合においては労働者の過半数を代表する者の推薦に基づき指名された委員の氏名を記入することに留意すること。

3. 36協定の本社一括届出における本社以外の各事業場一覧表

CHECK①	「協定の当事者である労働組合の名称」と「使用者の職名および氏名」がすべての36協定において同一となっているか（本社一括届出の要件）
CHECK②	36協定の締結当事者について確認したか

36協定の本社一括届出における本社以外の各事業場一覧表

（本社名称　　□□□□　　　　）

番号	事業の名称	事業の所在地（電話番号）	労働者数（内労働組合員数）	所轄監督署
1	神奈川オフィス	□□県□□区□□町○丁目○番○号（電話：○○―○○○○―○○○○）	○人	○○
2				
3				
4				
5				
6				

CHECK①
全社的に見て単一組織たる労働組合に労働者の過半数が加入していても、事業場単位で見て労働者の過半数が加入していない事業場については、別途単独の36協定を締結し、届け出を行う必要がある。

7				
8				
9				

　上記事業場においては、労働組合が労働者の過半数で組織されていること、および協定内容が本社と同一内容であることは間違いありません。

本社点検者職氏名　＿＿〇〇　〇〇＿＿＿（印）

　　（連絡先電話番号　〇〇—〇〇〇〇-〇〇〇〇）

> **CHECK②**
> 社長自らが締結することも可能であり、事業場ごとに見て全事業場の労働者の過半数で組織されている労働組合につき(支部の長ではなく)本部の長が締結することも可能である。

4. 時間外労働・休日労働に関する労使委員会の決議届

 働き方改革

CHECK①	労使委員会が設置され、労使委員会設置届が所轄労働基準監督署長に届け出されている場合、この委員の5分の4以上の多数により決議を得たときには、当該決議が36協定の代替とみなされ、使用者は、労働者に対し36協定を締結せずに時間外労働を命ずることができる
CHECK②	労使委員会の決議による場合でも、延長することができる時間数に変更はなく、原則として、1カ月で45時間・1年で360時間が時間外労働の上限である

※［様式第9号の6（第70条関係）時間外労働・休日労働に関する労使委員会の決議届］106ページ参照。

第2章 時間外労働

様式第9号の6（第70条関係）

時間外労働 に関する労使委員会の決議届
休日労働

事業の種類	事業の名称	事業の所在地（電話番号）
製造業	□□□□株式会社	□□県□□市□□区□□町□丁目○番地○号（○○○-○○○○-○○○○）

	業務の種類	労働者数（満18歳以上の者）	所定労働時間	延長することができる時間数			期間
				1日	1日を超える一定の期間（起算日）		
					1ヵ月（毎月1日）	1年（4月1日）	
時間外労働をさせる必要のある具体的事由							
① 下記②に該当しない労働者	月末・月初、年度末の決算のため	事務・経理	○人	1日8時間	3時間	35時間	360時間	○○年○○月○日から ○○年○○月○日まで
	臨時の受注、納期の変更	プレス等機械加工	○人	同上	同上	30時間	同上	同上
② 1年単位の変形労働時間制により労働する労働者	同上	組立	○人	同上	同上	同上	同上	同上

休日労働をさせる必要のある具体的事由	業務の種類	労働者数（満18歳以上の者）	所定休日	労働させることができる休日並びに始業及び終業の時刻	期間
臨期の変更、集中による繁忙	事務	○人	毎週日曜日 隔週土曜	法定休日については1ヶ月1日に限る 始業午前9時、終業午後6時	○○年○○月○日から ○○年○○月○日まで
同上	プレス等機械加工組立	○人	同上	同上	同上

決議の成立年月日　○○年　○○月　○○日

委員会の委員数（ ○○ 人）	委員の氏名	委員の職名	その他の委員
	○○○○	○○○○	○○○○
任期を定めて指名された委員	○○○○	○○○○	○○○○
○○○○	○○○○	○○○○	○○○○

使用者　職名　○○○○
　　　　氏名　○○○○　㊞

○○労働基準監督署長　殿

決議題：上記委員の5分の4以上の委員による議決により行われたものである。
委員会の委員の半数については任期を定めて指名した労働組合（事業場の労働者の過半数で組織する労働組合）の名称又は労働者の過半数を代表する者　職　名　○○○○
　　　　　　　　　　　　　　　　　　　　　　　　　　　　　　　　　　　　　　氏　名　○○○○
委員会の委員の半数については任期を定めて指名した（労働者の過半数を代表する者の場合）の選出方法（　投票による選挙　）

(裏面)

記載心得

1 「業務の種類」の欄には、時間外労働又は休日労働をさせる必要のある業務を具体的に記入し、労働基準法第36条第6項第1号の健康上特に有害な業務について決議をした場合には、当該業務を他の業務と区別して記入すること。なお、業務の種類は休日労働の種類を細分化することにより当該業務の範囲を明確にしなければならないことに留意すること。
2 「労働者数（満18歳以上の者）」の欄には、時間外労働又は休日労働をさせることができる労働者の数を記入すること。
3 「延長することができる時間数」の欄の記入については、次のとおりとすること。
 (1) 「1日」の欄には、労働基準法第32条から第40条までの規定により労働させることができる最長の労働時間（以下「法定労働時間」という。）を超えて延長することができる時間数を記入すること。
 (2) 「1日を超える一定の期間（起算日）」の欄には、法定労働時間を超えて延長することができる時間数であって、1日についての延長の限度となる時間数を記入し、決議で定められた1日を超え3箇月以内の期間及び1年間についての延長することができる時間の限度に関して、その上欄に当該決議で定められた期間を記入し、当該期間の起算日を括弧書きし、その下欄に、当該期間に応じ、それぞれ当該期間において延長することにより労働することができる時間数を記入すること。
4 ②の欄は、労働基準法第32条の4の規定による労働時間により労働する労働者（対象期間が3箇月を超える1年単位の変形労働時間制により労働する者に限る。）について記入すること。なお、延長することができる時間の上限は①欄の労働者よりも短い（1箇月42時間、1年320時間）ことに留意すること。
5 「労働させることができる休日並びに始業及び終業の時刻」の欄には、労働基準法第35条の規定による休日（1週1休又は4週4休であること。）であって労働させることができる休日並びに当該休日の労働の始業及び終業の時刻を記入すること。
6 「期間」の欄には、時間外労働又は休日労働をさせることができる日の属する期間を記入すること。
7 「任期を定めて指名された委員」は、労働基準法第38条の4第2項第1号の規定により、労働者の過半数で組織する労働組合がある場合においてはその労働組合、労働者の過半数で組織する労働組合がない場合においては労働者の過半数を代表する者に任命された者の氏名を記入すること。なお、労働者の過半数を代表する者は、労働基準法施行規則第6条の2第1項の規定により、労働基準法第41条第2号に規定する監督又は管理の地位にある者でなく、かつ同法に規定する協定等をする者を選出することを明らかにして実施される投票、挙手等の方法による手続により選出された者であって、使用者の意向に基づき選出されたものでないこと。これらの要件を満たさない場合には、有効な決議とはならないことに留意すること。

5. 時間外労働・休日労働に関する労働時間等設定改善委員会の決議届

 働き方改革

CHECK ①	労働時間等設定改善委員会とは、労使それぞれの代表者を構成員とし、労働時間等の設定の改善に関する事項を調査審議するとともに、事業主に対し意見を述べさせることを定める労使の協議機関であり、その設置は事業主の努力義務である（労働時間等の設定改善に関する特別措置法第7条）
CHECK ②	労働時間等設定改善委員会により、時間外労働・休日労働に関する決議を行った場合、36協定を締結せずとも、原則として、1カ月で45時間・1年で360時間まで、時間外労働・休日労働を行わせることができる（なお、同委員会の他の決議事項と異なり、時間外労働・休日労働に関する決議については労働基準監督署への届出を省略できない点に留意が必要である）

※［様式第9号の7（第70条関係）時間外労働・休日労働に関する労働時間等設定改善委員会の決議届］109ページ参照。

様式第9号の7（第70条関係）

時間外労働に関する労働時間等設定改善委員会の決議届
休日労働

事業の種類	事業の名称	事業の所在地（電話番号）
製造業	□□□株式会社本社事業場	□□県□□区□□町○丁目・番地○号（○○-○○○○-○○○○）

	業務の種類	労働者数（満18歳以上の者）	所定労働時間	延長することができる時間数			期間
				1日	1日を超える一定の期間（起算日）1ヵ月（毎月1日）	1年（4月1日）	
時間外労働をさせる必要のある具体的事由							
取引先の都合等で臨時の業務を行う場合	営業	2人	1日8時間	3時間	40時間	300時間	○○年○月○日から1年間
月末の棚卸のため	経理	同上	同上	3時間	40時間	300時間	同上

① 下記②に該当しない労働者

② 1年単位の変形労働時間制により労働する労働者

休日労働をさせる必要のある具体的事由	業務の種類	労働者数（満18歳以上の者）	所定休日	労働させることができる休日並びに始業及び終業の時刻	期間
取引先の都合等で臨時の業務を行う場合	営業	2人	毎週土日欠び国民の休日（別紙年間カレンダーで定める日）	1ヶ月のうち2回、午前8時～午後5時	○○年○月○日から1年間
臨時の受注・納期の変更などの場合	機械組立	20人	同上	同上	同上

委員の氏名

	委員の氏名	その他の委員
	職 名 ○○○○ 氏 名 ○○○○	職 名 ○○○○ 氏 名 ○○○○

使用者 職 名 ○○○○ 氏 名 ○○○○ 投票による選挙 ㊞

決議の成立年月日 ○○年 ○月 ○日
委員会の委員数 （ ）人 推薦に基づき指名された委員 ○○年 ○月 ○日

○○○○

○○ 労働基準監督署長 殿

決議は、上記委員の5分の4以上の多数による議決により行われたものである。
委員会の委員の推薦者であり労働者の過半数で組織する労働組合（事業場の過半数の労働者で組織する労働組合）の名称又は労働者の過半数を代表する者の 職 名 ○○○○
委員会の委員の推薦（労働者の過半数を代表する者の場合）の選出方法は **投票による選挙**

(裏面)

記載心得

1 「業務の種類」の欄には、時間外労働又は休日労働をさせる必要のある業務を具体的に記入し、労働基準法第36条第6項第1号の健康上特に有害な業務について決議をした場合には、当該業務と他の業務とを区別して記入することに留意すること。なお、業務の種類を記入するに当たっては、業務の区分を細分化することにより当該業務の範囲を明確にしなければならないことに留意すること。
2 「労働者数(満18歳以上の者)」の欄には、時間外労働又は休日労働をさせることができる労働者の数について記入すること。
3 「延長することができる時間数」の欄の記入に当たっては、次のとおりとすること。
 (1) 「1日」については、労働基準法第32条から第32条の5までの規定により労働させることができる最長の労働時間(以下「法定労働時間」という。)を超えて延長することができる時間数を記入すること。
 (2) 「1日を超え3ヶ月以内の期間」及び「1年間」については、法定労働時間を超えて延長することができる限度となる時間数であって、決議で定められた1日を超え3ヶ月以内の期間及び1年間についての延長することができる時間の限度に関して、その日又は当該決議で定められた期間を記入し、当該期間の起算日を括弧書きし、その下欄に、当該期間に応じ、それぞれ当該期間における法定労働時間により労働させることができる限度となる時間数を記入すること。
4 ②の欄は、労働基準法第32条の4の規定による労働時間により労働する労働者(対象期間が3ヶ月を超える1年単位の変形労働時間制により労働する者に限る。)について記入すること。なお、延長することができる時間の上限は①の欄の労働者よりも短い(1ヶ月42時間、1年320時間)ことに留意すること。
5 「労働させることができる休日並びに始業及び終業の時刻」の欄は、労働基準法第35条の規定による休日(1週1休又は4週4休)であって、当該休日の労働の始業及び終業の時刻の属する日を記入すること。
6 「⑤の欄」は、時間外労働又は休日労働をさせることに関する労働時間等の設定の改善に関する特別措置法第7条第1号の規定により、労働者の過半数で組織する労働組合がある場合においては労働者の過半数を代表する者に労働者の過半数で組織する労働組合がない場合においては労働者の過半数を代表する者の推薦に基づき指名された委員氏名を記入すること。なお、労働者の週半数又は監督又は管理の地位にある者でなく、かつ、労働時間等の設定の改善に関する特別措置法第1条第1項の規定による指針等に規定する推薦を受ける者を選出することを明らかにして実施される投票、挙手等の方法による手続により選出された者であって、使用者の意向により選出されたものでないことに留意すること。
7 「推薦に基づき指名された委員」の欄は、労働時間等の設定の改善に関する特別措置法施行規則第1条第2号に規定する監督又は管理の地位にある者でなく、かつ、労働基準法第41条第2号に規定する監督又は管理の地位にある者でなく、かつ、労働時間等の設定の改善に関する特別措置法に規定する推薦を受ける者を選出することを明らかにして実施される投票、挙手等の方法による手続により選出された者であって、これらの要件を満たさない場合には、有効な決議とはならないものであることに留意すること。

6. 監視・断続的労働に従事する者に対する適用除外許可申請書

CHECK ①	監視・断続的労働に従事する者については、使用者が行政官庁の許可を受けた場合に限り、労働時間、休憩および休日についての規定が除外されている（労基法41条3号）。したがって、この許可を受けた場合、36協定の締結は不要であり、時間外労働・休日労働に対する割増賃金も支給する必要がない（なお、深夜労働に対する割増賃金の支払いは必要）
CHECK ②	「断続的労働」とは、休憩時間が少ないが手待ち時間が多いものをいい、これに当たる業務としては、例えば、下記の記載例のほか、守衛、メーター監視の業務などが挙げられる。交通監視・車両誘導を行う駐車場の監視など精神的緊張の高い業務、プラントなどにおける計器類を常態として監視する業務、危険または有害な場所における業務等はこれに含まれないとされている

※［様式第14号（第34条関係）監視・断続的労働に従事する者に対する適用除外許可申請書］112ページ参照。

様式第14号（第34条関係）

　　　　　　監　　視
　　　　　　　　　　　に従事する者に対する適用除外許可申請書
　　　　　　断続的労働

事業の種類	事業の名称		事業の所在地
機械用具製造業	□□□**株式会社○○事業場**		□□県□□区□□町○丁目○番地○号 （電話：○○○－○○○○－○○○○）
業務の種類		員　数	労　働　の　態　様
監　　視	門番	○人	日勤（午前6時～午後6時）と夜勤（午後6時～午前6時）の交替制にて勤務。守衛所において搬出入貨物のチェック、来客等の受付等の業務を行う。1日の平均実作業時間は5時間から6時間程度。
断続的労働	炊事婦	○人	始業午前7時～終業午後8時。朝食は午前7時から9時の間、夕食は午後5時から8時の間であり、昼間においては電話対応等を除き実作業は発生しない。1日の実作業時間は5時間程度。

○○年○月○日

　　　○○　労働基準監督署長　殿

　　　　　　　　　　　使用者　職名　○○　○○
　　　　　　　　　　　　　　　氏名　○○　○○　㊞

7. 断続的な宿直または日直勤務許可申請書

CHECK ①	使用者は、断続的労働である宿日直勤務について、所轄労働基準監督署長の許可を受けた場合には、これに従事する労働者には時間外労働・休日労働に関する規定が適用されない（労基法41条および労基則23条）。したがって、この許可を受けた場合、36協定の締結は不要であり、時間外労働・休日労働に対する割増賃金も支給する必要がない（なお、深夜労働に対する割増賃金の支払いは必要）
CHECK ②	宿日直勤務とは、所定労働時間外または休日における勤務の一態様であり、労働者の本来業務は処理せず、構内巡視、文書・電話の収受または非常事態に備えて待機するもの等であって常態としてほとんど労働する必要がない勤務のことをいう（医療機関における病室の定時巡回、少数の要注意患者の定時検脈等）
CHECK ③	行政解釈では、①本来の業務の延長と見られる業務の処理でないこと、②宿日直勤務の頻度は、日直月1回、宿直は週1回を基準とすること、③相当の手当を支給すること、④宿直にあっては相当の睡眠設備を有することが許可基準とされているため、これらを意識して申請書を記載する必要がある

※［様式第10号（第23条関係）断続的な宿直または日直勤務許可申請書］114ページ参照。

様式第10号（第23条関係）

断続的な宿直または日直勤務許可申請書

事業の種類	事業の名称	事業の所在地
機械製造業	□□□株式会社	□□□県□□区□□町○丁目○番地○号 （電話：○○－○○○○－○○○○）

	総員数	1回の宿直員数	宿直勤務の開始及び終了時刻	一定期間における1人の宿直回数	1回の宿直手当
宿直	○人	○人	18時00分 から 9時00分 まで	1カ月に2回	○円

	就寝設備
	和室8畳、寝具3組、テレビ・冷蔵庫・冷暖房設備あり

	勤務の態様
	非常時の連絡・電話・文書の収受、社員が退社した後の電灯等の消し忘れの確認。定期巡回（1回約15分で、23時と4時の2回行う）。

	総員数	1回の日直員数	日直勤務の開始及び終了時刻	一定期間における1人の日直回数	1回の日直手当
日直	○人	○人	9時00分 から 18時00分 まで	3カ月に1回	○円

	勤務の態様
	非常時の連絡、電話・文書の収受

使用者　職名　○○　○○
　　　　氏名　○○　○○　㊞

○○年　○月　○日

○○　労働基準監督署長　殿

第2章 時間外労働

2 長時間労働対策に関する書式

1. 勤務間インターバル 働き方改革

　勤務間インターバル制度は、終業から次の始業まで、一定時間以上の休息時間を確保することを定める制度であり、労働者の休息を確保し、労働時間を実質的に削減する効果が期待される。

　働き方改革関連法の一つとして、労働時間等設定改善法の一部が改正され（2019年4月1日施行）、「健康及び福祉を確保するために必要な終業から始業までの時間の設定」をすべき努力義務が設けられた（労働時間等設定改善法2条1項）。

2. ノー残業デー

　ノー残業デーは、社員に対して、残業をしないで定時に退社することを促す制度である。厚生労働省が、労働時間等設定改善法4条1項に基づき定める「労働時間等見直しガイドライン（労働時間等設定改善指針）」（平30.10.30　厚生労働省告示108）では、事業主に対して、その雇用する労働者の健康で充実した生活のため、「ノー残業デー」、「ノー残業ウイーク」の導入・拡充等により、所定外労働の削減を図ることを、事業者が講ずべき一般的な措置とする努力義務を課している。

3. 時間外労働の事前許可制

　時間外労働は、労働者が自由に行えるものではなく、業務上の必要性から使用者の指示によって行うものである。したがって、労働者が時間外労働を必要と考えた場合には、時間外労働を事前に許可してもらうのが本来である。時間外労働の事前許可制には、一般的に、労働者自身が業務の必要性に鑑み時間外労働が必要と判断した場合に、上司に申告し

て許可を受けて残業を行う場合(残業承認制)と、事前に自己申告をして承認を得るとともに事後その結果を報告して確認を求める方法(残業承認申告制)等がある(安西愈著『労働時間・休日・休暇の法律実務［全訂7版］』［中央経済社］345ページ)。

労働時間の自己申告制を採用する場合「労働時間の適正な把握のために使用者が講ずべき措置に関するガイドライン」(平29.1.20　基発0120第3号)が、適正に自己申告を行うこと等について労働者に対する十分な説明を行うこと、申告した労働時間と実際の労働時間の合致について必要に応じて実態調査を実施すること、適正な申告を阻害する要因を改善すべきこと等を定めている点に留意が必要である。

1. 勤務間インターバル［就業規則例］

CHECK①	対象となる労働者の範囲を設定したか
CHECK②	終業から次の始業までの一定の休息時間を設定しているか
CHECK③	翌日の始業時刻を超えた場合の終業時間の取り扱いおよびその場合における賃金の取り扱いについて定めたか

(勤務間インターバル)
第○条　会社は、従業員の健康および福祉を確保するために、勤務間インターバルの制度を設けるものとする。
2　会社は、労働者ごとに1日の勤務終了後、次の勤務を開始するまでに少なくとも、○時間の継続した休息時間を与える。
3　前項の休息時間の満了時刻が、次の勤務の所定始業時刻以降に及ぶ場合、当該始業時刻から満了時刻までの時間は労働したものとみなす。

(適用除外)
第○条　前条の規定に関わらず、以下の各号で定める場合には、勤務間インターバルの適用を除外するものとする。
(1) 会社が月3回を限度として、勤務間インターバルの適用を除外し勤務することを命じた場合
(2) 勤務間インターバルの適用を除外するやむを得ない業務上の必要性があるとして所属長の承認を得た場合
(3) 災害その他避けることができない緊急の必要性がある場合

CHECK①
対象労働者は全社員である必要はなく、自由に決定することができる。

CHECK②
本規定例では、通勤時間を含む休息時間を定めている。休息時間に通勤時間を含めるか否かを明確に規定することが望ましい。

CHECK③
「翌日の始業時間は、前項の休息時間の満了時刻まで繰り下げる」とする方法もある。

2. ノー残業デー規程

CHECK①	適切な実施目的を記載したか
CHECK②	実効性を確保するための施策は取られているか
CHECK③	ノー残業デーの対象日にやむを得ず残業をした場合に、その代替措置を定めることが望ましい

ノー残業デー規程

（目的）

第1条　本規程は、業務の計画的な遂行を実現することで、総実労働時間の短縮を図り、これをもって従業員の健康の保持・増進と日常業務における労働生産性の向上を図ることを目的として導入するノー残業デーの運用取り扱いについて定めたものである。

（ノー残業デー）

第2条　時間外勤務の削減を図るため、週に1回、水曜日に定時退社日（以下、「ノー残業デー」という）を設ける。

2　営業部の従業員については、2週間に1回、水曜日にノー残業デーを設ける。

（定時退社の義務）

第3条　従業員は、ノー残業デーには、緊急、特別の業務がない限り、定時に退社しなければならない。やむを得ない事情により定時に退社できないときは、事前に会社に届け出て、許可を得なければならない。

> **CHECK①**
> 他に人材登用・定着、人材育成、人件費・光熱費の削減等の目的が考えられる。

2　前項の届け出は、所属部署の部長に対し行い、その許可を得るものとする。

CHECK②
ノー残業デーの実効性確保のため、残業を承認する決済者をより上位者にする方法があり得る。

（ノー残業デーの事前周知）
第4条　月次・週次の会議その他ミーティングにおいて管理職にノー残業デーを実施する旨の指示・確認を行う。
2　各部門においては、ノー残業デー実施日の前日終業時に、職場終礼等で従業員に周知する。

（ノー残業デー当日の施策）
第5条　会社は、ノー残業デー当日の朝に、全従業員に対し電子メールを送信する等の方法により、ノー残業デーに対する従業員の注意を喚起するとともに、お客様等の理解、協力を得ることができるよう努めるものとする。
2　従業員は、ノー残業デーの15時以降には、取引先等との会議、打ち合わせ等を設定しないように努めるものとする。
3　各部門の管理職は、ノー残業デーにおいて、率先して定時退社するとともに、部下の定時退社を促すものとする。
4　ノー残業デーの定時退社時刻以降、社内の照明を消灯し、冷暖房設備の稼働を停止する。

（ノー残業デーの進捗管理）
第6条　会社は、業務上の都合等で、やむを得ずノー残業デーに定時退社することができなかった従業員については、1週間以内の別の日をノー残業デーとして指定し、週に1回の定時退社日を確保するよう努めるものとする。
2　人事部長は、ノー残業デーに定時に退社することができなかった従業員の人数を把握し、その理

CHECK③
ノー残業デーに定時退社をすることができなかった場合に、代替となる定時退社日を設けることも考えられる。

由を確認するものとする。
3 人事部長は、前項により確認した理由に応じて、面談の実施等必要な対策を検討し、ノー残業デーの実効性の向上に努めるものとする。
4 人事部長は、第2項で確認した理由のいかんによっては、当該従業員の給与、昇給等を含む人事評価に影響させることを検討する可能性があることを従業員に事前に周知徹底するものとする。

（業務遂行上の注意点）
第7条　従業員は常に業務生産性向上の意識を持ち、日常業務の進め方を改善し、不要不急の時間外勤務の絶無を期さなければならない。

附　則
この規程は〇〇年〇月〇日より施行する。

> **CHECK②**
> ノー残業デーの実施について、担当責任者を定めて、実効性を確保する施策を検討することも考えられる。

3. 時間外労働の事前届・許可申請書

CHECK①	事前許可の方法について記載したか
CHECK②	事前許可の例外について記載したか
CHECK③	事前の許可を得ずに行った残業に対して、時間外労働と認めない場合、その旨を記載したか

時間外労働の事前許可制［就業規則例］

（時間外労働の事前許可制）
第○条　従業員が所定労働時間を超えて労働する場合には、必ず事前に、その必要性（必要な業務の内容を含む）および想定される時間外労働時間を明記した所定の様式による申請書を提出し、時間外労働の可否と予定時間につき所属上長の承認を得なければならない。
2　従業員は、前項の承認を得た時間外労働が終了した後には、所属上長に対して所要時間について報告しなければならない。
3　所属上長は、想定された時間外労働時間と前項の時間外労働時間に1時間以上の乖離（かいり）がある場合、その理由について確認し、離齬（そご）が生じないよう、従業員を指導するものとする。
4　従業員は、やむを得ない事由により事前の許可を得ることができない場合には、事後速やかに書面を提出し承認を得るものとする。この場合、所属上長は、事前の承認が得られなかった事情および業務上の必要性の存否等を考慮し、承認するか否かを決定するものとする。
5　従業員が本条に定める手続きを取らずに時間外労働を行った場合、会社は、これを時間外労働としては認めない。

CHECK①
長時間労働対策として、不要不急の時間外労働を事前に抑止し、事前にどの程度時間外労働するのか見込みを確認するためにも、事前許可制とすることが望ましい。

CHECK②
例外規定も定めておくことが望ましい。

CHECK③
事前許可制が形骸化せずに励行され、時間外労働申告の自由が担保されており、必要な業務のみを時間外労働として承認している場合、無許可の残業を時間外労働として認めないことも許される。

時間外労働の事前届出・許可申請書書式

〇〇年〇月〇日

課長　殿

| 氏　名 | □□□□㊞ |

時間外勤務許可願

下記の時間外勤務について、許可を求めます。

日　付	〇〇年〇月〇日〇曜日
時間帯	午後〇時～午後〇時
業　務	企画書作成
申請理由	クライアントから要望の変更があり、明日までに企画書の内容を修正する必要があるため。

年　月　日

上記のとおり、時間外出勤を命令します。

| 承　認 | 課長名 | □□□□㊞ |

上記の時間外出勤は承認しません。

不承認理由	

| 不承認 | 課長名 | □□□□㊞ |

○○年○月○日

時間外勤務報告書

課長　殿

| 氏　名 | □□□□㊞ |

下記のとおり、時間外勤務をしましたので、報告します。

日　付	○○年○月○日（○曜日）
時間帯	午前・午後○時○分 ～ 午前・午後○時○分

備考	

第3章 休暇

1 年次有給休暇の時季指定義務化に関する書式
1. 年次有給休暇の時季指定通知書兼意見聴取書
2. 年次有給休暇管理簿

2 年次有給休暇の計画的付与に関する書式
1. 年次有給休暇の計画的付与に関する協定書

3 時間単位の年次有給休暇に関する書式
1. 時間単位の年次有給休暇に関する協定書

4 年次有給休暇以外の特別休暇に関する書式
1. 代替休暇に関する協定書
2. リフレッシュ休暇規程
3. ボランティア休暇規程

第3章 休暇

1 年次有給休暇の時季指定義務化に関する書式

1. 年次有給休暇の時季指定義務化の概要　働き方改革

　年次有給休暇は原則として労働者が請求する時季に与えることとされているが、職場への配慮やためらい等の理由から日本では年次有給休暇の取得率が低調な現状にあり、取得促進が課題となっている。そのため、2019年4月から、すべての企業において、年10日以上の年次有給休暇が付与される労働者に対して、年次有給休暇の日数のうち年5日については、使用者が時季を指定して取得することが必要となった。

　もっとも、労働者が自ら時季指定権を行使して取得した日数は、上述の5日から控除することができる。また、労使協定に基づく計画的付与によって与えられた年次有給休暇（計画年休）の日数は、上述の付与義務が課される5日から控除可能であるので、計画年休により5日間の年次有給休暇を与えることによって、年5日の付与義務を満たすことが可能である。労働者ごとに個別に時季指定を行うことが労務管理上困難である企業等は、年5日の付与義務を果たすためにも、計画年休を積極的に活用することが望ましい。

　なお、年次有給休暇の時季指定義務化を受けて就業規則の規定を修正することは必須ではないが、義務化に対応していることを明確にする趣旨で、「年次有給休暇の付与日数が10日以上の者については、そのうち5日について、付与日から1年以内に、会社が時季を指定して取得させるものとする。ただし、本人による時季指定または計画的付与制度に基づいて取得した日数がある場合は、その日数を上記の5日から控除する。」等と修正することも考えられる。

2.年次有給休暇の時季指定義務化のポイント 　働き方改革　

・対象者は、年次有給休暇が年間10日以上付与される労働者（管理監督者を含む）である。
・使用者は、労働者ごとに、年次有給休暇を付与した日（基準日）から1年以内に5日、取得時季を指定して与える必要がある。ただし、労働者が自ら時季指定して取得した日数や、計画年休の日数については、上記の5日から控除することができる。
・基準日から1年以内に年次有給休暇を5日以上取得済みの労働者に対しては、使用者による時季指定は不要である。
・法定の基準日よりも前倒しで（例えば入社日等に）年次有給休暇を付与している場合は、法定の基準日ではなく、実際の付与日を基準にして1年以内に5日間を時季指定する必要がある。
・全社的に起算日を合わせるため等の理由から、入社した年と翌年とで年次有給休暇の付与日が異なっており、そのために5日の指定義務がかかる期間に重複が生じている場合（例えば、2018年4月1日入社の者に2018年10月1日に10日間付与し、翌2019年4月1日に他の社員と合わせるため、11日間を付与している場合等）は、重複が生じるそれぞれの期間を通じた期間の長さに応じて比例案分した日数を当該期間中に付与する（上記の例でいうと、2018年10月1日から2020年3月31日までの間に、7.5日間を取得させる義務がある）ことも認められる（次ページ図参照）。
・使用者は時季指定に当たって、労働者の意見を聴取し、その意見を尊重するよう努めなければならない。
・使用者は、労働者ごとに、年次有給休暇を取得した時季、日数および基準日を明らかにした年次有給休暇管理簿を作成し、当該有給休暇を与えた期間中および当該期間の満了後3年間保管しなければならない。

年次有給休暇の時季指定義務化に関する書式

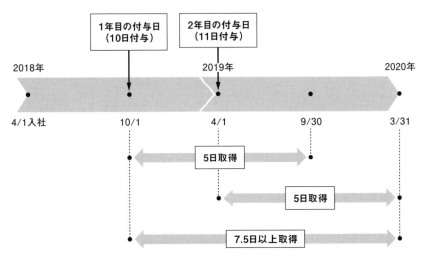

資料出所：厚生労働省「年次有給休暇の時季指定義務」

1. 年次有給休暇の時季指定通知書兼意見聴取書

CHECK ①	手続きの便宜上、労働者に対し、年次有給休暇付与日（基準日）から1年以内に5日間の年休の時季指定を余裕を持って行うため、基準日から10カ月経過ごろまでを目途に時季指定の通知および意見聴取を行っているか
CHECK ②	労働者が自ら申し出て取得した日数や、労使協定で取得時季を定めて与えた日数（計画的付与）については5日から控除できるようにしたか
CHECK ③	時季指定をするに当たって、その時季について労働者から意見を聴取したか

年次有給休暇の時季指定通知書兼意見聴取書

〇〇年〇月〇日

〇〇部〇〇課
〇〇〇〇様

〇〇〇〇株式会社
人事部

年次有給休暇の時季指定通知書

　貴殿は、年次有給休暇が付与された〇〇年〇月〇日以降本日までの間、合計〇日の年次有給休暇を取得しています。そこで、労働基準法第39条第7項の規定に基づき、次のとおり貴殿の年次有給休暇の時季を指定します。指定された時季に関し、下記のフォームに意見を記載の上、〇〇年〇月〇日までに人事部〇〇に提出してください。

1日目	〇〇月〇〇日（ ）
2日目	〇〇月〇〇日（ ）
3日目	〇〇月〇〇日（ ）
4日目	〇〇月〇〇日（ ）
5日目	〇〇月〇〇日（ ）

- -

意　見

〇〇〇〇株式会社
人事部　　〇〇〇〇殿
　〇〇年〇月〇日付「年次有給休暇の時季指定通知書」により求められた意見については、以下のとおりとなります。

CHECK①
手続きの便宜から、基準日から10カ月経過ごろまでを目途に時季指定通知書の通知および意見聴取を行うことが望ましい。

CHECK②
労働者が自ら申し出て取得した日数や、労使協定で取得時季を定めて与えた日数（計画的付与）については5日から控除することができる。

働き方改革

CHECK③
時季指定をするに当たって、その時季について労働者から意見を聴取する必要がある。

☐ 時季指定された日のすべてにおいて年次有給休暇を取得します。

☐ 時季指定された日のうち、一部については指定された日に年次有給休暇を取得しますが、一部については別の日を指定します。年次有給休暇を取得する日は以下のとおりとします。

1日目	○月○日（　）
2日目	○月○日（　）
3日目	○月○日（　）
4日目	○月○日（　）
5日目	○月○日（　）

☐ 時季指定された日のいずれにおいても年次有給休暇を取得しません。代わりに、以下の日に年次有給休暇を取得します。

1日目	○月○日（　）
2日目	○月○日（　）
3日目	○月○日（　）
4日目	○月○日（　）
5日目	○月○日（　）

以上

2. 年次有給休暇管理簿

CHECK ①	年次有給休暇管理簿の保管期間は問題ないか
CHECK ②	労働者の年次有給休暇の取得状況等を適切に管理できるような項目立てとなっているか

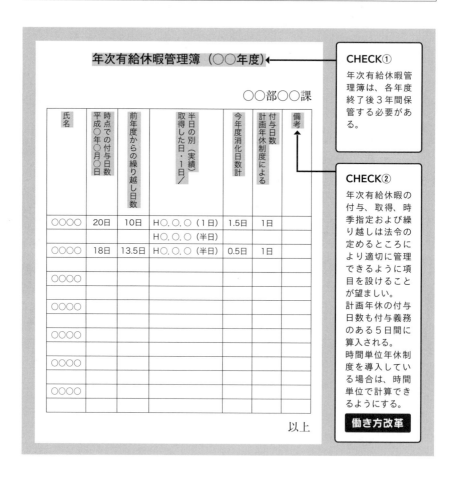

第3章 休暇

2 年次有給休暇の計画的付与に関する書式

1.年次有給休暇の計画的付与

　年次有給休暇の付与日数のうち5日を超える分（10日付与される社員に対しては5日、20日付与される社員に対しては15日まで）については、労使協定を結ぶことにより計画的に付与することができる。計画的付与制度の導入により、年次有給休暇取得率の向上、および第3章1の**2.**で説明した年次有給休暇の時季指定義務化への対応の観点からは、計画的付与制度の積極的な活用が望ましい。

2.計画的付与の方法

　計画的付与には、班・グループ別の交代制付与、年次有給休暇付与計画表による個人別付与、企業または事業場全体での一斉付与等さまざまな方法があるが、会社や事業場の実態に応じた方法を選択されたい。計画的付与制度を活用することにより、年末年始や夏季に大型連休を設定したり、飛び石連休となっている場合にブリッジホリデーとして連休を設定することなども可能となる。

1. 年次有給休暇の計画的付与に関する協定書

CHECK ①	計画的付与の休暇日数および付与方法をどのように定めるか
CHECK ②	班別の交代制休暇を定めるなら、班別の具体的年休付与日を定める

133

CHECK ③	計画表による個人的休暇を定めるなら、計画表の作成時期等を定める
CHECK ④	事業場全体の一斉休暇なら、具体的年休付与日を定める
CHECK ⑤	計画的付与の対象社員を定める

年次有給休暇の計画的付与に関する協定書

　○○株式会社（以下、「会社」という）および従業員代表○○○○とは、労働基準法第39条第6項に基づき、年次有給休暇の計画的付与に関し、以下のとおり協定した。

（年次有給休暇の計画的付与）
第1条　会社は、従業員の有する年次有給休暇のうち、○年度に付与する年次有給休暇のうち5日を超える日数の部分を、以下のとおり計画的に付与する。
　（1）大型連休付属休暇日：次条に定める1日間
　（2）夏季休暇日：第3条に定める2日間
　（3）冬季休暇日：第4条に定める2日間
2　従業員の有する年次有給休暇から5日を超える部分が、前項各号の休暇日の合計5日に足りないときは、会社は、当該従業員に対し、その不足する日数分の特別有給休暇を付与する。
3　会社は、やむを得ない業務上の事情が生じたものと認めるときは、従業員代表と協議の上、第1項に基づき付与した休暇日を変更することができる。

（大型連休付属休暇日）

CHECK①
計画的付与の休暇日数を決める。計画的付与の方法としては、①班別の交代制休暇を定めて指定した日に付与する（2条）、②個人ごとの希望を調整した計画表により個々に付与する（3条）、③事業場全体で一斉に付与する（4条）といった方法がある。

CHECK②
班別の交代制休暇を定めるのであれば、班別の具体的年休付与日を定める必要がある。

第2条　大型連休付属休暇日は、以下の班別に従い、以下の日とする。
（1）○グループ：○○年5月2日
（2）○グループ：○○年5月6日

（夏季休暇日）
第3条　夏季休暇日は、○○年○月○日から同月○日までの期間のうち、夏季休暇計画表において各従業員につき指定した連続する2日間とする。
2　前項の夏季休暇計画表は、各従業員の所属長が、同年○月末日までに作成し各従業員に交付する。
3　各所属長は、前項の計画表を作成するに当たっては、各従業員から夏季休暇日として希望する日程をあらかじめ申告させるものとし、その申告内容を尊重するべく努めるものとする。

（冬季休暇日）
第4条　冬季休暇日は、○○年1月4日および同月5日とする。

（対象従業員）
第5条　前4条に基づく年次有給休暇の計画的付与の対象となる従業員は、以下の従業員以外のすべての従業員とする。
（1）第1条第1項各号の期間において、長期欠勤、休職および休業中の従業員
（2）第1条第1項各号の期間において、産前産後休暇中の従業員
（3）第1条第1項各号の期間において、育児休業・介護休業中の従業員
（4）前各号に定めるほか、年次有給休暇の計画的付与の対象とすることが適当でないと会社が認める従業員

CHECK③
計画表による個人的休暇を定めるのであれば、計画表の作成時期等を定める必要がある。

CHECK④
事業場全体の一斉休暇を定めるのであれば、具体的年休付与日を定める必要がある。

CHECK⑤
就業規則上、他の休暇や休業制度で休んでいる社員については、年次有給休暇を付与するまでもないので、対象社員から外す。

(協議条項)
第6条　本協定に基づく年次有給休暇の計画的付与を実施するに当たり、運用上の疑義が生じた場合は、会社と従業員代表とで対応を協議するものとする。

(有効期間)
第7条　本協定は、○○年○月○日から1年間有効とする。

○○年○月○日

　　　　　　　　　　　　東京都○区○
　　　　　　　　　　　○○○○株式会社
　　　　　　　代表取締役　○○○○㊞
　　　　　　　　　　　　東京都○区○
　　　　　　　　　　　○○○○株式会社
　　　　　　　　　○事業場従業員代表
　　　　　　　　　　　　○○○○㊞

3 時間単位の年次有給休暇に関する書式

第3章 休暇

1. 時間単位年休取得制度

　労働者の心身の疲労回復という観点からは、本来はある程度まとまった年次有給休暇の取得が望ましく、労基法上も当初は1労働日単位が想定されていた。しかし、その一方で仕事と生活の調和を図る観点から、労使協定を締結することにより、年に5日分を限度として、時間単位で年次有給休暇を与えることができるようになった。時間単位の年休取得制度を用いるには、労使協定において、（i）時間単位の年次有給休暇を与える対象労働者の範囲、（ii）時間単位の年次有給休暇として与える年次有給休暇の日数、（iii）（ii）の年次有給休暇日数について1日の時間数、（iv）1時間以外の時間（例えば2時間、3時間単位等）を単位として年次有給休暇を与えることとする場合にはその時間数、を定める必要があり（労基法39条4項、労基則24条の4）、また、就業規則にも時間単位の年次有給休暇に関する規定を設ける必要がある。

1. 時間単位の年次有給休暇に関する協定書

CHECK ①	1日分の年次有給休暇に対応する時間数を1時間単位で定めているか
CHECK ②	対象社員を定めているか
CHECK ③	取得手続きを定めているか
CHECK ④	賃金の算定方法を定めているか

時間単位の年次有給休暇に関する協定書

　○○○○株式会社（以下、「会社」という）および従業員代表○とは、労働基準法第39条第4項に基づき、時間単位の年次有給休暇に関し、以下のとおり協定した。

（時間単位の年次有給休暇の付与）
第1条　第5条に定める従業員は、その申請により、時間単位の年次有給休暇を取得することができる。

（時間単位で付与する年次有給休暇の日数）
第2条　時間単位で付与する年次有給休暇の日数の上限は、1年度につき5日とする。

（時間単位で付与する年次有給休暇1日当たりの時間数）
第3条　時間単位で付与する年次有給休暇1日当たりの時間数は、8時間とする。

（取得単位時間）
第4条　時間単位で付与する年次有給休暇は、1時間単位で付与する。

（対象従業員）
第5条　本協定に基づく時間単位の年次有給休暇の対象となる従業員は、以下の従業員以外のすべての従業員とする。
　（1）製造ラインで製造に従事する従業員
　（2）裁量労働制が適用されている従業員
　（3）在宅勤務制が適用されている従業員

CHECK①
1日の所定労働時間に1時間に満たない端数がある場合（例：7時間30分）は、時間単位に切り上げる（例：8時間）必要がある。

CHECK②
（1）から（3）に掲げるような、事業の正常な運営のために必要な特定の従業員については、対象外とすることができる。他方で、取得目的等（例：育児目的の場合に限る等）で対象社員を定めることはできない。

(未取得の時間単位の年次有給休暇の繰り越し)
第6条　1年度内に取得できない1日未満の年次有給休暇が生じたときは、翌年度に限り、繰り越すものとする。

(異動等に伴う取り扱い)
第7条　本協定に基づき時間単位の年次有給休暇の付与を受けていた従業員が、配置転換、出向その他の異動、適用される労働時間制の変更、本協定の不更新その他の事由により、時間単位の年次有給休暇の付与の対象とならなくなった場合は、これらの事由が発生した時点に残存する1日に満たない年次有給休暇は、1日に切り上げる。

(取得手続き)
第8条　従業員は、時間単位の年次有給休暇を取得しようとするときは、会社の定める様式により、時間単位の年次有給休暇を取得する日時を明らかにして、遅くとも取得日の〇日前までに、会社に申請しなければならない。

2　前項に基づき従業員が申請した時間単位の年次有給休暇が、事業の正常な運営を妨げる場合は、会社は、その時季を変更することがある。

(賃金)
第9条　従業員が時間単位の年次有給休暇を取得した場合、会社は、当該従業員に対し、以下の算式により計算した賃金を支払う。

　　所定労働時間労働した場合の1カ月当たりの通常の賃金÷該当月の所定労働日数÷該当日の所定労働時間×時間単位の年次有給休暇の取得時間数

CHECK③
就業規則に年次有給休暇の取得手続きが定められている場合には、当該取得手続きに従う旨定めればよい。
2項の時季変更権については、時間単位を日単位へ、あるいは日単位を時間単位へ変更することは認められない。

CHECK④
時間単位の年次有給休暇の1時間当たりの賃金額は、①平均賃金、②所定労働時間を労働した場合の通常の賃金、③健康保険法の標準報酬日額（5円未満切り捨て5円以上切り上げ、労使協定必要）のいずれかの額をその日の所定労働時間数で割った額である。どの賃金額にするかは、日単位の場合と同様に就業規則であらかじめ定める必要がある。

(協議条項)
第10条 本協定に基づく時間単位の年次有給休暇の付与を実施するに当たり、運用上の疑義が生じた場合は、会社と従業員代表とで対応を協議するものとする。

(有効期間)
第11条 本協定は、〇〇年〇月〇日から1年間有効とする。ただし、有効期間満了1カ月前までに会社および従業員代表いずれも異議を述べないときは、さらに1年間本協定を延長するものとし、その後も同様とする。

以上の協定を証するため、本協定書2通を作成し、記名押印の上、協定当事者が各々1通ずつ所持する。

〇〇年〇月〇日

　　　　　　　　　　　　東京都〇区〇
　　　　　　　　　　〇〇〇〇株式会社
　　　　　　代表取締役　〇〇〇〇㊞
　　　　　　　　　　　　東京都〇区〇
　　　〇〇〇〇株式会社〇事業場従業員代表
　　　　　　　　　　　　〇〇〇〇㊞

4 年次有給休暇以外の特別休暇に関する書式

第3章 休暇

1.代替休暇に関する協定書

　2010年4月以降、月60時間を超える法定時間外労働に対しては、25％以上ではなく50％以上の率で計算した割増賃金を支払う義務がある（中小企業については現在適用猶予中だが、2023年4月1日に猶予措置が廃止される）が、使用者は、労使協定を締結することにより、この60時間超の割増賃金を支払う代わりに、有給の休暇（代替休暇）を付与する制度を導入することができる。

　なお、労使協定により代替休暇の制度を導入したからといって、個々の労働者に代替休暇の取得が義務付けられるものではなく、代替休暇を実際に取得するか否かは労働者の意思に委ねられており、取得日も労働者の意向を踏まえて決定しなければならない。

　また、代替休暇は、特に長時間の時間外労働を行った労働者の休息の機会の確保が目的であるため、法定時間外労働が1カ月60時間を超えた月の末日の翌日から2カ月間以内に代替休暇を付与する必要がある。

2.リフレッシュ休暇、ボランティア休暇

　法定の年次有給休暇に加え、法定外の追加的な休暇制度を設定することも可能である。比較的よく見られる法定外休暇としては、慶弔休暇や病気休暇が挙げられるが、昨今では、社会情勢の変化を反映してリフレッシュ休暇、ボランティア休暇といった名称の有給または無給の法定外休暇を設定する企業も増えている。法定外である以上、有給無給の別、取得条件・手続き等はすべて使用者が自由に制度設計できる。ただし、「休暇」である以上、制度として設ける場合には就業規則または就業規則の下部規程への記載および周知が必要である。

第3章 休暇

1. 代替休暇に関する協定書

CHECK①	代替休暇の取得日の申請・決定方法および割増賃金の支払日を明記しているか
CHECK②	代替休暇を与えることができる期間を明記しているか
CHECK③	代替休暇の単位を明記しているか
CHECK④	代替休暇として与えることができる時間の時間数の算定方法を規定しているか

代替休暇に関する協定書

○○○○株式会社（以下、「会社」という）および従業員代表○○○○とは、労働基準法第37条第3項に基づき、代替休暇に関し、以下のとおり協定した。

（代替休暇の取得）
第1条　1カ月における時間外労働が60時間を超えた場合、従業員は、その申請により、割増賃金に代えて代替休暇を取得することができる。
2　前項に基づく代替休暇の取得の申請は、1カ月における時間外労働が60時間を超えた月の末日の翌日から起算して5営業日以内に、かつ代替休暇の取得日の5営業日前までに行わなければならない。
3　第1項に基づく代替休暇は、1カ月における時間外労働が60時間を超えた月の末日の翌日から起算して2カ月以内に取得しなければならない。

CHECK①
労使協定で代替休暇の取得日の申請・決定方法を定めるべきである（2項）。

CHECK②
代替休暇を与えることができる期間を、法定時間外労働が1カ月60時間を超えた月の末日の翌日から2カ月以内に定める必要がある。

(代替休暇の単位)

第2条 代替休暇は、次の各号のいずれかを単位として与える。第3条に基づき計算された代替休暇の時間数が下記のいずれの単位にも満たない場合で、その満たない部分につき、従業員が就業規則第○条に規定する時間単位の年次有給休暇の取得を請求する場合は、当該時間単位の年次有給休暇と合わせて半日または1日の休暇として与えることができる。ただし、第4条第1項の割増賃金の支払いを要しないこととなる時間の計算においては、代替休暇の時間数のみで計算することとする。
（1）1日（○：○～○：○）
（2）午前（○：○～○：○）
（3）午後（○：○～○：○）

(代替休暇の計算方法)

第3条 代替休暇の時間数は、1カ月当たり60時間を超える時間外労働時間数に換算率を乗じて得た時間数とする。

2　前項の換算率は、25％とする。

(代替休暇に関する賃金の取り扱い)

第4条 従業員が第1条に基づき代替休暇を取得する場合には、会社は、1カ月60時間を超えた時間外労働時間数については、就業規則第○条第○号（60時間以上の時間外労働の割増賃金率）の割増率を適用せず、就業規則第○条第○号（60時間未満の時間外労働の割増賃金率）の割増率を適用して、割増賃金を支払う。

2　前項の場合であって、時間外労働が60時間を超えた月の賃金締め日以後に第1条に基づく代替休暇を取得するときは、会社は、当該月の賃金支払日においては、1カ月60時間を超えた時間外

CHECK③
代替休暇の単位を、1日、半日（1日の所定労働時間の2分の1でなくともよい）、1日または半日のいずれかで定める必要がある。

CHECK④
代替休暇として与えることができる時間の時間数の算定方法を定める必要がある。換算率は、代替休暇を取得しなかった場合に支払うべき割増賃金率（50％以上）から、代替休暇を取得した場合の割増賃金率（25％のことが多いが30％等の会社もある）を控除した率である。

CHECK①
割増賃金の支払日を定めるべきである。

労働時間数につき、就業規則第○条第○号（60時間以上の時間外労働の割増賃金）の割増率を適用して割増賃金を仮に支払った上、代替休暇が取得された場合には、当該取得日に対応する賃金支払日に過払分の割増賃金を清算するものとする。

（協議条項）
第5条 本協定に基づく代替休暇の付与を実施するに当たり、運用上の疑義が生じた場合は、会社と従業員代表とで対応を協議するものとする。

（有効期間）
第6条 本協定は、○○年○月○日から1年間有効とする。ただし、有効期間満了1カ月前までに会社および従業員代表いずれも異議を述べないときは、さらに1年間本協定を延長するものとし、その後も同様とする。

以上の協定を証するため、本協定書2通を作成し、記名押印の上協定当事者が各々1通ずつ所持する。

○○年○月○日

　　　　　　　　　　　　　東京都○区○
　　　　　　　　　　　　○○○○株式会社
　　　　　　　代表取締役　○○○○㊞
　　　　　　　　　　　　　　東京都○区○
　　　　○○○○株式会社○事業場従業員代表
　　　　　　　　　　　　　○○○○㊞

年次有給休暇以外の特別休暇に関する書式

2. リフレッシュ休暇規程

CHECK ①	そもそもリフレッシュ休暇を設けるか
CHECK ②	リフレッシュ休暇の付与要件をどのように定めるか
CHECK ③	リフレッシュ休暇の日数をどのように定めるか
CHECK ④	リフレッシュ休暇を有給とするか無給とするか

リフレッシュ休暇規程

（目的）
第1条　この規程は、就業規則第〇条に基づくリフレッシュ休暇の取り扱いを定めることを目的とする。

（定義）
第2条　リフレッシュ休暇とは、次条に定める従業員に対し、その申請により、会社生活の節目に心身をリフレッシュさせるとともに自己啓発や自己の職業能力の再開発等を図るために付与する一定日数の休暇をいう。

（対象従業員）
第3条　リフレッシュ休暇は、以下のすべての条件を満たす従業員に付与する。
（1）勤続年数〇年以上の者
（2）長期欠勤、休職もしくは休業中、産前産後休暇中、または育児休業・介護休業中のいずれでもない者

CHECK①
リフレッシュ休暇の導入は社員のモチベーション向上につながる一方で、会社にとっては新たな休暇が増えることによる負担増との兼ね合いを検討する必要がある。

CHECK②
多様な働き方が存在する昨今の状況においては、雇用形態にかかわらず認めるのが望ましい。

2　前項第1号および次条第1項の勤続年数の算定に当たっては、毎年○月○日を起算日とする。就業規則第○条の規定に基づいて休職した期間は、勤続年数に通算しない。

(休暇の日数)
第4条　リフレッシュ休暇の日数は、次のとおりとする。

勤続年数	休暇日数
満5年以上	年○日
満10年以上	年○日
満15年以上	年○日
満20年以上	年○日
満25年以上	年○日
満30年以上	年○日
満35年以上	年○日

> **CHECK③**
> 会社の方針や、実際に付与可能かといった観点から定める必要がある。

2　リフレッシュ休暇は、1日単位で取得するものとし、原則として連続して取得しなければならない。
3　リフレッシュ休暇の取得期間は、毎年○月○日より1年間とし、取得期間中に取得しなかった休暇日数は、翌期間には繰り越さない。

(取得手続き)
第5条　リフレッシュ休暇を取得しようとする従業員は、リフレッシュ休暇を取得しようとする日の○営業日前までに、リフレッシュ休暇を取得しようとする日を特定して、会社に申請しなければならない。
2　リフレッシュ休暇は、前項の申請により特定さ

れた日に付与する。ただし、会社は、業務の都合上やむを得ない場合は、リフレッシュ休暇を付与する日を変更することがある。

(賃金)
第6条 リフレッシュ休暇は有給とし、所定労働時間を勤務した場合の通常の賃金を支払う。

(その他)
第7条 リフレッシュ休暇取得対象従業員の周囲の従業員は、対象者が快適に休暇を取得できるよう可能な限り協力するものとする。
2 その他、本規程に定めない事項については、会社と対象従業員および周囲の従業員が誠実に協議し、リフレッシュ休暇を取得できる環境を整えていく。

附 則
(実施期日)
この規程は、〇〇年〇月〇日から実施する。

CHECK④
社員満足の向上や、さらなる仕事へのモチベーションアップを図るという本制度の趣旨からすると、有給であることが望ましい。

3. ボランティア休暇規程

CHECK①	そもそもボランティア休暇を設けるか
CHECK②	ボランティア休暇の付与要件をどのように定めるか
CHECK③	ボランティア休暇の日数をどのように定めるか
CHECK④	ボランティア休暇を有給とするか無給とするか

ボランティア休暇規程

（目的）
第1条　この規程は、就業規則第○条に基づくボランティア休暇の取り扱いを定めることを目的とする。

（定義）
第2条　ボランティア休暇とは、次条に定める従業員のうち、その申請により、自発的かつ積極的に、社会に貢献する活動（以下、「ボランティア活動」という）に従事する従業員に対して付与する特別休暇をいう。
2　ボランティア活動とは、次のものをいう。
　（1）社会福祉施設における慰問、介護、食事介助、清掃、洗濯、修理等の活動
　（2）心身障害者に対する技能修得訓練を支援するための活動
　（3）心身障害児に対する学習活動を支援するための活動
　（4）高齢者および身体上の障害等により常態と

> **CHECK①**
> 導入に際しては、ボランティア活動、あるいは社会や地域に貢献するといった企業理念、また休暇を増やすことによる負担増との兼ね合いを検討する必要がある。

して日常生活を営むのに支障がある者に対する外出介助、洗濯、修理、給食サービス等の各種生活支援活動
（5）朗読、点訳、手話通訳等の活動
（6）災害復興支援のための活動
（7）自然・環境保護のための活動
（8）その他前各号に準じる活動

（対象従業員）
第3条 ボランティア休暇の対象従業員は、以下に該当する従業員を除き、就業規則第○条に定める〔正社員／従業員〕とする。
（1）勤続1年未満の者
（2）前年の出勤率が8割に満たない者

（休暇の日数）
第4条 ボランティア休暇の日数は、1人当たり1年間（起算日を毎年○月○日とする）○日以内とする。起算日から1年以内に取得されなかった日数は、翌年には繰り越さない。
2 ボランティア休暇の取得の単位は1日と〔する／し、必要に応じて半日単位で取得することができる〕。

（手続き）
第5条 ボランティア休暇を取得しようとする従業員は、ボランティア休暇を取得しようとする日の○営業日前までに、会社が定める様式により、ボランティア休暇を取得しようとする〔日・単位〕を特定して、会社に申請しなければならない。
2 会社は、相当であると認めるときに限り、前項の申請に基づき、ボランティア休暇を、前項の申請により特定された日に取得することを許可す

> **CHECK②**
> すべての社員を対象とするか、正社員に限るか。また、勤続要件や出勤率要件を設けるか。設けるとして、どのような条件とするか。

> **CHECK③**
> ボランティア休暇の日数をどの程度認めるか。本人の休日や有給休暇で可能な範囲を超えて行うことを認めるという趣旨からすると、それほど多い日数としないとすることもあり得る。

る。ただし、業務の都合上やむを得ない場合には、ボランティア休暇を付与するときであっても、ボランティア休暇を取得する日を変更することがある。

(賃金)
第6条　ボランティア休暇は無給とする。

(禁止事項)
第7条　従業員は、取得したボランティア休暇を本来の目的であるボランティア活動以外の活動のために利用してはならない。

(災害補償)
第8条　ボランティア休暇の期間中に、ボランティア活動に起因する災害にあった場合は、会社の労災保険は適用しない。

附　則
(実施期日)
この規程は、○○年○月○日から実施する。

> **CHECK④**
> ボランティアが本来、本人の休日や有給休暇を使用して行うものであることから無給とするか、災害時などの緊急の場合のみ有給とすることを認めるか検討する必要がある。

第4章 休業

1 育児・介護休業に関する書式

1. 育児・介護休業等規程
2. 育児・介護休業等の適用除外等に関する労使協定
3. 育児・介護休業申出書
4. 育児・介護休業申出撤回届・休業期間変更申出書
5. 育児・介護休業取扱通知書

2 育児・介護短時間勤務等に関する書式

1. 育児・介護短時間勤務申出書
2. 育児・介護時間外労働制限申出書
3. 育児・介護のための所定外労働制限申出書
4. 育児・介護のための深夜業制限申出書
5. 育児・介護短時間勤務取扱通知書
6. 子の看護休暇・介護休暇申出書

第4章 休業

1 育児・介護休業に関する書式

1. 育児・介護休業等規程

　育介法は、従前より、子育てや介護が必要な労働者の就業環境の整備のため、育児休業や介護休業、諸々の勤務時間短縮等の制度、および子の看護休暇・介護休暇の制度を定めていたが、2016年改正（2017年1月1日施行）では、介護休業の分割取得、子の看護休暇・介護休暇の半日単位の取得、有期雇用労働者の育児・介護休業取得要件の緩和、特別養子縁組の監護期間中の子、養子縁組里親に委託されている子等の育児休業制度の対象への追加等が加えられ、また、妊娠・出産・育児休業・介護休業等を理由とするハラスメントの防止措置義務が定められた。

　さらに、2017年改正（同年10月1日施行）では、保育所に入れない場合等に子が2歳に達するまで育児休業を取得することが可能となり、これに合わせ、育児休業給付の支給期間も延長された。加えて、本人または配偶者が妊娠・出産した労働者や家族を介護している労働者に対し、個別に育児休業や介護休業等に関する定めを周知する努力義務も設けられた。

　同法が義務付ける各制度の内容は複雑かつ多岐にわたるが、厚生労働省が公表する2017年改正に対応した育児・介護休業規程の詳細版または簡易版をベースに、各事業者は、自社の状況に合った内容の規程を作成・周知する必要がある。

2. 育児・介護休業等の適用除外等に関する労使協定

　育介法上、入社1年未満の社員および1週間の所定労働日数が2日以下の社員（育児休業については申し出の日から1年以内に、介護休業については申し出の日から93日以内に、それぞれ雇用関係が終了すること

が明らかな社員も含む）については、労使協定に定めることにより同法に基づく各種申し出を拒むことができる。

3.育児・介護休業取扱通知書

同法に基づく育児・介護休業取扱通知書等については、厚生労働省が様式を定めており、これにのっとって書式を作成することが必要である。

1. 育児・介護休業等規程

CHECK①	育介法上必要な制度を導入しているか
CHECK②	育児休業および介護休業の適用除外について別途労使協定を締結しているか
CHECK③	育児休業取扱通知書および介護休業取扱通知書に必要記載事項を記載しているか
CHECK④	育児休業および介護休業の開始予定日の繰り下げおよび終了日の繰り上げについて検討したか
CHECK⑤	子の看護休暇および介護休暇の適用除外について別途労使協定を締結しているか
CHECK⑥	子の看護休暇および介護休暇の半日単位は、所定労働時間の2分の1でよいか
CHECK⑦	所定外労働の制限の申し出の適用除外について別途労使協定を締結しているか
CHECK⑧	所定労働時間の短縮措置や、その他の代替措置を取っているか
CHECK⑨	賃金等の算定に当たり、不利益な取り扱いにならないよう検討したか

CHECK ⑩	介護休業については保険料が免除されない点に留意したか
CHECK ⑪	育介法上の努力義務について、導入を検討したか

育児・介護休業等規程

第1章 目的

(目的)
第1条 本規程は、従業員の育児・介護休業、子の看護休暇、介護休暇、育児・介護のための所定外労働、時間外労働および深夜業の制限ならびに育児・介護短時間勤務等に関する取り扱いについて定めるものである。

第2章 育児休業制度

(育児休業の対象者)
第2条 育児のために休業することを希望する従業員(日雇従業員を除く)であって、1歳未満の子と同居し、養育する者は、この規程に定めるところにより育児休業をすることができる。ただし、有期契約従業員にあっては、申出時点において、次のいずれにも該当する者に限り育児休業をすることができる。
(1) 入社1年以上であること
(2) 子が1歳6カ月(本条第5項の申し出にあっては2歳)に達する日までに労働契約期間が満了し、更新されないことが明らかでないこと
2 本条第1項、第3項、第4項、第5項にかかわらず、労使協定により除外された次の従業員から

CHECK①
育児・介護休業、子の看護休暇、介護休暇、育児・介護のための所定外労働、時間外労働、深夜業の制限および育児・介護のための所定労働時間の短縮措置等については、すべての会社の各事業所において制度を導入し、あらかじめ就業規則に記載する必要がある。

CHECK②
育児休業等や介護休業等の適用除外は、本規程に定めがあっても、別途労使協定を締結しない限り、除外できない。

の休業の申し出は拒むことができる。
（1）入社1年未満の従業員
（2）申し出の日から1年（本条第4項および第5項の申し出にあっては6カ月）以内に雇用関係が終了することが明らかな従業員
（3）1週間の所定労働日数が2日以下の従業員
3　配偶者が従業員と同じ日からまたは従業員より先に育児休業をしている場合、従業員は、子が1歳2カ月に達するまでの間で、出生日以後の産前・産後休業期間と育児休業期間との合計が1年となる期間を上限として、育児休業をすることができる。ただし、育児休業を開始しようとする日は、子の1歳の誕生日以前の日に限るものとする。
4　次のいずれにも該当する従業員は、子が1歳6カ月に達するまでの間で必要な日数について育児休業をすることができる。なお、育児休業を開始しようとする日は、原則として子の1歳の誕生日に限るものとする。
（1）従業員または配偶者が原則として子の1歳の誕生日の前日に育児休業をしていること
（2）次のいずれかの事情があること
　①保育所等に入所を希望しているが、入所できない場合
　②従業員の配偶者であって、常態として1歳以降子を養育する予定であった者が、死亡、負傷、疾病等の事情により子を養育することが困難になった場合
　③婚姻の解消その他の事情により常態として当該子の養育を行っている配偶者が当該子と同居しないこととなったとき
　④6週間（多胎妊娠の場合にあっては14週間）以内に出産する予定であるかまたは産後8週間を経過しないとき

5 次のいずれにも該当する従業員は、子が2歳に達するまでの間で必要な日数について育児休業をすることができる。なお、育児休業を開始しようとする日は、子の1歳6カ月の誕生日応当日に限るものとする。
（1）従業員または配偶者が子の1歳6カ月の誕生日応当日の前日に育児休業をしていること
（2）次のいずれかの事情があること
　①保育所等に入所を希望しているが、入所できない場合
　②従業員の配偶者であって、常態として1歳6カ月以降育児に当たる予定であった者が、死亡、負傷、疾病等の事情により子を養育することが困難になった場合
　③婚姻の解消その他の事情により常態として当該子の養育を行っている配偶者が当該子と同居しないこととなったとき
　④6週間（多胎妊娠の場合にあっては14週間）以内に出産する予定であるかまたは産後8週間を経過しないとき

（育児休業の申し出の手続き等）
第3条 育児休業をすることを希望する従業員は、原則として育児休業を開始しようとする日（以下、「育児休業開始予定日」という）の1カ月前（第2条第4項および第5項に基づく1歳および1歳6カ月を超える休業の場合は、2週間前）までに所定の様式により育児休業申出書を人事部に提出することにより申し出るものとする。なお、育児休業中の有期契約従業員が労働契約を更新するに当たり、引き続き休業を希望する場合には、更新された労働契約期間の初日を育児休業開始予定日

として、育児休業申出書により再度の申し出を行うものとし、この再度の申し出には次項の回数制限は適用されないものとする。
2　申し出は、次のいずれかに該当する場合を除き、一子につき1回限りとする。ただし、産後休業をしていない従業員が、子の出生日または出産予定日のいずれか遅い方から8週間以内にした最初の育児休業については、1回の申し出に含まない。
　（1）第2条第1項に基づく休業をした者が同条第4項または第5項に基づく休業の申し出をしようとする場合
　（2）第2条第4項に基づく休業をした者が同条第5項に基づく休業の申し出をしようとする場合
　（3）配偶者の死亡、保育所等への入所を希望しているが入所できないとき等、休業を認めるべき特別の事情がある場合
3　会社は、育児休業申出書を受け取るに当たり、必要最小限度の各種証明書の提出を求めることがある。
4　育児休業申出書が提出されたときは、会社は速やかに当該育児休業申出書を提出した者（以下、この章において「申出者」という）に対し、所定の様式により育児休業取扱通知書を交付する。
5　申し出の日後に申し出に係る子が出生したときは、申出者は、出生後2週間以内に人事部に届け出なければならない。
6　第1項本文に定める申し出の期間に遅れる申し出があった場合、会社は、当該申し出において育児休業開始予定日とされた日から、申し出た日の翌日から起算して1カ月を経過する日までの間の日を、育児休業開始予定日として指定することができる。

> **CHECK③**
> 事業主は、育児休業申出を受けた旨、育児休業開始予定日および終了予定日、育児休業申出を拒む場合はその旨および理由を、育児休業取扱通知書を従業員に交付して通知する。

（育児休業の申し出の撤回等）
第4条　申出者は、育児休業開始予定日の前日までは、所定の様式により育児休業申出撤回届を人事部に提出することにより、育児休業の申し出を撤回することができる。
2　育児休業申出撤回届が提出されたときは、会社は速やかに当該育児休業申出撤回届を提出した者に対し、所定の様式により育児休業取扱通知書を交付する。
3　育児休業の申し出を撤回した者は、配偶者の死亡等、再度の申し出を認めるべき特別の事情がない限り同一の子については再度申し出をすることができない。ただし、第2条第1項に基づく休業の申し出を撤回した者であっても、同条第4項および第5項に基づく休業の申し出をすることができ、第2条第4項に基づく休業の申し出を撤回した者であっても、同条第5項に基づく休業の申し出をすることができる。
4　育児休業開始予定日の前日までに、子の死亡等により申出者が休業申出に係る子を養育しないこととなった場合には、育児休業の申し出はされなかったものと見なす。この場合において、申出者は、速やかに人事部にその旨を通知しなければならない。

（育児休業の期間等）
第5条　育児休業の期間は、原則として、子が1歳に達するまで（第2条第3項、第4項および第5項に基づく休業の場合は、それぞれ定められた時期まで）を限度として育児休業申出書に記載された期間とする。
2　本条第1項にかかわらず、会社は、育児休業、介護休業等育児又は家族介護を行う労働者の福祉

に関する法律（以下、「育児介護休業法」という）の定めるところにより育児休業開始予定日の指定を行うことができる。

3 　従業員は、所定の様式による育児休業期間変更申出書により人事部に、育児休業開始予定日の1週間前までに申し出ることにより、育児休業開始予定日の繰り上げ変更を、また、育児休業を終了しようとする日（以下、「育児休業終了予定日」という）の1カ月前（第2条第4項および第5項に基づく休業をしている場合は、2週間前）までに申し出ることにより、育児休業終了予定日の繰り下げ変更を原則として1回に限り行うことができる。

　　ただし、第2条第4項および第5項に基づく休業の場合には、第2条第1項に基づく休業とは別に、子が1歳から1歳6カ月に達するまでおよび1歳6カ月から2歳に達するまでの期間内で、それぞれ1回、育児休業終了予定日の繰り下げ変更を行うことができる。

4 　育児休業期間変更申出書が提出されたときは、会社は速やかに当該育児休業期間変更申出書を提出した者に対し、所定の様式による育児休業取扱通知書を交付する。

5 　次の各号に掲げるいずれかの事由が生じた場合には、育児休業は終了するものとし、当該育児休業の終了日は当該各号に掲げる日とする。
　（1）子の死亡等育児休業に係る子を養育しないこととなった場合
　　　当該事由が発生した日（なお、この場合において本人が出勤する日は、事由発生の日から2週間以内であって、会社と本人が話し合いの上決定した日とする）
　（2）育児休業に係る子が1歳に達した場合等

CHECK④
育児休業の開始予定日の繰り下げおよび終了日の繰り上げや育児休業の申出回数の制限や申出期間の緩和も可能である。

子が1歳に達した日（第2条第3項に基づく休業の場合を除く。第2条第4項に基づく休業の場合は、子が1歳6カ月に達した日。第2条第5項に基づく休業の場合は、子が2歳に達した日）
（3）申出者について、産前産後休業、介護休業または新たな育児休業期間が始まった場合
　　　産前産後休業、介護休業または新たな育児休業の開始日の前日
（4）第2条第3項に基づく休業において、出生日以後の産前・産後休業期間と育児休業期間との合計が1年に達した場合
　　　当該1年に達した日
6　本条第5項第1号の事由が生じた場合には、申出者は速やかに人事部にその旨を通知しなければならない。

第3章　介護休業制度

（介護休業の対象者）
第6条　要介護状態にある家族を介護する従業員（日雇従業員を除く）は、この規程に定めるところにより介護休業をすることができる。ただし、有期契約従業員にあっては、申出時点において、次のいずれにも該当する者に限り介護休業をすることができる。
（1）入社1年以上であること
（2）介護休業を開始しようとする日（以下、「介護休業開始予定日」という）から93日経過日から6カ月を経過する日までに労働契約期間が満了し、更新されないことが明らかでないこと
2　本条第1項にかかわらず、労使協定により除外

第4章 休業

された従業員からの休業の申し出は拒むことができる。
3　この要介護状態にある家族とは、負傷、疾病または身体上もしくは精神上の障害により、2週間以上の期間にわたり常時介護を必要とする状態にある次の者をいう。
（1）配偶者
（2）父母
（3）子
（4）配偶者の父母
（5）祖父母、兄弟姉妹または孫
（6）上記以外の家族で会社が認めた者

（介護休業の申し出の手続き等）
第7条　介護休業をすることを希望する従業員は、原則として介護休業開始予定日の2週間前までに、所定の様式により介護休業申出書を人事部に提出することにより申し出るものとする。なお、介護休業中の有期契約従業員が労働契約を更新するに当たり、引き続き休業を希望する場合には、更新された労働契約期間の初日を介護休業開始予定日として、介護休業申出書により再度の申し出を行うものとする。
2　申し出は、対象家族1人につき3回までとする。ただし、本条第1項の後段の申し出をしようとする場合にあっては、この限りでない。
3　会社は、介護休業申出書を受け取るに当たり、必要最小限度の各種証明書の提出を求めることがある。
4　介護休業申出書が提出されたときは、会社は速やかに当該介護休業申出書を提出した者（以下、この章において「申出者」という）に対し、所定の様式により介護休業取扱通知書を交付する。

> **CHECK③**
> 事業主は、介護休業申出を受けた旨、介護休業開始予定日および終了予定日、介護休業申出を拒む場合はその旨および理由を、介護休業取扱通知書を従業員に交付して通知する。

(介護休業の申し出の撤回等)
第8条　申出者は、介護休業開始予定日の前日までは、所定の様式により介護休業申出撤回届を人事部に提出することにより、介護休業の申し出を撤回することができる。
2　介護休業申出撤回届が提出されたときは、会社は速やかに当該介護休業申出撤回届を提出した者に対し、所定の様式により介護休業取扱通知書を交付する。
3　同一対象家族について2回連続して介護休業の申し出を撤回した者について、当該家族について再度の申し出はすることができない。
4　介護休業開始予定日の前日までに、申し出に係る家族の死亡等により申出者が家族を介護しないこととなった場合には、介護休業の申し出はされなかったものと見なす。この場合において、申出者は、速やかに人事部にその旨を通知しなければならない。

(介護休業の期間等)
第9条　介護休業の期間は、対象家族1人につき、原則として、通算93日の範囲内で、介護休業申出書に記載された期間とする。
2　本条第1項にかかわらず、会社は、育児介護休業法の定めるところにより介護休業開始予定日の指定を行うことができる。
3　従業員は、所定の様式による介護休業期間変更申出書により、介護休業を終了しようとする日(以下、「介護休業終了予定日」という)の2週間前までに人事部に申し出ることにより、介護休業終了予定日の繰り下げ変更を行うことができる。
　この場合において、介護休業開始予定日から変更後の介護休業終了予定日までの期間は通算93

> CHECK④
> 介護休業の開始予定日の繰り下げおよび終了日の繰り上げや介護休業の終了予定日の繰り上げの規定、申出回数の制限、申出期間の設定も可能である。

第4章 休業

　　日の範囲を超えないことを原則とする。
　4　介護休業期間変更申出書が提出されたときは、会社は速やかに当該介護休業期間変更申出書を提出した者に対し、所定の様式により介護休業取扱通知書を交付する。
　5　次の各号に掲げるいずれかの事由が生じた場合には、介護休業は終了するものとし、当該介護休業の終了日は当該各号に掲げる日とする。
　　（1）家族の死亡等介護休業に係る家族を介護しないこととなった場合
　　　　当該事由が発生した日（なお、この場合において本人が出勤する日は、事由発生の日から2週間以内であって、会社と本人が話し合いの上、決定した日とする）
　　（2）申出者について、産前産後休業、育児休業または新たな介護休業が始まった場合
　　　　産前産後休業、育児休業または新たな介護休業の開始日の前日
　6　本条第5項第1号の事由が生じた場合には、申出者は速やかに人事部にその旨を通知しなければならない。

第4章　子の看護休暇

（子の看護休暇）
第10条　小学校就学の始期に達するまでの子を養育する従業員（日雇従業員を除く）は、負傷し、または疾病にかかった当該子の世話をするために、または当該子に予防接種や健康診断を受けさせるために、就業規則第○条に規定する年次有給休暇とは別に、当該子が1人の場合は1年間につき5日、2人以上の場合は1年間につき10日を限度として、子の看護休暇を取得することができ

> **CHECK⑤**
> 労使協定を締結すれば、入社6カ月未満の従業員、および1週間の所定労働日数が2日以下の従業員からの休暇の申し出を拒むことができる。

る。この場合の1年間とは、4月1日から翌年3月31までの期間とする。ただし、労使協定によって除外された従業員からの子の看護休暇の申し出は拒むことができる。
2　子の看護休暇は、半日単位（1日の所定労働時間の2分の1）で始業時刻から連続または終業時刻まで連続して取得することができる。ただし、1日の所定労働時間が4時間以下である従業員は1日単位とする。
3　取得しようとする者は、原則として、所定の様式により子の看護休暇申出書を事前に人事部に提出するものとする。ただし、事前に、口頭での申し出があった場合には、事後に速やかに提出すれば足りるものとする。
4　給与、賞与、定期昇給および退職金の算定に当たっては取得期間は通常の勤務をしたものと見なす。

第5章　介護休暇

（介護休暇）
第11条　要介護状態にある家族の介護その他の世話をする従業員（日雇従業員を除く）は、就業規則第○条に規定する年次有給休暇とは別に、当該家族が1人の場合は1年間につき5日、2人以上の場合は1年間につき10日を限度として、介護休暇を取得することができる。この場合の1年間とは、4月1日から翌年3月31日までの期間とする。ただし、労使協定によって除外された従業員からの介護休暇の申し出は拒むことができる。
2　介護休暇は、半日単位（1日の所定労働時間の2分の1）で始業時刻から連続または終業時刻まで連続して取得することができる。ただし、1日の所定労働時間が4時間以下である従業員は1日

CHECK⑥
労使協定の締結により、所定労働時間の2分の1以外の時間数を半日と定めることができる。

CHECK⑤
労使協定を締結すれば、入社6カ月未満の従業員、および1週間の所定労働日数が2日以下の従業員からの休暇の申し出を拒むことができる。

単位とする。
3　取得しようとする者は、原則として、所定の様式により介護休暇申出書を事前に人事部に提出して申し出るものとする。ただし、事前に、口頭での申し出があった場合には、事後に速やかに提出すれば足りるものとする。
4　給与、賞与、定期昇給および退職金の算定に当たっては、取得期間は通常の勤務をしたものと見なす。

第6章　所定外労働の制限

（育児・介護のための所定外労働の制限）
第12条　3歳に満たない子を養育する従業員（日雇従業員を除く）が当該子を養育するため、または要介護状態にある家族を介護する従業員（日雇従業員を除く）が当該家族を介護するために申し出た場合には、事業の正常な運営に支障がある場合を除き、所定労働時間を超えて労働をさせることはない。
2　本条第1項にかかわらず、==労使協定によって除外された従業員==からの所定外労働の制限の申し出は拒むことができる。
3　申し出をしようとする者は、1回につき、1カ月以上1年以内の期間（以下、この条において「制限期間」という）について、制限を開始しようとする日（以下、この条において「制限開始予定日」という）および制限を終了しようとする日を明らかにして、原則として、制限開始予定日の1カ月前までに、所定の様式により育児・介護のための所定外労働制限申出書を人事部に提出するものとする。この場合において、制限期間は、次条第3項に規定する制限期間と重複しないようにしなければならない。

> **CHECK⑦**
> 労使協定の締結により、入社1年未満の従業員、および1週間の所定労働日数が2日以下の従業員について申し出を拒むことができる。

4　会社は、所定外労働制限申出書を受け取るに当たり、必要最小限度の各種証明書の提出を求めることがある。
5　申し出の日後に申し出に係る子が出生したときは、所定外労働制限申出書を提出した者（以下、この条において「申出者」という）は、出生後2週間以内に人事部に届け出なければならない。
6　制限開始予定日の前日までに、申し出に係る子または家族の死亡等により申出者が子を養育または家族を介護しないこととなった場合には、申し出されなかったものと見なす。この場合において、申出者は、速やかに人事部にその旨を通知しなければならない。
7　次の各号に掲げるいずれかの事由が生じた場合には、制限期間は終了するものとし、当該制限期間の終了日は当該各号に掲げる日とする。
（1）子または家族の死亡等制限に係る子を養育または家族を介護しないこととなった場合
　　　当該事由が発生した日
（2）制限に係る子が3歳に達した場合
　　　当該3歳に達した日
（3）申出者について、産前産後休業、育児休業または介護休業が始まった場合
　　　産前産後休業、育児休業または介護休業の開始日の前日
8　本条第6項第1号の事由が生じた場合には、申出者は、速やかに人事部にその旨を通知しなければならない。

第7章　時間外労働の制限

（育児・介護のための時間外労働の制限）
第13条　小学校就学の始期に達するまでの子を養

育する従業員が当該子を養育するためまたは要介護状態にある家族を介護する従業員が当該家族を介護するために申し出た場合には、就業規則第○条の規定および時間外労働に関する協定にかかわらず、事業の正常な運営に支障がある場合を除き、1カ月について24時間、1年について150時間を超えて時間外労働をさせることはない。
2　本条第1項にかかわらず、次の①から③のいずれかに該当する従業員からの時間外労働の制限の申し出は拒むことができる。
①日雇従業員
②入社1年未満の従業員
③1週間の所定労働日数が2日以下の従業員
3　申し出をしようとする者は、1回につき、1カ月以上1年以内の期間（以下、この条において「制限期間」という）について、制限を開始しようとする日（以下、この条において「制限開始予定日」という）および制限を終了しようとする日を明らかにして、原則として、制限開始予定日の1カ月前までに、所定の様式により育児・介護のための時間外労働制限申出書を人事部に提出するものとする。この場合において、制限期間は、前条第2項に規定する制限期間と重複しないようにしなければならない。
4　会社は、時間外労働制限申出書を受け取るに当たり、必要最小限度の各種証明書の提出を求めることがある。
5　申し出の日後に申し出に係る子が出生したときは、時間外労働制限申出書を提出した者（以下、この条において「申出者」という）は、出生後2週間以内に人事部に届け出なければならない。
6　制限開始予定日の前日までに、申し出に係る子または家族の死亡等により申出者が子を養育また

は家族を介護しないこととなった場合には、申し出されなかったものと見なす。この場合において、申出者は、速やかに人事部にその旨を通知しなければならない。
7　次の各号に掲げるいずれかの事由が生じた場合には、制限期間は終了するものとし、当該制限期間の終了日は当該各号に掲げる日とする。
　（1）子または家族の死亡等制限に係る子を養育または家族を介護しないこととなった場合
　　　　当該事由が発生した日
　（2）制限に係る子が小学校就学の始期に達した場合
　　　　子が6歳に達する日の属する年度の3月31日
　（3）申出者について、産前産後休業、育児休業または介護休業が始まった場合
　　　　産前産後休業、育児休業または介護休業の開始日の前日
8　本条第7項第1号の事由が生じた場合には、申出者は速やかに人事部にその旨を通知しなければならない。

第8章　深夜業の制限

（育児・介護のための深夜業の制限）
第14条　小学校就学の始期に達するまでの子を養育する従業員が当該子を養育するためまたは要介護状態にある家族を介護する従業員が当該家族を介護するために申し出た場合には、就業規則第○条の規定にかかわらず、事業の正常な運営に支障がある場合を除き、午後10時から午前5時までの間（以下、「深夜」という）に労働させることはない。

2 本条第1項にかかわらず、次のいずれかに該当する従業員からの深夜業の制限の申し出は拒むことができる。
（1）日雇従業員
（2）入社1年未満の従業員
（3）申し出に係る子または家族の16歳以上の同居の家族が次のいずれにも該当する従業員
　①深夜において就業していない者（1カ月について深夜における就業が3日以下の者を含む）であること
　②心身の状況が申し出に係る子の保育または家族の介護をすることができる者であること
　③6週間（多胎妊娠の場合にあっては、14週間）以内に出産予定でなく、かつ産後8週間以内でない者であること
（4）1週間の所定労働日数が2日以下の従業員
（5）所定労働時間の全部が深夜にある従業員

3 申し出をしようとする者は、1回につき、1カ月以上6カ月以内の期間（以下、この条において「制限期間」という）について、制限を開始しようとする日（以下、この条において「制限開始予定日」という）および制限を終了しようとする日を明らかにして、原則として、制限開始予定日の1カ月前までに、所定の様式により育児・介護のための深夜業制限申出書を人事部に提出するものとする。

4 会社は、深夜業制限申出書を受け取るに当たり、必要最小限度の各種証明書の提出を求めることがある。

5 申し出の日後に申し出に係る子が出生したときは、深夜業制限申出書を提出した者（以下、この条において「申出者」という）は、出生後2週間

以内に人事部に届け出なければならない。
6　制限開始予定日の前日までに、申し出に係る子または家族の死亡等により申出者が子を養育または家族を介護しないこととなった場合には、申し出されなかったものと見なす。この場合において、申出者は、速やかに人事部にその旨を通知しなければならない。
7　次の各号に掲げるいずれかの事由が生じた場合には、制限期間は終了するものとし、当該制限期間の終了日は当該各号に掲げる日とする。
　（1）子または家族の死亡等制限に係る子を養育または家族を介護しないこととなった場合
　　　当該事由が発生した日
　（2）制限に係る子が小学校就学の始期に達した場合
　　　子が6歳に達する日の属する年度の3月31日
　（3）申出者について、産前産後休業、育児休業または介護休業が始まった場合
　　　産前産後休業、育児休業または介護休業の開始日の前日
8　本条第7項第1号の事由が生じた場合には、申出者は速やかに人事部にその旨を通知しなければならない。
9　制限期間中の給与については、別途定める給与規程に基づく労務提供のなかった時間分に相当する額を控除した基本給と諸手当の全額を支給する。
10　深夜業の制限を受ける従業員に対して、会社は必要に応じて昼間勤務へ転換させることがある。

第9章　所定労働時間の短縮措置等

（育児短時間勤務）
第15条　3歳に満たない子を養育する従業員は、申し出ることにより、就業規則第○条の所定労働時間について、以下のように変更することができる。

　所定労働時間を午前9時から午後4時まで（うち休憩時間は、午前12時から午後1時までの1時間とする）の6時間とする（1歳に満たない子を育てる女性従業員はさらに別途30分ずつ2回の育児時間を請求することができる）。

2　本条第1項にかかわらず、次のいずれかに該当する従業員からの育児短時間勤務の申し出は拒むことができる。
　（1）日雇従業員
　（2）1日の所定労働時間が6時間以下である従業員
　（3）労使協定によって除外された従業員

3　申し出をしようとする者は、1回につき、1カ月以上1年以内の期間について、短縮を開始しようとする日および短縮を終了しようとする日を明らかにして、原則として、短縮開始予定日の1カ月前までに、所定の様式による育児短時間勤務申出書により人事部に申し出なければならない。申出書が提出されたときは、会社は速やかに申出者に対し、所定の様式により育児短時間勤務取扱通知書を交付する。その他適用のための手続き等については、第3条から第5条までの規定（第3条第2項および第4条第3項を除く）を準用する。

4　本制度の適用を受ける間の給与については、別途定める給与規程に基づく労務提供のなかった時間分に相当する額を控除した基本給と諸手当の全

CHECK⑧
勤続1年未満の従業員、週の所定労働日数が2日以下の従業員および業務の性質または業務の実施体制上所定労働時間の短縮措置を講ずることが困難と認められる業務に従事する従業員については、労使協定締結により、対象から除外できる。
ただし、対象除外の従業員については、①育児休業、②フレックスタイム制、③始業・終業時刻の繰り上げ・繰り下げ、④保育施設の設置運営その他これに準ずる便宜の供与、のうちいずれかの代替措置を講じなければならない。

額を支給する。
5　賞与については、その算定対象期間に本制度の適用を受ける期間がある場合においては、短縮した時間に対応する賞与は支給しない。
6　定期昇給および退職金の算定に当たっては、本制度の適用を受ける期間は通常の勤務をしているものと見なす。

（介護短時間勤務）
第16条　要介護状態にある家族を介護する従業員は、申し出ることにより、当該家族1人当たり利用開始の日から3年の間で2回までの範囲内で、就業規則第○条の所定労働時間について、以下のように変更することができる。
　　所定労働時間を午前9時から午後4時まで（うち休憩時間は、午前12時から午後1時までの1時間とする）の6時間とする。
2　本条第1項にかかわらず、次のいずれかに該当する従業員からの介護短時間勤務の申し出は拒むことができる。
（1）日雇従業員
（2）労使協定によって除外された従業員
3　申し出をしようとする者は、短縮を開始しようとする日および短縮を終了しようとする日を明らかにして、原則として、短縮開始予定日の2週間前までに、所定の様式による介護短時間勤務申出書により人事部に申し出なければならない。申出書が提出されたときは、会社は速やかに申出者に対し、所定の様式により介護短時間勤務取扱通知書を交付する。その他適用のための手続き等については、第7条から第9条までの規定を準用する。
4　本制度の適用を受ける間の給与については、別途定める給与規程に基づく労務提供のなかった時

CHECK⑧
事業主は、①短時間勤務の制度、②フレックスタイム制、③始業・終業時刻の繰り上げ・繰り下げ、④従業員が利用する介護サービスの費用の助成その他これに準ずる制度のうちのいずれかを講じなければならない。

間分に相当する額を控除した基本給と諸手当の全額を支給する。
5 賞与については、その算定対象期間に本制度の適用を受ける期間がある場合においては、短縮した時間に対応する賞与は支給しない。
6 定期昇給および退職金の算定に当たっては、本制度の適用を受ける期間は通常の勤務をしているものと見なす。

第10章 育児休業等に関するハラスメントの防止

（禁止行為）
第17条 すべての従業員は、他の従業員を業務遂行上の対等なパートナーとして認め、職場における健全な秩序ならびに協力関係を保持する義務を負うとともに、職場内において次の各号に掲げる行為をしてはならない。
①部下の育児・介護に関する制度や措置の利用等に関し、解雇その他不利益な取り扱いを示唆する言動
②部下または同僚の育児・介護に関する制度や措置の利用を阻害する言動
③部下または同僚が育児・介護に関する制度や措置を利用したことによる嫌がらせ等
　部下である従業員が①〜③の行為を受けている事実を認めながら、これを黙認する上司の行為

（懲戒）
第18条 前条各号の行為を行った従業員に対しては、就業規則に定める懲戒処分の対象とする。

（相談および苦情への対応）
第19条　育児休業等に関するハラスメントの相談および苦情処理の相談窓口は本社および各事業場で設けることとし、その責任者は人事部長とする。人事部長は、窓口担当者の名前を人事異動等の変更の都度、周知する。
2　育児休業等に関するハラスメントの被害者に限らず、すべての従業員は育児休業等に関する就業環境を害する言動に関する相談および苦情を窓口担当者に申し出ることができる。
3　対応マニュアルに沿い、相談窓口担当者は相談者からの事実確認の後、本社においては人事部長へ、各事業場においては所属長へ報告する。報告に基づき、人事部長または所属長は相談者の人権に配慮した上で、必要に応じて行為者、被害者、上司その他の従業員等に事実関係を聴取する。
4　前項の聴取を求められた従業員は、正当な理由なくこれを拒むことはできない。
5　対応マニュアルに沿い、所属長は人事部長に事実関係を報告し、人事部長は、問題解決のための措置として、第18条による懲戒の他、行為者の異動等被害者の労働条件および就業環境を改善するために必要な措置を講じる。
6　相談および苦情への対応に当たっては、関係者のプライバシーは保護されるとともに、相談をしたことまたは事実関係の確認に協力したこと等を理由として不利益な取り扱いは行わない。

（再発防止の義務）
第20条　人事部長は、育児休業等に関するハラスメント事案が生じたときは、周知の再徹底および研修の実施、事案発生の原因の分析と再発防止等、適切な再発防止策を講じなければならない。

第11章　その他の事項

(給与等の取り扱い)

第21条　育児・介護休業の期間については、基本給その他の月ごとに支払われる給与は支給しない。

2　賞与については、その算定対象期間に育児・介護休業をした期間が含まれる場合には、出勤日数により日割りで計算した額を支給する。

3　定期昇給は、育児・介護休業の期間中は行わないものとし、育児・介護休業期間中に定期昇給日が到来した者については、復職後に昇給させるものとする。

4　退職金の算定に当たっては、育児・介護休業をした期間を勤務したものとして勤続年数を計算するものとする。

(介護休業期間中の社会保険料の取り扱い)

第22条　介護休業により給与が支払われない月における社会保険料の被保険者負担分は、各月に会社が納付した額を翌月〇日までに従業員に請求するものとし、従業員は会社が指定する日までに支払うものとする。

(円滑な取得および職場復帰支援)

第23条　会社は、育児休業または介護休業等の取得を希望する従業員に対して、円滑な取得および職場復帰を支援するために、以下の措置を実施するよう努める。

（1）従業員やその配偶者が妊娠・出産したことや従業員が対象家族の介護を行っていることを知った場合、その従業員に個別に育児休業等に関する制度の周知を実施する。

CHECK⑨
賃金、退職金または賞与の算定に当たり、休業等により労務を提供しなかった時間や期間について、働かなかったものとして取り扱うことは不利益な取り扱いに該当しない。

CHECK⑩
育児休業を取得した場合、健康保険、厚生年金保険の被保険者負担分、事業主負担分ともに保険料が免除されるが、介護休業については免除されない。

CHECK⑪
休職中の上司等による定期的な連絡、復職に関する不安を人事部員等に相談できる体制構築、「慣らし勤務」の実施、育児目的休暇の制定、等も考えられる。

（2）当該従業員ごとに育休復帰支援プランまたは介護支援プランを作成し、同プランに基づく措置を実施する。

(復職後の勤務)
第24条 育児・介護休業後の勤務は、原則として、休業直前の部署および職務とする。
2　本条第1項にかかわらず、本人の希望がある場合および組織の変更等やむを得ない事情がある場合には、部署および職務の変更を行うことがある。この場合は、育児休業終了予定日の1カ月前または介護休業終了予定日の2週間前までに正式に決定し通知する。

(年次有給休暇)
第25条　年次有給休暇の権利発生のための出勤率の算定に当たっては、育児・介護休業をした日ならびに子の看護休暇および介護休暇を取得した日は出勤したものと見なす。

(法令との関係)
第26条　育児・介護休業、子の看護休暇、介護休暇、育児・介護のための所定外労働の制限、育児・介護のための時間外労働および深夜業の制限ならびに所定労働時間の短縮措置等に関して、この規程に定めのないことについては、育児介護休業法その他の法令の定めるところによる。

附　則
本規程は、〇〇年〇月〇日から適用する。

2. 育児・介護休業等の適用除外等に関する労使協定

CHECK ①	育児休業の申し出を拒む場合の要件該当性を適切に判断しているか
CHECK ②	育児短時間勤務の申し出を拒む場合の要件該当性を適切に判断しているか

育児・介護休業等の適用除外等に関する労使協定

　□□□□株式会社と□□□□労働組合は、□□□□株式会社における育児・介護休業等に関し、次のとおり協定する。

（育児休業の申し出を拒むことができる従業員）
第1条　事業所長は、次の従業員から1歳（法定要件に該当する場合は1歳6カ月または2歳）に満たない子を養育するための育児休業の申し出があったときは、その申し出を拒むことができるものとする。
（1）入社1年未満の従業員
（2）申し出の日から1年（法第5条第3項および第4項の申し出にあっては6カ月）以内に雇用関係が終了することが明らかな従業員
（3）1週間の所定労働日数が2日以下の従業員

（介護休業の申し出を拒むことができる従業員）
第2条　事業所長は、次の従業員から介護休業の申し出があったときは、その申し出を拒むことができるものとする。

> **CHECK①**
> 育児休業の申出時点を基準として入社1年未満か否かを判断するため、産後休業が終了した時点では入社1年未満であっても、その後復職した後に雇用期間が1年に達したならば、その申し出を拒むことができない。また、雇用期間の算定には産前産後休業期間が含まれる。

(1) 入社1年未満の従業員
(2) 申し出の日から93日以内に雇用関係が終了することが明らかな従業員
(3) 1週間の所定労働日数が2日以下の従業員

(子の看護休暇、介護休暇を半日単位で取得する場合の時間数)
第3条　従業員のうち勤務時間が午前9時～午後5時45分の従業員が子の看護休暇、介護休暇を取得するときの取得の単位となる時間数は、始業時刻から3時間または終業時刻までの4時間45分とし、休暇1日当たりの時間数は、7時間45分とする。

(子の看護休暇の申し出を拒むことができる従業員)
第4条　事業所長は、次の従業員から子の看護休暇の申し出があったときは、その申し出を拒むことができるものとする。
(1) 入社6カ月未満の従業員
(2) 1週間の所定労働日数が2日以下の従業員

(介護休暇の申し出を拒むことができる従業員)
第5条　事業所長は、次の従業員から介護休暇の申し出があったときは、その申し出を拒むことができるものとする。
(1) 入社6カ月未満の従業員
(2) 1週間の所定労働日数が2日以下の従業員

(育児・介護のための所定外労働の制限の申し出を拒むことができる従業員)
第6条　事業所長は、次の従業員から所定外労働の制限の申し出があったときは、その申し出を拒む

ことができるものとする。
（1）入社1年未満の従業員
（2）1週間の所定労働日数が2日以下の従業員

（育児短時間勤務の申し出を拒むことができる従業員）
第7条　事業所長は、次の従業員から育児短時間勤務の申し出があったときは、その申し出を拒むことができるものとする。
（1）入社1年未満の従業員
（2）週の所定労働日数が2日以下の従業員
（3）業務の性質または業務の実施体制に照らして、育児のための所定労働時間の短縮措置を講ずることが困難と認められる業務に従事する従業員として会社が指定する以下の従業員
　　・交替制勤務により製造ラインで勤務する従業員
　　・特定エリアを3名以下で担当する営業職の従業員

> CHECK②
> 具体的には、以下のような業務が想定される。
> ①国際路線の航空機の客室乗務員の業務
> ②労働者数が少ない事業場において、その業務に従事している労働者数が著しく少ない業務
> ③流れ作業の業務
> ④交替制勤務による製造業務
> ⑤個人ごとに担当取引先・地域等が決められていて、他の労働者では代替が困難な営業業務

（介護短時間勤務の申し出を拒むことができる従業員）
第8条　事業所長は、次の従業員から介護短時間勤務の申し出があったときは、その申し出を拒むことができるものとする。
（1）入社1年未満の従業員
（2）1週間の所定労働日数が2日以下の従業員

（従業員への通知）
第9条　事業所長は、第1条、第2条および第4条から第8条までのいずれかの規定により従業員の申し出を拒むときは、その旨を従業員に通知する

ものとする。

(有効期間)
第10条　本協定の有効期間は、〇〇年〇月〇日から〇〇年〇月〇日までとする。ただし、有効期間満了の1カ月前までに、会社、組合いずれからも申し出がないときには、さらに1年間有効期間を延長するものとし、以降も同様とする。

〇〇年〇月〇日
□□□□株式会社　　代表取締役　　〇〇〇〇　　㊞
□□□□労働組合　　執行委員長　　〇〇〇〇　　㊞

3. 育児・介護休業申出書

育児休業申出書

□□□□□□殿

　　　　　　　　[申出日]　〇〇年〇月〇日
　　　　　　　　[申出者]　所属
　　　　　　　　　　　　　氏名

　私は、育児・介護休業等規程（第〇条）に基づき、下記のとおり育児休業の申し出をします。

記

| 1　休業に係る子の状況 | (1) 氏名 | |
| | (2) 生年月日 | |

第4章 休業

	（3）本人との続柄	
	（4）養子の場合、縁組成立の年月日	○○年○月○日
	（5）（1）の子が、特別養子縁組の監護期間中の子・養子縁組里親に委託されている子・養育里親として委託された子の場合、その手続きが完了した年月日	○○年○月○日
2　1の子が生まれていない場合の出産予定者の状況	（1）出産予定者の氏名 （2）出産予定日 （3）本人との続柄	
3　休業の期間	○○年○月○日から 　○年○月○日まで （職場復帰予定日　○○年○月○日）	
4　申し出に係る状況	（1）1歳までの育児休業の場合は休業開始予定日の1カ月前、1歳を超えての休業の場合は2週間前に申し出て	いる・いない→申し出が遅れた理由 （　　　　　）
	（2）1の子について育児休業の申し出を撤回したことが	ない・ある→再度申し出の理由 （　　　　　）
	（3）1の子について育児休業をしたことが ※1歳を超えての休業の場合は記入は不要です。	ない・ある→ ○○年○月○日から 　○年○月○日まで 再度の休業の理由 （　　　　　）
	（4）配偶者も育児休業をしており、育児・介護休業等規程第○条第○項に基づき1歳を超えて休業しようとする場合	配偶者の休業開始（予定）日 ○○年○月○日
	（5）（4）以外で1歳を超えての休業の申し出の場合	休業が必要な理由 （　　　　　）

	（6）1歳を超えての育児休業の申し出の場合で申出者が育児休業中でない場合	配偶者が休業している・いない

（注）有期契約従業員が、育児・介護休業等規程第○条第1項なお書きに基づき、労働契約の更新に当たり、引き続き休業を希望する場合には、冒頭の申出日および申出者の氏名の他、上記「3　休業の期間」のみ記載してください。この場合、更新された労働契約期間の初日を育児休業開始予定日として記載します。

介護休業申出書

□□□□□□殿

[申出日] ○○年○月○日
[申出者] 所属
　　　　　氏名

　私は、育児・介護休業等規程（第○条）に基づき、下記のとおり介護休業の申し出をします。

記

1　休業に係る家族の状況	（1）氏名	
	（2）本人との続柄	
	（3）家族が祖父母、兄弟姉妹、孫である場合、同居、扶養の状況	同居し扶養をしている・いない
	（4）介護を必要とする理由	
2　休業の期間	○○年○月○日から○○年○月○日まで	

第4章　休業

3　申し出に係る状況	（1）休業開始予定日の2週間前に申し出て	いる・いない →申し出が遅れた理由 〔　　　　　　　　　　　　　〕
	（2）1の家族について、これまで介護休業をした回数および日数	回 日
	（3）1の家族の同一の要介護状態について介護休業の申し出を撤回したことが	ない・ある→ 再度申し出の理由 〔　　　　　　　　　　　　　〕
	（4）1の家族についてのこれまでの介護休業および介護短時間勤務の日数	

（注）有期契約従業員が、育児・介護休業等規程第○条第1項なお書きに基づき、労働契約の更新に当たり、引き続き休業を希望する場合には、冒頭の申出日および申出者の氏名の他、上記「2　休業の期間」のみ記載してください。この場合、更新された労働契約期間の初日を介護休業開始予定日として記載します。

4. 育児・介護休業申出撤回届・休業期間変更申出書

〔育児・介護〕休業申出撤回届

□□□□殿

　　　　　　　　　　〔届出日〕○○年○月○日
　　　　　　　　　　〔届出者〕所属
　　　　　　　　　　　　　　　氏名

　私は、育児・介護休業等規程〔第○条・第○条〕に基づき、○○年○月○日に行った〔育児・介護〕休業の申し出を撤回します。

〔育児・介護〕休業期間変更申出書

□□□□殿

[申出日] ○○年○月○日
[申出者] 所属
氏名

　私は、育児・介護休業等規程〔第○条・第○条〕に基づき、○○年○月○日に行った〔育児・介護〕休業の申し出における休業期間を下記のとおり変更します。

記

1　当初の申し出における休業期間	○○年○月○日から ○○年○月○日まで
2　当初の申し出に対する会社の対応	休業開始予定日の指定 ・有→指定後の休業開始予定日 　　　○○年○月○日 ・無
3　変更の内容	（1）休業〔開始・終了〕予定日の変更 （2）変更後の休業〔開始・終了〕予定日 　　　○○年○月○日
4　変更の理由 （休業開始予定日の変更の場合のみ）	

（注）1歳以降の育児休業および介護休業に関しては、休業開始予定日の変更はできず、休業終了予定日の変更しかできません。育児・介護休業等規程【第○条第○項および第○条第○項】に定める変更申出の期限を遵守してください。

5. 育児・介護休業取扱通知書

CHECK①	通知が義務付けられている事項を網羅しているか
CHECK②	申し出があった場合に労働者に対して明示すべき事項を明示する努力義務を尽くしているか

〔育児・介護〕休業取扱通知書

□□□□殿

〇〇年〇月〇日

会社名

　貴殿から〇〇年〇月〇日に〔育児・介護〕休業の〔申し出・期間変更の申し出・申し出の撤回〕がありました。育児・介護休業規程（第〇条）に基づき、その取り扱いを下記のとおり通知します（ただし、期間の変更の申し出があった場合には下記の事項の若干の変更があり得ます）。

記

| 1 休業の期間等 | (1) 適正な申し出がされていたので申し出どおり〇〇年〇月〇日から〇〇年〇月〇日まで休業してください。職場復帰予定日は、〇〇年〇月〇日です。
(2) 申し出た期日が遅かったので休業を開始する日を〇〇年〇月〇日にしてください。
(3) 貴殿は以下の理由により休業の対象者でないので休業することはできません。
[　　　　　　　　　　　　　　　　　]
(4) 貴殿が〇〇年〇月〇日にした休業申出は撤回されました。
(5)（介護休業の場合のみ）申し出に係る対象家族について介護休業ができる日数は延べ93日です。今回の措置により、介護休業ができる残りの回数および日数は、（　　）回（　　）日になります。 |

CHECK①
事業主は、次の事項を通知しなければならない。
・育児・介護休業申し出を受けた旨
・育児・介護休業開始予定日（事業主が育介法に基づき開始日の指定をする場合にはその指定日）および終了予定日
・育児・介護休業申し出を拒む場合には、その旨およびその理由

2 休業期間中の取り扱い等	(1) 休業期間中については給与を支払いません。 (2) 所属は　　　　部　　　　課のままとします。 (3) ・(育児休業の場合のみ)貴殿の社会保険料は免除されます。 　　・(介護休業の場合のみ)貴殿の社会保険料本人負担分は、　年　月現在で1月約　　円ですが、休業を開始することにより、　年　月からは給与から天引きができなくなりますので、月ごとに会社から支払い請求書を送付します。指定された日までに下記へ振り込むか、　　　　に持参してください。 　　振込先： (4) 税については市区町村より直接納税通知書が届きますので、それに従って支払ってください。 (5) 毎月の給与から天引きされる社内融資返済金がある場合には、支払い猶予の措置を受けることができますので、　　　　に申し出てください。
3 休業後の労働条件	(1) 休業後の貴殿の基本給は、　　級　　号　　　　円です。 (2) ○○年○月の賞与については算定対象期間に　　日の出勤日がありますので、出勤日数により日割りで計算した額を支給します。 (3) 退職金の算定に当たっては、休業期間を勤務したものと見なして勤続年数を計算します。 (4) 復職後は原則として　　　　部　　　　課で休業をする前と同じ職務についていただく予定ですが、休業終了1カ月前までに正式に決定し通知します。 (5) 貴殿の　年度の有給休暇はあと　　日ありますので、これから休業期間を除き平成○年○月○日までの間に消化してください。 　　次年度の有給休暇は、今後　　日以上欠勤がなければ、繰り越し分を除いて　　日の有給休暇を請求できます。
4 その他	(1) お子さんを養育しなくなる、家族を介護しなくなる等、貴殿の休業に重大な変更をもたらす事由が発生したときは、なるべくその日に人事部宛て電話連絡をしてください。この場合の休業終了後の出勤日については、事由発生後2週間以内の日を会社と話し合って決定してください。 (2) 休業期間中についても会社の福利厚生施設を利用することができます。

CHECK②
2～4に記載のある休業中における待遇に関する事項、休業後における賃金、配置その他の労働条件に関する事項、育児・介護休業期間の途中で休業終了事由が生じた労働者の労務の提供の開始時期に関することおよび介護休業期間中の社会保険料の支払い方法についても、通知の努力義務がある。

第4章 休業

2 育児・介護短時間勤務等に関する書式

育介法に基づく各種申し出の書式については、厚生労働省が様式を定めており、これにのっとって書式を作成することが必要である。

1. 育児・介護短時間勤務申出書

| CHECK ① | 個々の社員に、短縮後の具体的な労働時間を申し出ることを認めるか |

育児短時間勤務申出書

□□□□殿

　　　　　　　　　　［申出日］○○年○月○日
　　　　　　　　　　［申出者］所属
　　　　　　　　　　　　　　　氏名

　私は、育児・介護休業等規程（第○条）に基づき、下記のとおり育児短時間勤務の申し出をします。

記

1　短時間勤務に係る子の状況	(1) 氏名	
	(2) 生年月日	
	(3) 本人との続柄	

188

育児・介護短時間勤務等に関する書式

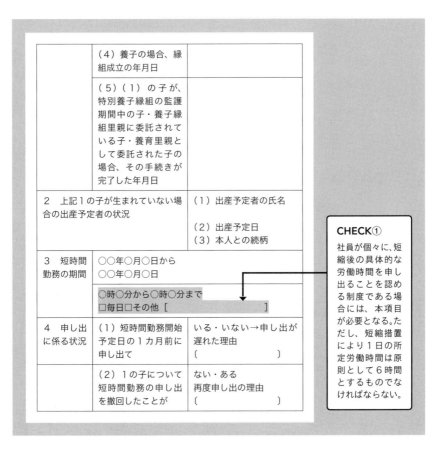

	（4）養子の場合、縁組成立の年月日	
	（5）（1）の子が、特別養子縁組の監護期間中の子・養子縁組里親に委託されている子・養育里親として委託された子の場合、その手続きが完了した年月日	
2　上記1の子が生まれていない場合の出産予定者の状況	（1）出産予定者の氏名　　　　　　　　　　　　　（2）出産予定日　（3）本人との続柄	
3　短時間勤務の期間	○○年○月○日から○○年○月○日	
	○時○分から○時○分まで□毎日□その他〔　　　　　　　〕	
4　申し出に係る状況	（1）短時間勤務開始予定日の1カ月前に申し出	いる・いない→申し出が遅れた理由〔　　　　　　　〕
	（2）1の子について短時間勤務の申し出を撤回したことが	ない・ある再度申し出の理由〔　　　　　　　〕

CHECK①

社員が個々に、短縮後の具体的な労働時間を申し出ることを認める制度である場合には、本項目が必要となる。ただし、短縮措置により1日の所定労働時間は原則として6時間とするものでなければならない。

介護短時間勤務申出書

□□□□殿

［申出日］○○年○月○日
［申出者］所属
　　　　　氏名

　私は、育児・介護休業等に関する規則（第○条）に基づき、下記のとおり介護短時間勤務の申し出をします。

記

1　短時間勤務に係る家族の状況	（1）氏名	
	（2）本人との続柄	
	（3）介護を必要とする理由	
2　短時間勤務の期間	○○年○月○日から○○年○月○日まで	
	○時○分から○時○分まで □毎日□その他［　　　　　　　］	
3　申し出に係る状況	（1）短時間勤務開始予定日の2週間前に申し出	いる・いない→申し出が遅れた理由 （　　　　　　　）
	（2）1の家族について最初の介護短時間勤務を開始した年月日、およびこれまでの利用回数	（最初の開始年月日） ○○年○月○日 （回数） 　　　　　　　　回
	（3）1の家族について介護短時間勤務の申し出を撤回したことが	ない・ある（　　回） →すでに2回連続して撤回した場合、再度申し出の理由 （　　　　　　　）

CHECK①
社員が個々に、短縮後の具体的な労働時間を申し出ることを認める制度である場合には、本項目が必要となる。ただし、短縮措置により1日の所定労働時間は原則として6時間とするものでなければならない。

育児・介護短時間勤務等に関する書式

2. 育児・介護時間外労働制限申出書

| CHECK ① | 時間外労働制限の期間の記入欄があるか |

〔育児・介護〕のための時間外労働制限申出書

□□□□□殿

　　　　　　　　　［申出日］〇〇年〇月〇日
　　　　　　　　　［申出者］所属
　　　　　　　　　　　　　　氏名

　私は、育児・介護休業等規程（第〇条）に基づき、下記のとおり〔育児・介護〕のための時間外労働の制限の申し出をします。

　　　　　　　記

		〔育児〕	〔介護〕
1 申し出に係る家族の状況	(1) 氏名		
	(2) 生年月日		／
	(3) 本人との続柄		／
	(4) 養子の場合、縁組成立の年月日		／
	(5)(1)の子が、特別養子縁組の監護期間中の子・養子縁組里親に委託されている子・養育里親として委託された子の場合、その手続きが完了した年月日		／
	(6) 介護を必要とする理由	／	

2　育児の場合、1の子が生まれていない場合の出産予定者の状況	（1）出産予定者の氏名 （2）出産予定日 （3）本人との続柄
3　制限の期間	○○年○月○日から○年○月○日まで
4　申し出に係る状況	制限開始予定日の1カ月前に申し出をしている・いない→申し出が遅れた理由 〔　　　　　　　　　　　　　　　　　　　〕

CHECK①

1回の請求につき、1カ月以上1年以内の期間、時間外労働の制限を請求することができる。

3. 育児・介護のための所定外労働制限申出書

〔育児・介護〕のための所定外労働制限申出書

□□□□□殿

[申出日] ○○年○月○日
[申出者] 所属
氏名

　私は、育児・介護休業等規程（第○条）に基づき、下記のとおり〔育児・介護〕のための所定外労働の制限の申し出をします。

記

		〔育児〕	〔介護〕
1 申し出に係る家族の状況	（1）氏名		
	（2）生年月日		
	（3）本人との続柄		
	（4）養子の場合、縁組成立の年月日		
	（5）（1）の子が、特別養子縁組の監護期間中の子・養子縁組里親に委託されている子・養育里親として委託された子の場合、その手続きが完了した年月日		
	（6）介護を必要とする理由		
2 育児の場合、1の子が生まれていない場合の出産予定者の状況	（1）出産予定者の氏名 （2）出産予定日 （3）本人との続柄		

第4章 休業

3 制限の期間	○○年○月○日から○年○月○日まで
4 申し出に係る状況	制限開始予定日の1カ月前に申し出をしている・いない→申し出が遅れた理由 〔 〕

4. 育児・介護のための深夜業制限申出書

〔育児・介護〕のための深夜業制限申出書

□□□□□殿

[申出日] ○○年○月○日
[申出者] 所属
　　　　　氏名

　私は、育児・介護休業等規程（第○条）に基づき、下記のとおり〔育児・介護〕のための深夜業の制限の申し出をします。

記

		（育児）	（介護）
1　申し出に係る家族の状況	（1）氏名		
	（2）生年月日		
	（3）本人との続柄		
	（4）養子の場合、縁組成立の年月日		
	（5）（1）の子が、特別養子縁組の監護期間中の子・養子縁組里親に委託されている子・養育里親として委託された子の場合、その手続きが完了した年月日		
	（6）介護を必要とする理由		
2　育児の場合、1の子が生まれていない場合の出産予定者の状況	（1）出産予定者の氏名 （2）出産予定日 （3）本人との続柄		

3　制限の期間	○○年○月○日から○年○月○日まで
4　申し出に係る状況	（1）制限開始予定日の1カ月前に申し出をしている・いない→申し出が遅れた理由 〔　　　　　　　　　　　　　　　　　　　〕 （2）常態として1の子を保育できるまたは1の家族を介護できる16歳以上の同居の親族（深夜において就業していないか、深夜における就業日数が1カ月に3日以下であり、負傷・疾病・身体上または精神上の障害により保育・介護が困難ではなく、かつ、6週間以内に出産を予定し、または産後8週間を経過しない者）が 　　いる・いない

5. 育児・介護短時間勤務取扱通知書

CHECK ① 個々の社員の育児・介護の状況に応じた内容になっているか

〔育児・介護〕短時間勤務取扱通知書

□□□□□殿

○○年○月○日
会社名

　貴殿から○○年○月○日に〔育児・介護〕短時間勤務の申し出がありました。育児・介護休業規程（第○条）に基づき、その取り扱いを下記のとおり通知します（ただし、期間の変更の申し出があった場合には下記の事項の若干の変更があり得ます）。

記

1　短時間勤務の期間等	・適正な申し出がされていたので申し出どおり○○年○月○日から○○年○月○日まで短時間勤務をしてください。 ・申し出た期日が遅かったので短時間勤務を開始する日を○○年○月○日にしてください。 ・貴殿は以下の理由により対象者でないので短時間勤務をすることはできません。 [　　　　　　　　　　　] ・（介護短時間勤務の場合）今回の措置により、介護短時間勤務ができる日数は、介護休業と合わせて延べ93日です。今回の措置により、介護短時間勤務または介護休業ができる日数は残り（　）日となります。

2　短時間勤務期間の取り扱い等	（1）短時間勤務中の勤務時間は次のとおりとなります。 　　始業（○時○分）　　終業（○時○分） 　　休憩時間（○時○分～○時○分（○分）） （2）（産後1年以内の女性従業員の場合）上記の他、育児時間1日2回30分の請求ができます。 （3）短時間勤務中は原則として所定時間外労働は行わせません。 （4）短時間勤務中の賃金は次のとおりとなります。 　　1　基本賃金 　　2　諸手当の額または計算方法 （5）賞与の算定に当たっては、短縮した時間に対応する賞与は支給しません。 （6）退職金の算定に当たっては、短時間勤務期間中も通常勤務をしたものと見なして計算します。	**CHECK①** 短時間勤務の制度には、所定労働時間の短縮だけでなく、所定労働日数の短縮なども含まれる。
3　その他	お子さんを養育しなくなる、家族を介護しなくなるなど、貴殿の勤務に重大な変更をもたらす事由が発生したときは、なるべくその日に人事部宛てに電話連絡をしてください（○○－○○○○－○○○○）。この場合の通常勤務の開始日については、事由発生後2週間以内の日を会社と話し合って決定していただきます。	

6. 子の看護休暇・介護休暇申出書

CHECK ①　子の看護休暇および介護休暇の取得の半日単位は、所定労働時間の2分の1でよいか（労使協定の有無）

〔子の看護休暇・介護休暇〕申出書

□□□□□殿

　　　　　　　　　　　［申出日］〇〇年〇月〇日
　　　　　　　　　　　［申出者］所属
　　　　　　　　　　　　　　　　氏名

　私は、育児・介護休業等規程（第〇条・第〇条）に基づき、下記のとおり〔子の看護休暇・介護休暇〕の申し出をします。

　　　　　　　　　記

1　申し出に係る子・家族の状況	（1）氏名	
	（2）生年月日（介護休暇申出の場合不要）	〇年〇月〇日
	（3）本人との続柄	
	（4）養子の場合、縁組成立の年月日（介護休暇申出の場合不要）	
	（5）（1）の子が、特別養子縁組の監護期間中の子・養子縁組里親に委託されている子・養育里親として委託された子の場合、その手続きが完了した年月日（介護休暇申出の場合不要）	〇年〇月〇日

第4章 休業

	(6) 介護を必要とする理由（子の看護休暇申し出の場合不要）	
2　申出理由		
3　取得を申し出る日	終日・半日 (始業〜〇時まで・〇時〜終業時間まで)	〇〇年〇月〇日から 〇〇年〇月〇日まで
4　備考	〇〇年〇月〇日〜〇〇年〇月〇日（1年度）の期間において ［育児・介護］対象　　　人　　　日 取得済み日数・時間数　　　　日　　　時間 今回申出日数・時間数　　　　日　　　時間 残日数・時間数　　　　　　　日　　　時間	

CHECK①
労使協定の締結により、所定労働時間の2分の1以外の時間数を半日と定めることができる。

（注1）当日、電話などで申し出た場合は、出勤後速やかに本申出書を提出してください。
（注2）3については、複数の日を一括して申し出る場合には、申し出る日すべてを記入してください。また、各取得日につき、終日の取得か、半日単位の取得かを明記してください。
（注3）子の看護休暇の場合、取得できる日数は、小学校就学前の子が1人の場合は年5日、2人以上の場合は年10日となります。介護休暇の場合、取得できる日数は、対象となる家族が1人の場合は年5日、2人以上の場合は年10日となります。

第5章 休職・健康

1 傷病休職に関する書式

1. 私傷病休職規程
2. 休職発令書
3. 休職期間満了に伴う連絡文書
4. 受診命令書
5. 復職判定期間中の取り扱いについての確認書
6. 病状に関する情報提供依頼書
7. 休職期間満了に伴う退職通知書

2 健康診断に関する書式

1. 健康診断規程
2. ストレスチェック制度実施規程

第5章 休職・健康

1 傷病休職に関する書式

1.私傷病休職規程

　私傷病休職とは、業務外の傷病（私傷病）を理由に長期欠勤する社員について、一定期間解雇を猶予する制度であるが、休職や復職に際してトラブルが発生することがしばしばあるため、就業規則またはこれに準ずる規程に、休職事由や受診命令、復職条件等を適切に定めておくことが重要である。例えば、私傷病による連続欠勤のみを休職事由としておくと、私傷病により断続的かつ頻繁に欠勤する者について、いつまでたっても休職にすることができないといった問題が生じるし、復職や再休職の制度設計が曖昧な場合も、復職とするか自然退職扱いとするかを巡りトラブルとなる恐れがある。また、使用者による受診命令の権限も明確に定めておかなければ、社員が受診を拒否した場合の対応に苦慮することとなる。私傷病休職制度の設計に当たっては、以下の規程記載のチェックポイントに十分留意し、必要に応じて専門家の意見も踏まえて検討する必要がある。

2.私傷病休職に関する書式

　私傷病休職に関連する書式として代表的なものを記載した。私傷病休職制度を巡っては、制度適用時や延長時、復職判定時にトラブルが起きやすいことから、すべてのステップにつき書面に残すことが必要である。また、復職判定期間やいわゆる試し出社期間を設ける場合には、当該期間中もあくまでも休職の扱いであることを明記した上で、具体的な出社・退社時刻、職場滞在中に行う試し作業内容、同期間中の賃金、復職不可能と判断された場合の扱い等を明記した確認書等を交付することが望ましい。

1. 私傷病休職規程

CHECK①	私傷病休職制度の対象社員の範囲を定めているか
CHECK②	休職事由を適切に定めているか
CHECK③	休職期間を適切に定めているか
CHECK④	休職期間中の処遇を明確に定めているか
CHECK⑤	試し出社制度の定めを置くか
CHECK⑥	再休職について定めているか

私傷病休職規程

（目的および適用範囲）
第1条　本規程は、正社員（以下、「従業員」という）の私傷病による休業および復職に関する取り扱いについて定めるものである。ただし、試用期間中の従業員については、本規程は適用しない。
2　本規程は、契約社員、パートタイマー社員には適用されない。

（休職事由）
第2条　会社は、従業員が次の各号の一に該当する場合は、休職を命ずることができる。
（1）業務外の傷病により、連続して1カ月欠勤し、または、6カ月間以内に同一または類似の傷病により通算30日以上（休日を含まない）欠勤した場合
（2）業務外の傷病により、債務の本旨に従った

CHECK①
有期雇用の社員に適用する場合、休職期間の上限を雇用期間の終了日までと設定する等の工夫が必要である。

CHECK②
休職事由には、①断続的な欠勤にも対応できるよう、「通算○日以上」という規定も入れる。②精神疾患等による不完全労務提供にも対応できる文言を入れる。③包括条項を規定する。

労務提供ができないと会社が判断したとき
　（３）その他会社が休職させる必要があると判断
　　　したとき
２　会社は、前項の判断のために必要な場合、従業員に対して、主治医の診断書の提出を命ずることができる。会社が診断書を作成した医師から診断結果等について意見聴取することを求めた場合、従業員は、その実現に協力しなければならない。
３　会社は、第１項の判断のために必要な場合、従業員に対して、産業医または会社が指定する医師の診断を受診するよう命ずることができる。

（休職期間）

第３条　休職期間の上限は、次のとおりとする。
（１）前条第１項第１号および第２号の場合
　　　従業員の勤続年数に応じて、以下のとおりとする（ただし、休職に入る前の欠勤日数は、休職期間には算入しない）。なお勤続年数は、採用日から前条第１項１号の基準となる欠勤の初日または債務の本旨に従った労務提供ができないと会社が判断した日までの期間により判断する。
　　　　①勤続１年未満の者　３カ月
　　　　②勤続１年以上３年未満の者　６カ月
　　　　③勤続３年以上の者　１年
（２）前条第１項第３号の場合
　　　会社が個別に必要と判断した期間
２　前条第１項第１号および第２号に基づく場合において、最初の休職命令が前項第１号に定める上限期間よりも短い場合、会社は、必要に応じて、前項第１号に定める上限期間に達するまで、休職期間を延長することができる。
３　第１項にかかわらず、会社は、特別の事情があ

CHECK③
休職期間を適切に定める。30日未満の短い休職期間を設定し、期間満了時に復職できなければ退職と定めることは、解雇予告制度の潜脱となる恐れがあるので注意する。勤続年数に応じて休職期間に差を設けることもでき、また、勤続期間が短い（6カ月未満等）者を対象から外す例もある。

る場合、休職期間を延長することができる。

（休職期間中の処遇等）
第4条 私傷病休職期間中は無給とする。
2　休職期間は、勤続年数に算入しないものとする。ただし、就業規則第○条に定める年次有給休暇における勤続期間の計算においては、休職期間を算入するものとする。
3　会社は、必要に応じ、休職期間中の従業員に対し、傷病の治療の経過等に関する定期または随時の報告を求めることができる。
4　会社は、必要と認めるときは、休職期間中の従業員に対し、医師の診断書の提出を命じることができる。会社が診断書を作成した医師から診断結果等について意見聴取することを求めた場合、従業員は、その実現に協力しなければならない。
5　第2条第1項第1号または第2号に基づく休職中の従業員は、休職期間中、傷病の治療に専念しなければならない。

（復職）
第5条　従業員は、休職期間満了までに休職事由が消滅し、復職を希望する場合には、速やかに復職願および主治医の診断書を会社に提出しなければならない。会社は、休職期間満了までに従業員の休職事由が消滅したと判断した場合には、復職を命ずる。
2　会社が前項の診断書を作成した医師から診断結果等について意見聴取することを求めた場合、従業員は、その実現に協力しなければならない。
3　会社は、第1項の判断のために必要な場合、従業員に対して、産業医または会社が指定する医師の診断を受診するよう命ずることができる。

CHECK④
休職期間中の処遇を明確に定める。①ノーワークノーペイの原則に基づき休職期間中は無給とすることができる。②休職期間は退職金等の算定基礎となる勤続年数に算入しないとすることもできる。ただし、年次有給休暇の付与日数算定のための勤続年数は、在籍期間を基準とするため、休職期間も算入する。

(復職判定期間)
第6条　会社は、産業医等の意見も踏まえた上で、必要があると認めるときは、復職願を提出した従業員に対し、復職判定期間を設けることができる。
2　復職判定期間は休職期間中に実施し、当該期間中であっても、休職期間は中断しない。
3　会社と従業員は、復職判定期間の期間・内容・時間・賃金等について、協議するものとする。
4　会社は、復職判定期間中であっても、その後の復職が不可能または不適当と判断したときは、従業員に対し、復職判定期間の中止を命ずることができる。

(退職)
第7条　従業員は、休職期間満了までに休職事由が消滅しない場合、休職期間満了日をもって自然退職とする。

(再休職)
第8条　第2条第1項にかかわらず、会社は、復職した従業員が、復職後6カ月以内に、復職前の休職事由となった疾病と同一または類似する疾病により、欠勤した場合または債務の本旨に従った労務提供ができないと会社が判断した場合には、直ちに休職を命ずることができる。
2　前項の場合、休職期間の上限は、前回の休職期間の残期間とする。ただし、会社は、特別の事情がある場合、休職期間を延長することができる。

附　則
(施行期日)
第1条　この規程は、○○年○月○日から施行する。

CHECK⑤
社員に軽度な勤務を行わせて復職可否を判断する試し出社制度を設けることもできる。①復職可否の判断に関する事後の争いを避けるため、休職期間中の実施である旨を明記する。②復職判定期間における条件は、柔軟に対応できるよう、規程上は、個別に合意するとの定めで差し支えない。ただし、労働の訓練としての程度を超え、労務の提供を受けていたと見なされると、事実上復職を認めたことになり得るので注意する。

CHECK⑥
同一の疾病による繰り返しの休職にも対応できるよう再休職について規定する。再休職の場合の休職期間は、原則として前回の休職期間の残期間とすることが一般的である。

2. 休職発令書

CHECK ① 休職期間の開始日および満了日を記載したか

○○年○月○日

□□□□殿

株式会社□□□□
人事部長□□□□

休職発令書

　当社は、貴殿に対し、私傷病休職規程第２条第１項第１号（「業務外の疾病により、６カ月間以内に通算30日以上欠勤した場合」）に基づき、休職を命じます。

　休職期間は、○○年○月○日より○○年○月○日までとします。なお、休職期間満了日は○○年○月○日となります。

　休職期間中の処遇等は、同第４条の定めるところによります。休職期間中は、○カ月に一度、主治医作成の診断書を提出するとともに、傷病の治療の経過等に関し人事部○○宛に報告してください。休職期間中は、傷病の治療に専念してください。

　休職期間満了日までに健康が回復されて職場復帰（復職）可能となった場合には、人事部○○宛に、復職願および主治医の診断書を提出してください。

以上

CHECK①
休職発令書により休職期間の開始日および満了日を明示する。医師の診断書の記載次第では、規定上の上限よりも短い休職期間を設定することもある。

3. 休職期間満了に伴う連絡文書

CHECK①	休職期間満了時の手続き（自然退職）を記載したか

〇〇年〇月〇日

□□□□殿

□□□□株式会社
人事部長□□□□

休職期間満了に関するご連絡

　貴殿は、〇〇年〇月〇日から、私傷病休職規程第2条第1項に基づき、休職されているところ、〇〇年〇月〇日に休職期間が満了します。
　休職期間満了までに復職が可能な場合は、私傷病休職規程第5条に基づき、速やかに復職願および復職が可能である旨の主治医の診断書を会社に提出してください。なお、復職願が提出された場合、復職可否を判断するため、会社指定医の受診を命ずることがあります。
　なお、休職期間満了時においても職場復帰（復職）ができない場合には、私傷病休職規程第7条に基づき、休職期間満了日である〇〇年〇月〇日限りで退職（自然退職）となる旨、ここに通知いたします。

以上

> **CHECK①**
> 休職期間満了時において休職事由が消滅していない場合には、自然退職となる旨を記載する（なお解雇ではないが、解雇予告［労基法20条］が類推される可能性も否定できないから、退職日の30日以上前に通知することが望ましい）。

4. 受診命令書

CHECK ① 受診命令に応じない場合の手続きを記載したか

〇〇年〇月〇日

□□□□殿

□□□□株式会社
人事部長□□□□

当社指定医の受診命令書

　当社の貴殿に対する労務管理上の必要性から、当社は、貴殿に対し、私傷病休職規程［第2条第3項／第5条第3項］に基づき、下記のとおり、当社が指定する医師の診断を受診しその診断結果を提出するよう命じます。

日時：〇〇年〇月〇日（〇曜日）午前〇時
場所：〒〇〇〇-〇〇〇〇　〇県〇市〇町〇〇〇
　　　〇〇病院
指定医：〇〇医師

　なお、上記医師を受診しない場合、貴殿が復職可能か否か判断することが困難になる可能性があるので、留意してください。

以上

CHECK①
復職判断時の受診命令の場合、受診命令に応じなければ復職を認めることができない旨を記載する。

5. 復職判定期間中の取り扱いについての確認書

CHECK ①	復職判定期間中における条件を記載したか

○○年○月○日

□□□□株式会社
人事部長　□□□□殿

氏名　□□□□

復職判定期間中の取り扱いについての確認書

　私は、私傷病休職規程第2条第1項に基づき休職中であるが（休職期間：○○年○月○日〜○○年○月○日）、同第6条第1項に基づき休職期間中の復職判定を申請しました。
　私は、下記の条件で復職判定を実施することに、同意いたします。

記

1．復職判定期間
　休職期間のうち○○年○月○日から同年○月○日まで
2．勤務時間
①○月○日から○月○日まで　午前9時出社
②○月○日から○月○日まで　午前9時出社、午前中滞在
③○月○日から○月○日まで　午前9時出社、終業時刻まで滞在
④○月○日から○月○日まで　午前9時出社、○○作業（午前中まで）
⑤○月○日から○月○日まで　午前9時出社、○○

CHECK①
復職判定期間中の条件を記載する。①休職期間中に実施することになるため、期間の設定時には留意が必要である。②内容は、医師の意見等も参考にしながら、社員の状態に合わせたものにする必要がある。事案によっては、具体的な作業は担当させず、朝の定時出社を繰り返す通勤訓練等もある。

作業（終業時刻まで）
3．賃金
（1）上記①から③までは、賃金は支給しません。
（2）上記④および⑤については、時給〇〇円
4．その他留意事項
　会社は、復職判定期間中の状況を考慮して、復職可否を判断します。
　1項に定める復職判定期間中であっても、会社が復職判定の継続またはその後の復職が不可能または不適当と判断したときは、中止を命ずることができます。

　　　　　　　　　　　　　　　　　　　以上

6. 病状に関する情報提供依頼書

CHECK ①	主治医による会社への情報提供に関し、社員本人の同意を取得しているか

○○年○月○日

○○病院
○○先生

〒○○○-○○○○
○県○市○町○○○

○○○○株式会社
人事部長○○○○
電話　○○-○○○○-○○○○
FAX　○○-○○○○-○○○○

病状に関する情報提供依頼書

　平素より弊社の健康管理活動にご理解ご協力をいただき感謝申し上げます。

　さて、弊社従業員の○○○○（生年月日昭和・平成　　年　月　　日）が、貴院の○○先生にお世話になっておりますが、労務管理上の必要性から、その病状等について、○○先生のご意見を伺いたく、ご連絡させていただきました。

　つきましては、○○○○に関する下記事項についてご回答いただき、弊社人事部宛てにご郵送いただければと存じます。またご回答いただいた内容を踏まえ、適宜必要に応じて、先生にお会いし、または

第5章　休職・健康

　お電話にて直接ご意見を伺うことができればとも考えておりますので、こちらも併せてお願い申し上げます。

　ご回答いただいた事項・情報については、従業員本人の職場復帰の判断等の労務管理目的でのみ使用し、プライバシーの保護に十分配慮し、責任を持って管理いたします。

（本人記入欄）

> 私は、○○○○株式会社が、私の労務管理上の必要性から、下記事項について、医師○○先生に対し情報提供を求めることに同意する。

　　　　　　　　　　　　○○年○月○日
　　　　　住所
　　　　　氏名　　　　　　　　　㊞

　　　　　　　　記

1．診断名
2．診断基準
3．治療経過
4．現在の状況・治療継続の必要性等
5．職場復帰の見込み
　　可・条件付きで可・不可のいずれか。
　　もし、「条件付きで可」の場合、就業時間、業務内容、業務上の車両運転・機械運転の可否、その他必要と考えられる条件。
6．復帰する場合の留意点・再発防止策等

　　　　　　　　　　　　　　　以上

CHECK①
社員本人から、主治医による会社への病状等の情報提供につき、同意を取得する。主治医に対して、社員本人の同意を取得していることを明示する。

7. 休職期間満了に伴う退職通知書

CHECK ①	退職日を明確に記載したか

○○年○月○日

□□□□殿

　　　　　　　　　　□□□□株式会社
　　　　　　　　　　人事部長□□□□

休職期間満了に伴う退職通知書

　貴殿は、○○年○月○日から、私傷病休職規程第2条第1項に基づき、休職されているところ、○○年○月○日に休職期間が満了します。
　この点、貴殿は○○年○月○日に復職願を提出し、当社では復職判定期間を設けて貴殿の回復状況を確認しましたが、いまだに復職できる状態にはないと判断いたしました。
　つきましては、同規程第○条に基づき、上記○○年○月○日をもって、休職期間が満了し、当社を退職することになりますので、ここに通知いたします。

　　　　　　　　　　　　　　　　　　以上

> **CHECK①**
> 退職日を明確に記載する。

第5章 休職・健康

2 健康診断に関する書式

1. 健康診断規程

使用者は、雇入れ時および1年以内に1回、常時使用する労働者に対し健康診断を実施しなければならず、労働者はこれを受ける義務がある（安衛法66条および安衛則43条・44条）。安全衛生に関する事項は就業規則の相対的記載事項であるから、健康診断についても、就業規則または就業規則から委任された下部規程に記載する必要がある。

2. ストレスチェック制度

2015年12月施行の安衛法の改正により、事業者は、労働者に対し、医師、保健師等による心理的な負担の程度を把握するための検査（ストレスチェック）を実施することが義務付けられた（ただし、労働者50人未満の事業場については当分の間努力義務である。安衛法66条の10）。検査の結果、一定の要件に該当する労働者から申し出があった場合、事業者は医師による面接指導を実施することが事業者の義務となり、この申し出を理由とした不利益取扱いは禁止される。また、面接指導の結果に基づき、医師の意見を聴き、必要に応じ就業上の措置（就業場所の変更、作業の転換、労働時間の短縮、深夜業の回数の減少等）を講じることが事業者の義務となる。ストレスチェックの実施に当たっては、プライバシーの保護にも留意する必要がある。

事業者は、厚生労働省が定める指針（平27.4.15　心理的な負担の程度を把握するための検査等指針公示1、安衛法66条の10第7項）に基づいてストレスチェックを実施する必要がある。また、同省が公開するストレスチェック制度実施マニュアルは、法的な位置付けのあるものではないが、実施に当たり参考にすることが求められる。

健康診断に関する書式

1. 健康診断規程

CHECK①	雇入れ時および年1回の定期健康診断の実施を定めているか
CHECK②	健康診断費用を事業者負担としたか

健康診断規程

（総則）
第1条　この規程は、健康診断の取り扱いを定める。

（適用者の範囲）
第2条　この規程は、すべての従業員に適用する。

（健康診断の実施）
第3条　会社は、労働安全衛生法の定めるところにより、従業員に対し、採用時および毎年1回健康診断を実施する。

> **CHECK①**
> 事業者は、常時使用する社員の健康診断を、労働者の雇入れ時、および年1回実施しなければならない。

（健康診断の受診義務）
第4条　従業員は、前条の健康診断を受診しなければならない。
2　従業員がやむを得ない事情により前条の健康診断を受診できないときは、所定の診断項目について、医師の健康診断書を提出しなければならない。

（実施の時間帯）
第5条　健康診断は、原則として勤務時間内に行う。
2　健康診断に伴う不就業時間に対して給与の控除は行わない。

(費用負担)
第6条　本規程に定める健康診断に要する費用は、全額会社で負担する。

> CHECK②
> 健康診断の実施費用については、事業者負担となる。

(通知)
第7条　会社は、健康診断を実施した医療機関等から受領した健康診断の結果を本人に通知する。

(健康保持の措置)
第8条　会社は、健康診断の結果、健康診断の項目に異常所見のある従業員について、従業員の健康を保持するために必要な措置につき、医師または歯科医師の意見を聴き、この意見を勘案し必要と認めるときは、勤務時間の短縮、配置転換その他健康保持上必要な措置を命令することがある。
2　会社は、健康診断の結果、特に健康の保持に努める必要がある従業員に対し、医師や保健師による保健指導を行うよう努めなければならない。

附　則
この規程は、〇〇年〇月〇日から施行する。

2. ストレスチェック制度実施規程

CHECK ①	適用対象者を正しく定めているか
CHECK ②	ストレスチェックの実施体制を整備しているか
CHECK ③	1年以内ごとに1回、定期にストレスチェックを実施する機会を与えることとしているか
CHECK ④	調査結果を事業者に提供する場合の従業員からの同意の取得方法を定めているか
CHECK ⑤	医師による面接指導が必要な従業員が希望する場合、事業者は面接指導を実施することとしているか
CHECK ⑥	面接指導の結果に基づき医師から意見聴取する手続きを定めているか

ストレスチェック制度実施規程

第1章　総則

（規程の目的・変更手続き・周知）
第1条　この規程は、労働安全衛生法第66条の10第1項の規定に基づくストレスチェック制度を会社において実施するに当たり、その実施方法等を定めるものである。
2　ストレスチェック制度の実施方法等については、この規程に定めるほか、労働安全衛生法その他の法令の定めによる。
3　会社がこの規程を変更する場合は、衛生委員会において調査審議を行い、その結果に基づいて変更を行う。

4 会社は規程の写しを従業員に配布または社内掲示板に掲載することにより、適用対象となるすべての従業員に規程を周知する。

(適用範囲)
第2条 この規程は、次に掲げる会社の全従業員および派遣従業員に適用する。
（1）期間の定めのない労働契約により雇用されている正従業員
（2）期間を定めて雇用されている契約従業員
（3）パート・アルバイト従業員
（4）人材派遣会社から会社に派遣されている派遣従業員

(制度の趣旨等の周知)
第3条 会社は、社内掲示板に次の内容を掲示するほか、本規程を従業員に配布または社内掲示板に掲載することにより、ストレスチェック制度の趣旨等を従業員に周知する。
（1）ストレスチェック制度は、従業員自身のストレスへの気付きおよびその対処の支援ならびに職場環境の改善を通じて、メンタルヘルス不調となることを未然に防止する一次予防を目的としており、メンタルヘルス不調者の発見を一義的な目的とするものではないこと。
（2）従業員がストレスチェックを受ける義務まではないが、専門医療機関に通院中等の特別な事情がない限り、すべての従業員が受けることが望ましいこと。
（3）ストレスチェック制度では、ストレスチェックの結果は直接本人に通知され、本人の同意なく会社が結果を入手するようなことは

> **CHECK①**
> 契約期間（または契約更新による合計契約期間）が1年未満の労働者と、労働時間が通常の労働者の所定労働時間の4分の3未満の短時間労働者以外の全労働者が対象となる。もっとも、契約期間が1年以上であり、かつ、労働時間が通常の労働者の所定労働時間の2分の1以上の者は対象とすることが望ましい。

ないこと。したがって、ストレスチェックを受けるときは、正直に回答することが重要であること。
（4）本人が面接指導を申し出た場合や、ストレスチェックの結果の会社への提供に同意した場合に、会社が入手した結果は、本人の健康管理の目的のために使用し、それ以外の目的に利用することはないこと。

第2章　ストレスチェック制度の実施体制

（ストレスチェック制度担当者）
第4条　ストレスチェック制度の実施計画の策定および計画に基づく実施の管理等の実務を担当するストレスチェック制度担当者は、○課職員とする。
2　ストレスチェック制度担当者の氏名は、別途、社内掲示板に掲載する等の方法により、従業員に周知する。また、人事異動等により担当者の変更があった場合には、その都度、同様の方法により従業員に周知する。第5条のストレスチェックの実施者、第6条のストレスチェックの実施事務従事者、第7条の面接指導の実施者についても、同様の扱いとする。

（ストレスチェックの実施者）
第5条　ストレスチェックの実施者は、会社の産業医および保健師の2名とし、産業医を実施代表者、保健師を共同実施者とする。

（ストレスチェックの実施事務従事者）
第6条　実施者の指示の下、ストレスチェックの実施事務従事者として、衛生管理者および○課職員に、ストレスチェックの実施日程の調整・連絡、

> **CHECK②**
> ストレスチェック制度実施のため、担当者（4条）、実施者（5条）、実施事務従事者（6条）、面接指導の実施者（7条）等を定めなければならない。

調査票の配布、回収、データ入力等の各種事務処理を担当させる。
2　衛生管理者または○課の職員であっても、従業員の人事に関して権限を有する者（課長、調査役および○○）は、これらのストレスチェックに関する個人情報を取り扱う業務に従事しない。

（面接指導の実施者）
第7条　ストレスチェックの結果に基づく面接指導は、会社の産業医が実施する。

第3章　ストレスチェック制度の実施方法
第1節　ストレスチェック

（実施時期）
第8条　ストレスチェックは、毎年○月から○月の間のいずれかの1週間の期間を部署ごとに設定し、実施する。

> **CHECK③**
> 事業者は社員に対し、1年以内に1回、定期的にストレスチェック実施の機会を与えなければならない。

（対象者）
第9条　ストレスチェックは、派遣従業員も含むすべての従業員を対象に実施する。ただし、派遣社員のストレスチェック結果は、集団ごとの集計・分析の目的のみに使用する。
2　ストレスチェック実施期間中に、出張等の業務上の都合によりストレスチェックを受けることができなかった従業員に対しては、別途期間を設定して、ストレスチェックを実施する。
3　ストレスチェック実施期間に休職していた従業員のうち、休職期間が1カ月以上の従業員については、ストレスチェックの対象外とする。

（受検の方法等）
第10条　従業員は、専門医療機関に通院中等の特別な事情がない限り、会社が設定した期間中にストレスチェックを受けるよう努めなければならない。
2　ストレスチェックは、従業員の健康管理を適切に行い、メンタルヘルス不調を予防する目的で行うものであることから、ストレスチェックにおいて従業員は自身のストレスの状況をありのままに回答すること。
3　会社は、なるべくすべての従業員がストレスチェックを受けるよう、実施期間の開始から〇日後に従業員の受検の状況を把握し、受けていない従業員に対して、実施事務従事者または各職場の管理者（部門長等）を通じて受検の勧奨を行う。

（調査票および方法）
第11条　ストレスチェックは、職業性ストレス簡易調査票を用いて行う。
2　ストレスチェックは、社内LANを用いて、オンラインで行う。ただし、社内LANが利用できない場合は、紙媒体で行う。

（ストレスの程度の評価方法・高ストレス者の選定方法）
第12条　ストレスチェックの個人結果の評価は、「労働安全衛生法に基づくストレスチェック制度実施マニュアル」（平成27年5月・平成28年4月改訂　厚生労働省労働基準局安全衛生部労働衛生課産業保健支援室）（以下、「マニュアル」という）に示されている素点換算表を用いて換算し、その結果をレーダーチャートに示すことにより行う。
2　高ストレス者の選定は、マニュアルに示されて

いる「評価基準の例（その1）」に準拠し、以下のいずれかを満たす者を高ストレス者とする。
（1）「心身のストレス反応」（29項目）の合計点数が77点以上である者
（2）「仕事のストレス要因」（17項目）および「周囲のサポート」（9項目）を合算した合計点数が76点以上であって、かつ「心身のストレス反応」（29項目）の合計点数が63点以上の者

（ストレスチェック結果の通知方法）
第13条　ストレスチェックの個人結果の通知は、実施者の指示により、実施事務従事者が、実施者名で、各従業員に電子メールで行う。ただし、電子メールが利用できない場合は、封筒に封入し、紙媒体で配布する。

（セルフケア）
第14条　従業員は、ストレスチェックの結果および結果に記載された実施者による助言・指導に基づいて、適切にストレスを軽減するためのセルフケアを行うように努めなければならない。

（会社への結果提供に関する同意の取得方法）
第15条　実施者または実施事務従事者は、ストレスチェックの結果を電子メールまたは封筒により各従業員に通知する際に、結果を会社に提供することについて同意するかどうかの意思確認を行う。会社への結果提供に同意する場合は、従業員は結果通知の電子メールに添付または封筒に同封された別紙1の同意書に入力または記入し、発信者宛てに送付しなければならない。
2　同意書により、会社への結果通知に同意した従

> **CHECK④**
> 労働者の同意がなければ、調査結果を事業者に提供してはならない。また、当該同意は調査結果を各労働者に提供した後に取得する必要がある（調査結果を知らされていない時点で同意を取得することは不適当である）。別紙1は233ページ参照。

業員については、実施者の指示により、実施事務従事者が、会社の人事労務部門に、従業員に通知された結果の写しを提供する。

(ストレスチェックを受けるのに要する時間の賃金の取り扱い)
第16条　ストレスチェックを受けるのに要する時間は、業務時間として取り扱う。
2　従業員は、業務時間中にストレスチェックを受けるものとし、管理者は、従業員が業務時間中にストレスチェックを受けることができるよう配慮しなければならない。

　　　　第2節　医師による面接指導

(面接指導の申し出の方法)
第17条　ストレスチェックの結果、医師の面接指導を受ける必要があると判定された従業員が、医師の面接指導を希望する場合は、結果通知の電子メールに添付または封筒に同封された別紙2の面接指導申出書に入力または記入し、結果通知の電子メールまたは封筒を受け取ってから30日以内に、発信者宛てに送付しなければならない。
2　医師の面接指導を受ける必要があると判定された従業員から、結果通知後○日以内に面接指導申出書の提出がなされない場合は、実施者の指示により、実施事務従事者が、実施者名で、該当する従業員に電子メールまたは電話により、申し出の勧奨を行う。
　また、結果通知から30日を経過する前日(当該日が休業日である場合は、それ以前の最後の営業日)に、実施者の指示により、実施事務従事者が、実施者名で、該当する従業員に電子メールま

> **CHECK⑤**
> 医師から面接指導が必要とされた労働者から希望の申し出があった場合には、医師による面接指導を実施しなければならない。別紙2は233ページ参照。

たは電話により、申し出に関する最終的な意思確認を行う。なお、実施事務従事者は、電話で該当する従業員に申し出の勧奨または最終的な意思確認を行う場合は、第三者にその従業員が面接指導の対象者であることが知られることがないよう配慮しなければならない。

（面接指導の実施方法）
第18条　面接指導の実施日時および場所は、面接指導を実施する産業医の指示により、実施事務従事者が、該当する従業員および管理者に電子メールまたは電話により通知する。面接指導の実施日時は、面接指導申出書が提出されてから、30日以内に設定する。なお、実施事務従事者は、電話で該当する従業員に実施日時および場所を通知する場合は、第三者にその従業員が面接指導の対象者であることが知られることがないよう配慮しなければならない。
2　通知を受けた従業員は、指定された日時に面接指導を受けるものとし、管理者は、従業員が指定された日時に面接指導を受けることができるよう配慮しなければならない。
3　面接指導を行う場所は、○○とする。

（面接指導結果に基づく医師の意見聴取方法）
第19条　会社は、産業医に対して、面接指導が終了してから遅くとも30日以内に、別紙3の面接指導結果報告書兼意見書により、結果の報告および意見の提出を求める。

> **CHECK⑥**
> 面接指導の結果に基づき、医師から意見聴取を行わなければならない。
> 別紙3は234ページ参照。

（面接指導結果を踏まえた措置の実施方法）
第20条　面接指導の結果、就業上の措置が必要との意見書が産業医から提出され、人事異動を含め

た就業上の措置を実施する場合は、人事労務部門の担当者が、産業医同席の上で、該当する従業員に対して、就業上の措置の内容およびその理由等について説明を行う。
2　従業員は、正当な理由がない限り、会社が指示する就業上の措置に従わなければならない。

（面接指導を受けるのに要する時間の賃金の取り扱い）
第21条　面接指導を受けるのに要する時間は、業務時間として取り扱う。

第3節　集団ごとの集計・分析

（集計・分析の対象集団）
第22条　ストレスチェック結果の集団ごとの集計・分析は、原則として、課ごとの単位で行う。ただし、10人未満の課については、同じ部門に属する他の課と合算して集計・分析を行う。

（集計・分析の方法）
第23条　集団ごとの集計・分析は、マニュアルに示されている仕事のストレス判定図を用いて行う。

（集計・分析結果の利用方法）
第24条　実施者の指示により、実施事務従事者が、会社の人事労務部門に、課ごとに集計・分析したストレスチェック結果（個人のストレスチェック結果が特定されないもの）を提供する。
2　会社は、課ごとに集計・分析された結果に基づき、必要に応じて、職場環境の改善のための措置を実施するとともに、必要に応じて集計・分析さ

れた結果に基づいて管理者に対して研修を行う。従業員は、会社が行う職場環境の改善のための措置の実施に協力しなければならない。

第4章 記録の保存

(ストレスチェック結果の記録の保存担当者)
第25条 ストレスチェック結果の記録の保存担当者は、第6条で実施事務従事者として規定されている衛生管理者とする。

(ストレスチェック結果の記録の保存期間・保存場所)
第26条 ストレスチェック結果の記録は、会社のサーバー内に5年間保存する。

(ストレスチェック結果の記録の保存に関するセキュリティの確保)
第27条 保存担当者は、会社のサーバー内に保管されているストレスチェック結果が第三者に閲覧されることがないよう、責任を持って閲覧できるためのパスワードの管理をしなければならない。

(事業者に提供されたストレスチェック結果・面接指導結果の保存方法)
第28条 会社の人事労務部門は、従業員の同意を得て会社に提供されたストレスチェック結果の写し、実施者から提供された集団ごとの集計・分析結果、面接指導を実施した医師から提供された面接指導結果報告書兼意見書(面接指導結果の記録)を、社内で5年間保存する。
2 人事労務部門は、第三者に社内に保管されているこれらの資料が閲覧されることがないよう、責

任を持って鍵の管理をしなければならない。

第5章　ストレスチェック制度に関する情報管理

（ストレスチェック結果の共有範囲）
第29条　従業員の同意を得て会社に提供されたストレスチェックの結果の写しは、人事労務部門内のみで保有し、他の部署の従業員には提供しない。

（面接指導結果の共有範囲）
第30条　面接指導を実施した医師から提供された面接指導結果報告書兼意見書（面接指導結果の記録）は、人事労務部門内のみで保有し、そのうち就業上の措置の内容等、職務遂行上必要な情報に限定して、該当する従業員の管理者および上司に提供する。

（集団ごとの集計・分析結果の共有範囲）
第31条　実施者から提供された集計・分析結果は、人事労務部門で保有するとともに、課ごとの集計・分析結果については、当該課の管理者に提供する。
2　課ごとの集計・分析結果とその結果に基づいて実施した措置の内容は、衛生委員会に報告する。

（健康情報の取り扱いの範囲）
第32条　ストレスチェック制度に関して取り扱われる従業員の健康情報のうち、診断名、検査値、具体的な愁訴の内容等の生データや詳細な医学的情報は、産業医または保健師が取り扱わなければならず、人事労務部門に関連情報を提供する際には、適切に加工しなければならない。

第6章　情報開示、訂正、追加および削除と苦情処理

（情報開示等の手続き）
第33条　従業員は、ストレスチェック制度に関して情報の開示等を求める際には、所定の様式を、電子メールにより○課に提出しなければならない。

（苦情申し立ての手続き）
第34条　従業員は、ストレスチェック制度に関する情報の開示等について苦情の申し立てを行う際には、所定の様式を、電子メールにより○課に提出しなければならない。

（守秘義務）
第35条　従業員からの情報開示等や苦情申し立てに対応する○課の職員は、それらの職務を通じて知り得た従業員の秘密（ストレスチェックの結果その他の従業員の健康情報）を、他人に漏らしてはならない。

第7章　不利益な取り扱いの防止

（会社が行わない行為）
第36条　会社は、社内掲示板に次の内容を掲示するほか、本規程を従業員に配布することにより、ストレスチェック制度に関して、会社が次の行為を行わないことを従業員に周知する。
（1）ストレスチェック結果に基づき、医師による面接指導の申し出を行った従業員に対して、申し出を行ったことを理由として、その従業員に不利益となる取り扱いを行うこと。

（2）従業員の同意を得て会社に提供されたストレスチェック結果に基づき、ストレスチェック結果を理由として、その従業員に不利益となる取り扱いを行うこと。
（3）ストレスチェックを受けない従業員に対して、受けないことを理由として、その従業員に不利益となる取り扱いを行うこと。
（4）ストレスチェック結果を会社に提供することに同意しない従業員に対して、同意しないことを理由として、その従業員に不利益となる取り扱いを行うこと。
（5）医師による面接指導が必要とされたにもかかわらず、面接指導の申し出を行わない従業員に対して、申し出を行わないことを理由として、その従業員に不利益となる取り扱いを行うこと。
（6）就業上の措置を行うに当たって、医師による面接指導を実施する、面接指導を実施した産業医から意見を聴取する等、労働安全衛生法および労働安全衛生規則に定められた手順を踏まずに、その従業員に不利益となる取り扱いを行うこと。
（7）面接指導の結果に基づいて、就業上の措置を行うに当たって、面接指導を実施した産業医の意見とはその内容・程度が著しく異なる等医師の意見を勘案し必要と認められる範囲内となっていないものや、労働者の実情が考慮されていないもの等、労働安全衛生法その他の法令に定められた要件を満たさない内容で、その従業員に不利益となる取り扱いを行うこと。
（8）面接指導の結果に基づいて、就業上の措置として、次に掲げる措置を行うこと。

①解雇すること。
②期間を定めて雇用される従業員について契約の更新をしないこと。
③退職勧奨を行うこと。
④不当な動機・目的を持ってなされたと判断されるような配置転換または職位（役職）の変更を命じること。
⑤その他の労働契約法等の労働関係法令に違反する措置を講じること。

附　則
（施行期日）
第1条　この規程は、〇〇年〇月〇日から施行する。

別紙1

ストレスチェック結果提供に関する同意書

　　　　　［結果発信者名　□□□□］殿
　　　　　　　　　　〇〇年〇月〇日
　　　　　　　　所属
　　　　　　　　氏名　　　　　㊞

　私は、ストレスチェック制度実施規程第15条第1項に基づき、〇〇年〇月〇日に実施された私のストレスチェックの結果を、会社の人事労務部門に提供することにつき同意します。

別紙2

医師の面接指導申出書

　　　　　［結果発信者名　□□□□］殿
　　　　　　　　　　〇〇年〇月〇日
　　　　　　　　所属
　　　　　　　　氏名　　　　　㊞

　私は、〇〇年〇月〇日に実施されたストレスチェックの結果、医師の面接指導を受ける必要があると判定されましたので、ストレスチェック制度実施規程第17条第1項に基づき、医師の面接指導を希望します。速やかに面接指導の実施日時を設定するようお願いします。

（注）本申出書は、ストレスチェックの結果通知を受け取ってから30日以内に、結果の発信者宛てに送付すること。

別紙3

面接指導結果報告書兼意見書

長時間労働者関係・高ストレス者関係［該当するものに○］

面接指導結果報告書					
対象者	氏名		所属	○○部○○課	
			男・女	年齢　　歳	
勤務の状況（労働時間、労働時間以外の要因）					
疲労の蓄積の状況［長時間労働者のみ］	0.　1.　2.　3. (低)　　　　(高)				
心理的な負担の状況［高ストレス者のみ］	（ストレスチェック結果） A. ストレスの要因　　点 B. 心身の自覚症状　　点 C. 周囲の支援　　　　点				（医学的所見に関する特記事項）	
その他の心身の状況	0. 所見なし　1. 所見あり（　　　　　）				
面接医師判定	本人への指導区分※複数選択可	0. 措置不要 1. 要保健指導 2. 要経過観察 3. 要再面接（時期：　　） 4. 現病治療継続　または 　　医療機関紹介			（その他特記事項）	

就業上の措置に係る意見書

就業区分	0. 通常勤務 1. 就業制限・配慮 2. 要休業		
就業上の措置	労働時間の短縮（考えられるものに○）	0. 特に指示なし	4. 変形労働時間制または裁量労働制の対象からの除外
		1. 時間外労働の制限 　　時間／月まで	5. 就業の禁止（休暇・休養の指示）
		2. 時間外労働の禁止	6. その他
		3. 就業時間を制限 　　時　分 　　～　時　分	
	労働時間以外の項目（考えられるものに○を付け、措置の内容を具体的に記述）	主要項目	a. 就業場所の変更 b. 作業の転換 c. 深夜業の回数の減少 d. 昼間勤務への転換 e. その他
		1）	
		2）	
		3）	
措置期間	日・週・月　または 　年　月　日～　年　月　日		
職場環境の改善に関する意見 ［高ストレス者のみ］			
医療機関への受信配慮等			
その他 （連絡事項等）			

医師の所属先：□□□□株式会社　○○健康室
実施年月日　：　　　　年　　月　　日
医師氏名　　：　　　　　　　　　㊞

第6章
服務規律

1 情報管理に関する書式
1. 情報管理規程
2. 職務発明規程
3. 個人情報保護規程
4. 特定個人情報取扱規程
5. 文書規程
6. 誓約書(退職時用)
7. 誓約書(入社時用)
8. 誓約書(プロジェクト参加時用)
9. ITセキュリティ管理規程
10. SNSの私的利用に関するガイドライン

2 ハラスメントに関する書式
1. セクシュアルハラスメント防止規程
2. パワーハラスメント防止規程

3 コンプライアンスに関する書式
1. 反社会的勢力対応規程
2. 内部通報規程

4 副業・兼業に関する書式
1. 副業・兼業取扱規程

5 ダイバーシティに関する書式
1. ダイバーシティ宣言

第6章 服務規律

1 情報管理に関する書式

1. 個人情報保護法と個人情報の適切な管理

　企業には、個人情報保護法に基づき、個人情報を安全に管理するために必要かつ適切な措置を講じる義務（同法20条）、社員の監督義務（同法21条）や委託先の監督義務（同法22条）等が課されている。これらの義務に違反した企業は、主務大臣による報告徴収、立入検査、指導・助言、勧告、命令の対象となる（同法40条～42条）。命令に違反したり、必要な報告をしない場合、または虚偽報告・検査妨害等をした場合には、罰則の対象にもなり得（同法84条、85条1号）個人情報保護法は、企業が必ず遵守しなければならない法律の一つといえる。

　また、社会的にも企業の個人情報管理についての要求水準は高まっており、企業が個人情報を漏えいした場合に発生するレピュテーションリスク（企業に対する否定的な評価・評判）およびそれに伴うビジネスへの影響は、極めて大きくなる傾向にある。上記を踏まえ、個人情報の安全な管理のため、平時から社内において個人情報に関する規程を整備しておくほか、継続的な社内研修等を行い、役職員にその対応方法・リスク等を周知しておくことが必要である。

2. EEA域内から個人データの移転を受ける可能性がある場合

　本書掲載の「個人情報保護規程」（255ページ参照）は、欧州経済領域（「EEA」）内から個人データの移転を受ける可能性がない企業を想定している。

　EEA域内から個人データの移転を受ける可能性がある場合は、欧州一般データ保護規則（GDPR）を踏まえ、別途「個人情報の保護に関する法律に係るEU域内から十分性認定により移転を受けた個人データの

第6章　服務規律

取扱いに関する補完的ルール」に準拠する必要がある点に留意いただきたい。

3.ビジネス上の機密情報の重要性

　企業が保有する個人情報以外の機密情報も、企業のビジネスに直結する重要な資産である。これらについても、適切な管理をするため、規程の整備・継続的な研修等を行うことが望ましい。

1. 情報管理規程

CHECK ①	情報の重要度に応じ適切に管理方法の軽重が付けられているか

情報管理規程

〇〇年〇月〇日　制定

第1章　総則

（目的）
第1条　本規程は、情報管理体制の確立、維持および向上に必要な事項ならびに危機発生時の対応に係る基本方針を定めることにより、当社における情報資産の機密性、完全性および可用性を確保し、情報資産を適切に保護することを目的とする。

（範囲）
第2条　本規程は、当社のすべての役職員（取締役、監査役、従業員、出向社員、臨時雇用者、派遣社員、アルバイトを含むがこれらに限られない。以

下、同じ）に適用される。
2　個人情報については、その性質に応じ、本規程の定めによるほか、別に定める「個人情報保護規程」および「特定個人情報保護規程」に従うものとする。

（定義）
第3条　本規程における各用語の定義は次に定めるところによるものとする。
（1）「個人情報」とは、個人情報保護に関する法律に規定する個人情報をいう。
（2）「情報」とは、当社が保有する経営、業務、顧客または役職員等に関する一切のデータおよび当該データの組み合わせをいい、コンピュータシステムおよび磁気媒体等に保存されているデータ・文書のほか、紙媒体に印字されたもの、音声媒体に記録されたもの（コンピュータシステムに入力される前のメモ、役職員の会話の録音記録）および個人の記憶等の一切を含むものとする。
（3）「情報システム」とは、情報を扱うハードウェア・ソフトウェアのみならず、それらを適切に運用・管理するために必要なすべての人や物を含むものとする。
（4）「情報資産」とは、情報および情報システムのことをいう。
（5）「情報セキュリティ」とは、情報資産の機密性、完全性および可用性を維持することをいう。
（6）「情報セキュリティ管理」とは、情報セキュリティの実施を可能にするための仕組みを提供し、適切に運営することをいう。
（7）「情報セキュリティ管理リスク」とは、何ら

かの原因で当社の情報資産の機密性、完全性および可用性が確保されないことにより、当該情報を利用した各種業務遂行に支障を来し、当社が損失を被る恐れのある各種のリスクを発生させる原因が生じ、もしくはその恐れが生じること、または、情報漏えいにより当社の信頼が損なわれる恐れのあるレピュテーションリスクや情報管理対策が不十分であったことを理由に提訴される恐れのある法的なリスクを発生させる原因が生じ、もしくはその恐れが生じることをいう。

第2章　情報管理体制

(情報の重要度)
第4条　当社におけるすべての情報を以下のとおり分類し、その分類に応じた管理を行う。
(1) 重要情報
　　①○○
　　②当社の株主に関する非公開情報
　　③当社の扱う個人情報
(2) 一般情報
　　上記以外の情報

> **CHECK①**
> 本書では、重要情報と一般情報に分けた上で、重要情報に比較的厳格な管理を求めているが、重要情報を「最重要情報」と「重要情報」に分けた上で、管理のレベルを変えることも考えられる。

(情報の収集)
第5条　情報の収集は業務上必要なものに限定し、利用目的を明確にするものとする。

(情報資産の管理)
第6条　○○を情報管理責任者とする。
2　情報管理責任者は、各部に対し、情報資産について適切な管理を徹底させるものとする。
3　各部の部長は、情報資産の管理および保護等に

関して、情報管理責任者の指示に従い、情報管理責任者を補佐して、次の職務を行うものとする。
（１）各部における情報資産管理の統括および監督
（２）各部における情報資産管理状況に関する日常的な検証
（３）情報資産管理に関する所属員への教育・訓練

4　情報管理責任者は、重要情報につきアクセス権限を制限するものとし、アクセス権限が制限された重要情報はその旨を明確に示す措置を取るものとする。

5　重要情報を含む紙媒体の書類については、施錠可能な場所に保管し、その開錠のために必要な鍵は情報管理責任者またはその指定した者が保管する。重要情報を含む電子媒体の書類については、パスワードを付して保管し、その解除のために必要なパスワードは情報管理責任者またはその指定した者が管理する。

6　役職員は、離席する場合には、情報の重要度にかかわらず情報資産を放置してはならない。

7　当社の情報システムは、業務上の利用にのみ供するものとし、私的利用は禁止する。当社の情報システムを私的に利用した場合、プライバシーの保護は保証されない。

8　情報セキュリティへの危険に関しては、事前に十分に防止策を検討した上で、定期的に危険を検出するための合理的な措置を講じ、情報セキュリティへの危険がある場合には速やかに対応措置を取らなければならない。

9　情報セキュリティ管理は、技術の進歩や業務の変化を考慮し、定期的に、かつ必要に応じて見直しが行われなければならない。

(情報資産の持ち出し)
第7条　社外への情報資産の持ち出しは原則禁止とする。顧客対応や当局要請等、やむを得ない事情により持ち出しが必要な場合は、持ち出しが必要な理由を明示した上、情報管理責任者の事前の許可を得るものとする。緊急を要する場合には、情報資産の持ち出し後、速やかに情報管理責任者の事後の許可を得るもののほか、緊急の持ち出しが必要となった経緯について情報管理責任者に報告するものとする。

2　情報資産を外部委託先へ提供する場合は、前項の手続きに加えて、当該外部委託先の情報管理状況を事前に確認し、情報管理責任者に報告することとする。

(委託先の情報の取り扱い)
第8条　情報資産を取り扱う業務を外部へ委託する場合は、委託先の情報管理体制を十分考慮し、情報管理に関する委託の条件を明確にすることとする。

2　前項の場合、契約締結事務を担当する者が、当該委託先の守秘義務を契約書に明記することとする。

(情報セキュリティの維持・向上)
第9条　本規程に定める情報セキュリティの確立、維持および向上のための活動は、すべての役職員の義務であり、役職員は業務の一部としてこれに取り組まなければならない。

(情報管理に関する啓蒙・研修)
第10条　情報資産の管理に関する研修は、情報管理責任者が定期的に実施するものとする。

2 情報管理に係る研修対象者は、すべての役職員とする。

(規程体系)
第11条 当社は、情報の管理・取り扱いの効率的な運用を図るため、情報の種類およびその管理の必要に応じて、情報の管理・取り扱いに関する個別規程を定めることができる。

(報告および対応)
第12条 役職員は、本規程を何らかの事由により遵守できない場合、本規程の違反を発見した場合、または情報セキュリティ管理リスクを発見した場合には、速やかに各部の部長に報告しなければならず、報告を受けた部長は、速やかに情報管理責任者に報告をするものとし、当該部長および情報管理責任者において、速やかに必要な対応を実施しなければならない。

(危機発生時の対応)
第13条 各部の部長は、前条による報告を受けた場合、報告を受けた事由により影響を受けた情報の有無およびその状況について、情報管理責任者に報告するものとする。情報管理責任者は、この影響を受けた情報の有無およびその状況その他必要と認めた事項について、取締役会および代表取締役に報告し、かつ、対応を検討するとともに、これを実施するものとする。

(罰則)
第14条 本規程に違反した者は、就業規則に定める懲戒処分の対象となることがある。

附　則

1　本規程の改廃は、取締役会の決議による。
2　本規程は、〇〇年〇月〇日から施行する。

2. 職務発明規程

CHECK①	派遣社員・出向社員の職務発明について、派遣元・出向元との個別具体的な契約関係に留意しているか
CHECK②	職務発明に関する確約書が用意されているか
CHECK③	職務発明に対する相当の利益の付与について規定されているか

職務発明規程

第1章　総則

（目的）
第1条　本規程は、当社において従業者等が行った職務発明等の取り扱いについて、必要な事項を定めることを目的とする。

（範囲）
第2条　本規程は、当社の従業員等（第3条第1号に定める）に適用される。

（用語の定義）
第3条　本規程において、次の各号に掲げる用語の意義は、当該各号に定めるところによる。
（1）従業者等
　　当社の従業員（正社員および非正規社員のほか、出向者および派遣社員等、当社の業務に従事する者を含む）、ならびに当社の取締役、監査役、執行役員および顧問をいう。
（2）発明等
　　特許法が対象とする発明、実用新案法が

> **CHECK①**
> 派遣社員・出向社員についての実際の適用に当たっては、派遣元・出向元との契約関係を確認する必要がある。

対象とする考案および意匠法が対象とする意匠をいう。
（3）発明者
　　発明等を完成した従業者等をいう。
（4）共同発明等
　　発明等のうち、複数の者によって完成された発明等をいう。
（5）共同発明者
　　共同発明等を完成させた各発明者をいう。
（6）職務発明等
　　発明等のうち、その性質上当社の業務範囲に属し、かつ、その発明等をするに至った行為が当社における発明者の現在または過去の職務に属する発明等をいう。
（7）職務外発明等
　　発明等のうち、その性質上当社の業務範囲に属さず、または、その発明等をするに至った行為が当社における発明者の現在または過去の職務に属さない発明等をいう。
（8）特許を受ける権利等
　　特許法に規定する特許を受ける権利、実用新案法に規定する実用新案登録を受ける権利および意匠法に規定する意匠登録を受ける権利をいう。
（9）特許権等
　　特許法に規定する特許権、実用新案法に規定する実用新案権および意匠法に規定する意匠権をいう。

第2章　届け出、帰属および出願

（発明等の届け出）
第4条　発明等が完成した場所・勤務時間の内外を問わず、発明等を完成した従業者等は、遅滞なく、

その所属する部の長に届け出なければならない。

(職務発明の認定等)
第5条 当社は、発明者から前条の規定に基づき届け出を受けた場合には、発明者の所属する部の長またはそれに準ずる者の協議により、以下の事項を判断するものとする。
（1）当該発明等の職務発明等への該当性
（2）当該発明等の発明者
（3）当該発明等が共同発明等である場合には、各共同発明者の寄与度
（4）当該発明等の出願の可能性
2　当社は、前項の判断を行った後、速やかに、前条の規定に基づき届け出をした発明者に対し、その内容を通知するものとする。

(権利の帰属)
第6条　職務発明等については、その発明等が完成したときに、当社が特許を受ける権利等を取得する。
2　当社は、特許を受ける権利等またはこれに基づく特許権等を必要としないと判断した職務発明等については、当該職務発明等の発明者に通知することにより、これを当該発明者に譲渡することができる。この場合であっても、当社は、当該職務発明等についての無償かつ無制限、無期限の通常実施権を有するものとする。

(確約書の提出)
第7条　発明者は、発明等の完成後直ちに、自己が完成させた発明等の特許を受ける権利等および特許権等が当社に帰属すること等を証する旨の確約書を当社に提出するものとする。

CHECK②
確約書には、発明等の内容が会社に帰属する旨と併せて、本規程10条に基づく相当の利益を受領したこと等の確認を盛り込むことが考えられる。

2　前項の確約書の提出先は、発明者の所属する部の長とする。

(共同発明等の場合)
第8条　共同発明等の場合には、第4条に規定する届け出および前条に規定する確約書の作成は共同発明者全員の連名によってなされるものとし、届け出および確約書の提出は、共同発明者のうちの1名が行うものとする。
2　前項の場合、共同発明者は、協議の上、届け出の際に各共同発明者の寄与度を報告するものとする。
3　前項の各共同発明者の寄与度につき、共同発明者間の協議がまとまらない場合または寄与度が不明な場合には、当社は、各共同発明者の寄与度を均等と推定することができる。

(発明等の出願等)
第9条　当社に帰属した職務発明等に関する、出願(国内外を問わない)、出願の審査請求、出願手続きの補正、出願の取り下げ、出願の放棄、審判請求、審決取消訴訟の提起、特許を受ける権利等の放棄または第三者への譲渡(信託的譲渡を含む)、特許権等の放棄、訂正または第三者への譲渡(信託的譲渡を含む)、その他一切の処分をする権限は当社に帰属し、当社は、発明者の承諾なくして、それらの処分を行い、または行わないことができる。
2　前項の処分における必要書面への記載内容、形式、態様等についても、当社が自由に決定できるものとする。
3　共同発明等について、前2項に規定する処分を当社が行った結果、第4条に基づいて受けた届

出に含まれる共同発明者または第7条に基づいて提出を受けた確約書に記載された共同発明者を修正する必要が生じた場合には、当社は、各共同発明者にその旨を通知する。

4 第1項および第2項に規定する当社の処分に関し、当社から要求があった場合には、当該職務発明等の発明者および当該職務発明等に関与した従業者等は、その職務の一環として、当社に対し、先行技術文献の調査を行う等、必要な協力をするものとする。

第3章 相当の利益の付与

（相当の利益の付与）

第10条 当社は、第6条第1項の規定により特許を受ける権利等を取得した職務発明等について、特許権等の出願手続きを行った場合には、発明者に対し、相当の金銭その他の経済上の利益（以下、「相当の利益」という）を与えるものとする。

2 相当の利益は、発明者からの意見を聴取した上で、その発明等により当社が受けるべき利益の額、その発明等に関連して当社が行う負担、貢献および発明者の処遇その他の事情を考慮し、当社が決定するものとする。

3 当社は、相当の利益の内容を決定した後これを付与するより前に、相当の利益の付与を受ける発明者に対し、相当の利益の付与の対象である職務発明等、相当の利益の種類および内容、その算出方法、ならびに次条の異議申立てができること、その提出先および提出期限を書面により通知しなければならない。

CHECK③
特許法35条4項により、職務発明の場合でも対価請求権が社員に認められているところ、その旨の規定を職務発明規程に盛り込む必要がある。なお、出願および登録ごとに、出願補償金および登録補償金として一定額を支払い、さらに、会社が商品の販売等により収益を得る場合に、実績補償金として、一定の評価方法に従って計算した補償金を支払う旨の規定を設けることも考えられる。

第6章 服務規律

(異議申立て)
第11条 発明者は、当社から付与される相当の利益の内容に意見があるときは、その相当の利益の内容の通知を受けた日から30日以内に、当社に対して書面により意見の申し出を行い、説明を求めることができる。

第4章 その他

(制限行為)
第12条 発明者は、当社の書面による事前の許可なく職務発明等の内容を社外に公表してはならない。
2 発明者は、当社の書面による事前の許可なく職務発明等を自ら実施し、自ら出願し、第三者をして実施させ、または出願させてはならない。
3 発明者は、当社の書面による事前の許可なく職務発明等についての特許を受ける権利等および特許権等を第三者に譲渡してはならない。
4 発明者が、前3項に違反した場合には、当社は発明者に対して、実施の中止、出願人名義の移転登録、特許を受ける権利等または特許権等の返還等の回復行為を請求し、かつ、発生した損害の賠償を請求することができる。
5 第6条第2項の規定により、当社が特許を受ける権利等またはこれに基づく特許権等を必要としないと判断した職務発明等については、前4項の規定は適用されないものとする。ただし、発明者は、当社の営業秘密の取り扱いに充分に配慮するものとし、第三者に対して当社の営業秘密を開示してはならない。

(職務発明等でない場合の取り扱い)
第13条 当社が、第5条の規定に従い職務外発明

等であると判断した発明等について、発明者から特許を受ける権利等または特許権等の譲り受けを希望する場合には、これを発明者に通知するものとし、発明者は第三者に優先して当社との協議に応ずるものとする。
2　前項の協議により、当社と発明者とで譲渡の合意が成立した場合には、別途譲渡契約を締結するものとし、これにより当該発明等の特許を受ける権利等または特許権等が当社に譲渡されるものとする。

(退職者の取り扱い等)
第14条　本規程の規定は、従業者等が退職した後、当該従業者等が在職中にした発明等が職務発明等であることが判明したものに準用する。
2　従業者等は、当該従業者等の退職後においても相当の利益の付与を受ける場合、当社に対し、自己の住所および相当の利益に係る金銭の振込先口座その他相当の利益の付与に必要な情報を通知しなければならない。

(社外の第三者との共同発明等)
第15条　従業者等が、社外の第三者(企業または大学その他の団体に所属するか否かを問わない)と共同して発明等を完成させた場合であっても、発明者である当該従業者等についての特許を受ける権利等および特許権等の持ち分については本規程が適用されるものとする。
2　前項の場合には、第8条第1項の規定にかかわらず、発明者である従業者等は、単独で第4条に定める届け出をし、また単独で確約書を作成の上、当社へ提出するものとする。

第6章 服務規律

(外国における権利の取り扱い)
第16条 本規程は、外国における、本規程が対象とする権利と同種の権利の取り扱いについても準用されるものとする。

附　則
本規程は、〇〇年〇月〇日より実施する。

3. 個人情報保護規程

CHECK ①	匿名加工情報の取り扱いがあるか
CHECK ②	（もしあれば）業界個別のガイドラインに準拠しているか
CHECK ③	認定個人情報保護団体に加盟しているか

個人情報保護規程

〇〇年〇月〇日 制定

第1章　総則

（目的）

第1条　本規程は、個人情報の保護に関する法律（以下、「個人情報保護法」という）、個人情報の保護に関する法律施行令（以下、「個人情報保護法施行令」という）、個人情報の保護に関する法律施行規則(以下、「個人情報保護法施行規則」という）、事務ガイドラインその他個人情報保護法に関する一切の適用法令（以下、「個人情報関連法令」と総称する）その他の関連法令等を遵守しつつ、当社が、個人情報取扱事業者（第2条第5項に定義する）として、個人情報の適切な保護と利用に関して遵守すべき基本方針を定め、当社の業務の適正かつ円滑な運営を図ることを目的とする。

　なお、「行政手続における特定の個人を識別するための番号の利用等に関する法律」に基づく個人番号およびその内容を含む個人情報（特定個人情報）に関しては、別途「特定個人情報取扱規程」において定めるところに従うものとする。

（定義）

第２条 「個人情報」とは、生存する個人に関する情報であって、次の各号のいずれかに該当するものをいう。

（１）当該情報に含まれる氏名、生年月日、その他の記述等（文書、図画もしくは電磁的記録［電磁的方式［電子的方式、磁気的方式その他人の知覚によっては認識することができない方式をいう。以下、同じ］］に記載され、もしくは記録され、または音声、動作その他の方法を用いて表された一切の事項［個人識別符号を除く］をいう。以下、同じ）により特定の個人を識別することができるもの（他の情報と容易に照合することができ、それにより特定の個人を識別することができることとなるものを含む）

（２）個人識別符号が含まれるもの

２　「個人識別符号」とは、次の各号のいずれかに該当する文字、番号、記号その他の符号のうち、個人情報保護法施行令第１条各号で定めるものをいう。

（１）特定の個人の身体の一部の特徴を電子計算機の用に供するために変換した文字、番号、記号その他の符号であって、当該特定の個人を識別することができるもの

（２）個人に提供される役務の利用もしくは個人に販売される商品の購入に関し割り当てられ、または個人に発行されるカードその他の書類に記載され、もしくは電磁的方式により記録された文字、番号、記号その他の符号であって、その利用者もしくは購入者または発行を受ける者ごとに異なるものとなるように割り当てられ、または記載され、

もしくは記録されることにより、特定の利用者もしくは購入者または発行を受ける者を識別することができるもの
3　「要配慮個人情報」とは、本人の人種、信条、社会的身分、病歴、犯罪の経歴、犯罪により害を被った事実その他本人に対する不当な差別、偏見その他の不利益が生じないようにその取り扱いに特に配慮を要するものとして別紙で定める記述等が含まれる個人情報をいう。
4　「個人情報データベース等」とは、個人情報を含む情報の集合物であって、次のもの（利用方法から見て個人の権利利益を害する恐れが少ないものとして個人情報保護法施行令第３条第１項で定めるものを除く）をいう。
　（1）特定の個人情報をコンピュータ等の電子計算機を用いて検索することができるように体系的に構成したもの
　（2）前号に掲げるもののほか、これに含まれる個人情報を一定の規則に従って整理することにより特定の個人情報を容易に検索することができるように体系的に構成した情報の集合物であって、目次、索引その他検索を容易にするためのものを有するもの
5　「個人情報取扱事業者」とは、個人情報データベース等を事業の用に供している者（ただし、次に掲げる者を除く）をいう。
　（1）国の機関
　（2）地方公共団体
　（3）独立行政法人等（独立行政法人等の保有する個人情報の保護に関する法律［平成15年法律第59号］第２条第１項に規定する独立行政法人等をいう）
　（4）地方独立行政法人（地方独立行政法人法［平

成15年法律第118号〕第2条第1項に規定する地方独立行政法人をいう）

6 「個人データ」とは、個人情報データベース等を構成する個人情報（個人情報データベース等から記録媒体へダウンロードされたものおよび紙面に出力されたもの［またはそのコピー］を含む）をいう。

7 「匿名加工情報」とは、次の各号に掲げる個人情報の区分に応じて当該各号に定める措置を講じて特定の個人を識別することができないように個人情報を加工して得られる個人に関する情報であって、当該個人情報を復元することができないようにしたものをいう。

（1）第2条第1項第1号に該当する個人情報　当該個人情報に含まれる記述等の一部を削除すること（当該一部の記述等を復元することのできる規則性を有しない方法により他の記述等に置き換えることを含む）。

（2）第2条第1項第2号に該当する個人情報　当該個人情報に含まれる個人識別符号の全部を削除すること（当該個人識別符号を復元することのできる規則性を有しない方法により他の記述等に置き換えることを含む）。

8 「本人」とは、個人情報によって識別される特定の個人をいう。

9 「漏えい等事案」とは、次の各号のいずれかに該当する事案をいう。

（1）当社が保有する個人データ（特定個人情報に係るものを除く）の漏えい、滅失または毀損

（2）当社が保有する加工方法等情報（個人情報保護法施行規則第20条第1号に規定する加

> **CHECK①**
> 匿名加工情報の取り扱いがあり得る企業においては、「匿名加工情報」の定義を挿入する必要がある。

> **CHECK①**
> 匿名加工情報を取り扱う企業においては、9項2号を含める必要がある。

工方法等情報をいい、特定個人情報に係るものを除く）の漏えい
（3）上記（1）または（2）の恐れ

（個人情報保護に係る役割と責任）
第3条　当社は、個人情報保護に関する施策を効果的に実施するため、情報管理統括責任者および情報管理者を置く。
2　情報管理統括責任者は○○部長がその任に当たる。
3　情報管理統括責任者は、個人情報保護に関する統括責任者として当社における個人情報保護に関する業務全般の統括管理を行う。
4　情報管理者は各部の長とする。情報管理者は、情報管理統括責任者の指示を受け、各部署における個人情報保護に関する業務の管理を行う。

第2章　個人情報の取り扱い

（個人情報の取り扱い）
第4条　個人情報の取り扱いは○○部が担当するものとし、個人情報に関するリスク（個人情報への不正アクセス、個人情報の紛失、破壊、改ざんおよび漏えい等）を十分に認識し、本規程に従い管理の徹底を図るほか、個人情報関連法令の定めに従い、適切に取り扱うものとする。
2　個人情報の取り扱いに関する苦情の適切かつ迅速な処理に努めるものとし、別途そのために必要な体制の整備をするものとする。

（利用目的の特定等）
第5条　当社は、当社が取得する個人情報の利用目的を特定し、これをインターネット上の当社ホー

ムページ等への掲載等の適切な方法により公表するものとする。利用目的を変更した場合も同様とする。
2　個人情報の本人から利用目的の通知を求められた場合、当社は、本人に対して遅滞なく、これを書面（電磁的方式等その他人の知覚によって認識することができない方式で作られる記録を含む。以下、同じ）により通知するものとする。
3　本人との間で契約を締結することに伴って契約書その他書面に記載された個人情報を取得する場合は、あらかじめ本人に対して利用目的を明示するものとする。
4　個人情報の利用は、利用目的の達成に必要な範囲内で行うものとする。ただし、個人情報関連法令に基づき認められる場合はこの限りでない。
5　第1項に基づき特定した利用目的を変更する場合は、変更前の利用目的と関連を有すると合理的に認められる範囲を超えて行ってはならないものとする。
6　個人情報を第1項に基づき特定する利用目的に含まれない目的のために利用する場合は、情報管理統括責任者の事前承認を経て、本人の書面による事前同意を得るものとする。

（個人情報の適正な取得）
第6条　個人情報の取得は、利用目的の達成に必要な限度において、適法かつ適切な方法により行うものとする。
2　当社は、個人情報の取得に際して、偽りその他不正の手段により個人情報を取得してはならず、個人情報の不正取得等の不当な行為を行っている第三者から、当該情報が漏えいされた個人情報であること等を知った上でこれを取得してはな

らない。
3 当社は、次の場合を除くほか、あらかじめ本人の同意を得ないで、要配慮個人情報を取得してはならない。
（1）法令に基づく場合
（2）人の生命、身体または財産の保護のために必要がある場合であって、本人の同意を得ることが困難であるとき
（3）公衆衛生の向上または児童の健全な育成の推進のために特に必要がある場合であって、本人の同意を得ることが困難であるとき
（4）国の機関若しくは地方公共団体またはその委託を受けた者が法令の定める事務を遂行することに対して協力する必要がある場合であって、本人の同意を得ることにより当該事務の遂行に支障を及ぼす恐れがあるとき
（5）当該要配慮個人情報が、本人、国の機関、地方公共団体、個人情報保護法第76条第1項各号に掲げる者その他個人情報保護法施行規則で定める者により公開されている場合
（6）その他前各号に掲げる場合に準ずるものとして個人情報保護法施行令第7条で定める場合

（匿名加工情報の取り扱い）
第7条 当社において匿名加工情報を作成するときは、特定の個人を識別することおよびその作成に用いる個人情報を復元することができないように当該個人情報を加工しなければならない。
2 匿名加工情報を作成するときは、その作成に用いた個人情報から削除した記述等および個人識

> **CHECK①**
> 匿名加工情報の取り扱いがあり得る企業においては、匿名加工情報の作成等について、7条を挿入する必要がある。

別符号ならびに前項の規定により行った加工の方法に関する情報の漏えいを防止するために必要な安全管理のための措置を講ずるものとする。
3　匿名加工情報を作成するときは、当該匿名加工情報に含まれる個人に関する情報の項目を公表する。
4　匿名加工情報を第三者に提供するときは、第三者に提供される匿名加工情報に含まれる個人に関する情報の項目およびその提供の方法について公表するとともに、当該第三者に対して、当該提供に係る情報が匿名加工情報である旨を明示する。
5　匿名加工情報を作成・利用するに当たり、当該匿名加工情報を他の情報と照合せず、当該匿名加工情報の作成に用いられた個人情報に係る本人を識別しない。
6　匿名加工情報を作成・利用するときは、当該匿名加工情報の安全管理のために必要な措置、当該匿名加工情報の作成その他の取り扱いに関する苦情の処理その他の当該匿名加工情報の適正な取り扱いを確保するために必要な措置をそれぞれ自ら講じ、かつ、当該措置の内容を公表するものとする。

(データ内容の正確性の確保等)
第8条　当社は、利用目的の達成に必要な範囲内において個人データを正確かつ最新の内容に保つとともに、利用する必要がなくなったときは、当該個人データを遅滞なく消去するよう努めるものとする。
2　当社は、個人データの利用目的に応じ保存期間を定め、当該期間経過後の個人データを消去するよう努めるものとする。ただし、法令等に基づ

く保存期間の定めがある場合には、この限りでない。

（安全管理措置）
第9条 当社は、その取り扱う個人データの漏えい、滅失または毀損の防止その他の個人データの安全管理を図ることを目的として、安全管理に係る基本方針・取扱規程等の整備および安全管理措置に係る実施体制の整備等の必要かつ適切な措置を講ずるものとする。なお、必要かつ適切な措置は、個人データの取得、利用および保管等の各段階に応じた「組織的安全管理措置」、「人的安全管理措置」および「技術的安全管理措置」（個人情報保護に関するガイドライン（通則編）に定めるものをいう）を含むものとする。

> **CHECK②**
> 金融分野、医療分野等業界特有のガイドラインが存在する場合は同ガイドラインに準拠した内容にする必要がある点に留意されたい。

（当社従業者の監督）
第10条 情報管理統括責任者は、当社従業者（当社の組織内にあって直接または間接に事業者の指揮監督を受けて当社の業務に従事している者をいい、取締役、監査役、正社員、出向社員、契約社員、嘱託社員、臨時雇用者、派遣社員、パート社員、アルバイト社員を含むがこれらに限られない。以下、同じ）に個人データを取り扱わせるに当たっては、当該個人データの安全管理が図られるよう、適切な内部管理体制を構築し、当社従業者に対する必要かつ適切な監督を行わなければならない。
2 個人情報の取得、利用、提供または委託等の個人情報を取り扱う業務に従事する者は、法令の規定、本規程その他社内規程等に従うほか情報管理統括責任者または情報管理者の指示に従うものとし、個人情報の安全管理に十分な注意を払うものとする。

（委託先の監督）

第11条 情報管理統括責任者は、個人データの取り扱いの全部または一部を委託（契約の形態や種類を問わず、当社が他の者に個人データの取り扱いの全部または一部を行わせることを内容とする契約の一切を含む）する場合は、その取り扱いを委託された個人データの安全管理が図られるよう、個人情報保護法に従い、委託を受けた者に対する必要かつ適切な監督を行わなければならない。

2　情報管理者は、各部署の分掌業務に関し、個人データの取り扱いを第三者に委託する場合には、あらかじめ情報管理統括責任者に対し、委託先の名称、個人データの取り扱いを委託する必要性、および当該委託先における個人データの安全管理に関する状況を届け出た上で、情報管理統括責任者の承認を得なければならない。

3　情報管理統括責任者は、委託先が再委託をする場合には、当該委託先が再委託先に対して個人情報の取り扱いに関する監督を十分に行っているかについても確認し、必要な監督をする。

（第三者提供の制限）

第12条 当社は、次に掲げる場合を除き、本人の書面による事前同意を得ることなく、個人データを第三者へ提供してはならない。
（1）法令に基づく場合
（2）人の生命、身体または財産の保護のために必要がある場合であって、本人の同意を得ることが困難であるとき
（3）公衆衛生の向上または児童の健全な育成の推進のために特に必要がある場合であって、本人の同意を得ることが困難であるとき

（4）国の機関もしくは地方公共団体またはその委託を受けた者が法令の定める事務を遂行することに対して協力する必要がある場合であって、本人の同意を得ることにより当該事務の遂行に支障を及ぼす恐れがあるとき

2　当社は、第三者に提供される個人データ（要配慮個人情報を除く。以下、この項において同じ）について、本人の求めに応じて当該本人が識別される個人データの第三者への提供を停止することを定めた上で、次に掲げる事項について、あらかじめ、本人に通知し、または本人が容易に知り得る状態に置くとともに、個人情報保護法施行規則に定める所定の方法により、個人情報保護委員会に届け出たときは、前項の規定にかかわらず、当該個人データを第三者に提供することができる。

（1）第三者への提供を利用目的とすること
（2）第三者に提供される個人データの項目
（3）第三者への提供の方法
（4）本人の求めに応じて当該本人が識別される個人データの第三者への提供を停止すること
（5）本人の求めを受け付ける方法

3　当社は、前項第2号、第3号または第5号に掲げる事項を変更する場合は、変更する内容について、個人情報保護法施行規則で定めるところにより、あらかじめ、本人に通知し、または本人が容易に知り得る状態に置くとともに、個人情報保護委員会に届け出なければならない。

4　第2項および前項における「あらかじめ、本人に通知し、または本人が容易に知り得る状態に置く」とは以下のいずれかの措置を講ずることをいう。

（1）第三者に提供される個人データによって識別される本人が当該提供の停止を求めるのに必要な期間をおくこと
（2）本人が第三者に提供される個人データの項目等の第2項各号の事項を確実に認識できる適切かつ合理的な方法によること

5　当社は、第2項および第3項による個人情報保護委員会に対する届出事項が同委員会により公表された後、速やかに、インターネットの利用その他の適切な方法により、第三者に提供される第2項各号の事項（変更があったときは、変更後の事項）を公表するものとする。

6　次に掲げる場合において、当該個人データの提供を受ける者は、前各項の規定の適用については、第三者に該当しないものとする。
（1）当社が利用目的の達成に必要な範囲内において個人データの取り扱いの全部または一部を委託することに伴って当該個人データが提供される場合
（2）合併その他の事由による事業の承継に伴って個人データが提供される場合
（3）特定の者との間で共同して利用される個人データが当該特定の者に提供される場合であって、その旨ならびに共同して利用される個人データの項目、共同して利用する者の範囲、利用する者の利用目的および当該個人データの管理について責任を有する者の氏名または名称について、あらかじめ、本人に通知し、または本人が容易に知り得る状態に置いているとき

7　当社は、前項第3号に規定する利用する者の利用目的または個人データの管理について責任を有する者の氏名もしくは名称を変更する場合は、

変更する内容について、あらかじめ、本人に通知し、または本人が容易に知り得る状態に置かなければならない。

(第三者提供に係る記録の作成等)
第13条　当社は、個人データを第三者に提供したときは、文書、電磁的記録またはマイクロフィルムを用いる方法により、個人情報保護法施行規則第13条に定める事項に関する記録を作成しなければならない。
2　当社は、前項の記録を、当該記録を作成した日から個人情報保護法施行規則第14条で定める区分に応じた期間保存しなければならない。

(第三者提供を受ける際の確認等)
第14条　当社は、第三者から個人データの提供を受けるに際しては、以下の各号に掲げる事項につき、それぞれ所定の方法により確認を行わなければならない。
　(1) 当該第三者の氏名または名称および住所並びに法人にあっては、その代表者(法人でない団体で代表者または管理人の定めのあるものにあっては、その代表者または管理人)の氏名
　　　個人データを提供する第三者から申告を受ける方法その他の適切な方法
　(2) 当該第三者による当該個人データの取得の経緯
　　　個人データを提供する第三者から当該第三者による当該個人データの取得の経緯を示す契約書その他の書面の提示を受ける方法その他の適切な方法
2　前項各号の規定にかかわらず、第三者から他

の個人データの提供を受けるに際して既に前項各号に規定する方法による確認（当該確認について次項および第4項に規定する方法による記録の作成および保存をしている場合におけるものに限る）を行っている事項の確認を行う方法は、当該事項の内容と当該提供に係る前項各号に掲げる事項の内容が同一であることの確認を行う方法とする。
3　当社は、第1項の規定による確認を行ったときは、文書、電磁的記録またはマイクロフィルムを用いる方法により、個人情報保護法施行規則第17条に定める事項に関する記録を作成しなければならない。
4　当社は、前項の記録を、当該記録を作成した日から個人情報保護法施行規則第18条に定める期間保存しなければならない。

（保有個人データに関する事項の公表等）
第15条　当社は、保有個人データに関し、以下の各事項を個人情報関連法令に従い、本人の知り得る状態（本人の求めに応じて遅滞なく回答する場合を含む）におくものとする。
（1）当社の名称
（2）保有個人データの利用目的
（3）保有個人データの利用目的の通知の求め、保有個人データの開示、訂正等ならびに利用停止等および第三者への提供の停止の請求に応じる手続きに関する事項（当該手続きに関する手数料の額を含む）
（4）保有個人データの取り扱いに関する当社の苦情の申出先
（5）認定個人情報保護団体の名称およびその苦情の解決の申出先（ただし、当社が認定個

> **CHECK③**
> 本号は認定個人情報保護団体への加盟がある場合に含めることが考えられる。自社の認定個人情報保護団体への加盟の有無については、別途ご確認いただきたい。

人情報保護団体の対象事業者である場合に限る）

2　当社は、本人から、当該本人が識別される保有個人データの利用目的の通知を求められたときは、次の各号に該当する場合を除き、本人に対し、遅滞なく、これを通知するものとする。
　（1）前項の規定により当該本人が識別される保有個人データの利用目的が明らかな場合
　（2）個人情報保護法第18条第4項第1号から第3号までに該当する場合
3　当社は、前項の規定に基づき求められた保有個人データの利用目的を通知しない旨の決定をしたときは、本人に対し、遅滞なく、その旨を通知するものとする。

（開示）
第16条　当社は、本人から、当該本人が識別される保有個人データの開示を求められた場合は、本人に対し、書面の交付による方法（開示の請求を行った者が同意した方法があるときは、当該方法）により、遅滞なく、当該保有個人データを開示する。ただし、開示することにより次の各号のいずれかに該当する場合は、その全部または一部を開示しないことができる。
　（1）本人または第三者の生命、身体、財産その他の権利利益を害する恐れがある場合
　（2）当該個人情報取扱事業者の業務の適正な実施に著しい支障を及ぼす恐れがある場合
　（3）他の法令に違反することとなる場合
2　当社は、請求に係る保有個人データの全部または一部について開示しない旨の決定をしたときまたは当該保有個人データが存在しないときは、本人に対し、遅滞なく、その旨を通知する。

(訂正等)
第17条　当社は、本人から、当該本人が識別される保有個人データの内容が事実でないとして当該保有個人データの内容の訂正、追加または削除（以下、「訂正等」という）の請求を受けた場合には、利用目的の達成に必要な範囲内において、遅滞なく事実の確認等の必要な調査を行い、その結果に基づき、当該保有個人データの内容の訂正等を行う。
2　当社は、訂正等の請求に係る保有個人データの内容の全部もしくは一部について訂正等を行ったとき、または訂正等を行わない旨の決定をしたときは、本人に対し、遅滞なく、その旨（訂正等を行ったときは、その内容を含む）を書面にて通知し、訂正等を行わない場合には、訂正等を行わない根拠およびその根拠となる事実を示し、その理由を説明するものとする。

(利用停止等)
第18条　当社は、本人から、当該本人が識別される保有個人データの利用の停止または消去（以下、「利用停止等」という）の請求を受けた場合であって、その請求に理由があることが判明したときは、違反を是正するために必要な限度で、遅滞なく、当該保有個人データの利用停止等を行う。
2　当社は、本人から、当該本人が識別される保有個人データが個人情報関連法令に違反して第三者に提供されているとして当該保有個人データの第三者への提供の停止の請求を受けた場合であって、その請求に理由があることが判明したときは、遅滞なく、当該保有個人データの第三者への提供を停止する。ただし、当該保有個人データの第三者への提供の停止に多額の費用を要する場合その

他の第三者への提供を停止することが困難な場合であって、本人の権利利益を保護するため必要なこれに代わるべき措置を取るときは、この限りでない。
3　第1項の請求に係る保有個人データの全部もしくは一部について利用停止等を行ったときもしくは利用停止等を行わない旨の決定をしたとき、または前項の請求に係る保有個人データの全部もしくは一部について第三者への提供を停止したときもしくは第三者への提供を停止しない旨の決定をしたときは、当社は、本人に対し、遅滞なく、その旨（本人から請求を受けた措置と異なる措置を行う場合には、その措置内容を含むものとする）を書面にて通知する。
4　本人から請求を受けた措置の全部または一部について、その措置を取らない旨を通知する場合またはその措置と異なる措置を取る旨を通知する場合、当社は、本人に対し、措置を取らないまたは異なる措置を取ることとした判断の根拠および根拠となる事実を示し、その理由を説明するものとする。

第3章　緊急時の対応

（情報の漏えい事案等への対応）
第19条　個人情報の漏えい事案等の事故が発生した場合、当社従業者は情報管理統括責任者に直ちに報告するとともに、漏えい等事案による被害が発覚時よりも拡大しないよう必要な措置を講ずる。
2　情報管理統括責任者は、個人情報の漏えい事案等の事故が発生した場合には、漏えい等事案の事実関係の調査および原因の究明に必要な措置を

講じた上で、把握した事実関係による影響の範囲を特定し、その結果を踏まえ、漏えい等事案の再発防止策の検討および実施に必要な措置を速やかに講ずるものとし、二次被害の防止、類似事案の発生防止等の観点から、漏えい事案等の事故の事実関係について、速やかに本人へ連絡し、または本人が容易に知り得る状態に置くとともに、漏えい事案等の事故の事実関係および再発防止策等について、速やかに公表する。

3 情報管理統括責任者は、漏えい等事案が発覚した場合は、その事実関係および再発防止策等について、個人情報保護委員会等に対し、個人情報保護委員会告示に定める方法により、速やかに報告するよう努める。

4 情報管理統括責任者は、前各項に定める対応を行うに際し、情報管理者に対して必要な指示を行うものとし、情報管理者は、この指示に従い個人情報の漏えい事案等の事故に関する調査等を行うものとする。

附　則
1　本規程の改廃は、取締役会の決議による。
2　本規程は、○○年○月○日から施行する。

別紙

要配慮個人情報

　個人情報保護規程第2条第3項で定める記述等は、次に掲げる事項のいずれかを内容とする記述等（本人の病歴または犯罪の経歴に該当するものを除く）とする。

1．身体障害、知的障害、精神障害（発達障害を含む）その他の個人情報保護法施行規則第5条で定める心身の機能の障害があること。
2．本人に対して医師その他医療に関連する職務に従事する者（以下、「医師等」という）により行われた疾病の予防および早期発見のための健康診断その他の検査（以下、「健康診断等」という）の結果
3．健康診断等の結果に基づき、または疾病、負傷その他の心身の変化を理由として、本人に対して医師等により心身の状態の改善のための指導または診療もしくは調剤が行われたこと。
4．本人を被疑者または被告人として、逮捕、捜索、差し押さえ、勾留、公訴の提起その他の刑事事件に関する手続きが行われたこと。
5．本人を少年法（昭和23年法律第168号）第3条第1項に規定する少年またはその疑いのある者として、調査、観護の措置、審判、保護処分その他の少年の保護事件に関する手続きが行われたこと。

4. 特定個人情報取扱規程

CHECK①	業界個別のガイドラインに準拠しているか
CHECK②	適切な安全管理措置が取られているか
CHECK③	適切な研修体制が整っているか

特定個人情報取扱規程

〇〇年〇月〇日　制定

第1章　総則

（目的）

第1条　本規程は、当社が、「行政手続における特定の個人を識別するための番号の利用等に関する法律」（以下、「番号法」という）、「個人情報の保護に関する法律」（以下、「個人情報保護法」という）、「特定個人情報の適正な取り扱いに関するガイドライン（事業者編）」（以下、「特定個人情報ガイドライン」という）その他主務官庁等のガイドライン等および当社の定める「個人情報保護規程」その他の社内規程に基づき、特定個人情報の適正な取り扱いを実現することを目的とする。

> **CHECK①**
> 金融業者に対しては、別途「（別冊）金融業務における特定個人情報の適正な取扱いに関するガイドライン」が存在するので留意されたい。

（用語の定義）

第2条　本規程における用語の定義は、次の各号に定めるところによる。
　（1）個人情報とは、生存する個人に関する情報であって、当該情報に含まれる氏名、生年月日その他の記述等により特定の個人を識

別することができるもの（他の情報と容易に照合することができ、それにより特定の個人を識別することができることとなるものを含む）をいう。
(2) 個人番号とは、番号法第7条第1項または第2項の規定により、住民票コード（住民基本台帳法第7条第13号に規定する住民票コードをいう）を変換して得られる番号であって、当該住民票コードが記載された住民票に係る者を識別するために指定されるものをいう。
(3) 特定個人情報とは、個人番号（個人番号に対応し、当該個人番号に代わって用いられる番号、記号その他の符号であって、住民票コード以外のものを含む）をその内容に含む個人情報をいう。
(4) 個人番号利用事務とは、行政機関、地方公共団体、独立行政法人等その他の行政事務を処理する者が番号法第9条第1項または第2項の規定によりその保有する特定個人情報ファイルにおいて個人情報を効率的に検索し、および管理するために必要な限度で個人番号を利用して処理する事務をいう。
(5) 個人番号関係事務とは、番号法第9条第3項の規定により個人番号利用事務に関して行われる個人番号を必要な限度で利用して行う事務をいう。
(6) 個人番号利用事務実施者とは、個人番号利用事務を処理する者および個人番号利用事務の全部または一部の委託を受けた者をいう。
(7) 個人番号関係事務実施者とは、個人番号関係事務を処理する者および個人番号関係事

務の全部または一部の委託を受けた者をいう。
(8) 役職員とは、次に掲げるものをいう。
　①組織規程に定める取締役および監査役
　②就業規則に定める正社員、嘱託社員、臨時社員、パートタイマー、アルバイト等
　③その他、過去において①または②であった者
(9) 役職員等とは、役職員と就業規則に定める出向社員を総称していう。
(10) 事務取扱責任者とは、特定個人情報の管理に関する責任を担う者として、代表取締役社長が任命する○○部長をいう。
(11) 事務取扱担当者とは、個人番号関係事務（個人番号が記載された書類等の受領を含む。以下、同じ）に携わる者として、事務取扱責任者から任命された役職員等をいう。
(12) 監査責任者とは、監査の実施およびその報告を行う責任と権限を有する者であり、○○をいう。

（適用範囲）
第3条　本規程は当社の役職員等に対して適用する。
2　特定個人情報を取り扱う業務を外部に委託する場合も、本規程の趣旨に沿って、特定個人情報の適切な保護を図るものとする。

（利用目的）
第4条　当社は、本人の同意があったとしても、次条第1項に規定する事務を処理するために必要な範囲を超えて、特定個人情報を利用してはならない。
2　前項の規定は、人の生命、身体または財産の保

護のために必要がある場合であって、本人の同意があり、または本人の同意を得ることが困難である場合その他法令の規定によって許容される場合には、適用しない。

（当社が行う個人番号関係事務の範囲）
第5条　当社が行う個人番号関係事務の範囲は、次号に掲げるものとする。
（1）給与所得・退職所得の源泉徴収票の作成
（2）雇用保険の届け出
（3）健康保険・厚生年金保険の届け出
（4）役職員等の配偶者に係る国民年金の第三号被保険者の届け出
（5）報酬、料金等の支払調書の作成
（6）配当、剰余金の分配および基金利息の支払調書の作成
（7）不動産の使用料等の支払調書の作成
（8）不動産等の譲り受けの対価の支払調書の作成
（9）利子等の支払調書の作成
（10）当社の顧客等に係る第1号から第9号までに関する事務
（11）その他の支払調書の作成
2　前項の個人番号関係事務は、事務取扱担当者のみが行い、それ以外の役職員等は行うことができない。ただし、法令の定めにより特別の必要があり、事務取扱責任者の特別の許可を受けた場合は、この限りではない。

（当社が取り扱う特定個人情報の範囲）
第6条　前条において当社が個人番号を取り扱う事務において使用される個人番号および個人番号と関連付けて管理される特定個人情報の範囲は以下

のとおりとする。
(1) 役職員等および扶養親族の個人番号および個人番号とともに管理される氏名、生年月日、性別、住所、電話番号、Eメールアドレス、従業員番号等
(2) 役職員等以外の個人に係る個人番号関係事務に関して取得した個人番号および個人番号とともに管理される氏名、生年月日、性別、住所、電話番号、Eメールアドレス等
2 前項各号に該当するか否かが定かでない場合は、事務取扱責任者が判断する。

第2章　安全管理措置

(事務取扱責任者の責務)
第7条 事務取扱責任者は、本規程に定められた事項を理解し、遵守するとともに、特定個人情報の取り扱いに関する内部規程等の整備、委託先の選定、安全管理対策の実施、教育・訓練等を推進し、事務取扱担当者および役職員等に周知徹底等の措置を講じ、当社における特定個人情報に関する業務全般の統括管理を行う責任を負う。
2 事務取扱責任者は、次の業務を所管する。
(1) 本規程および委託先の選定基準の承認および周知
(2) 事務取扱担当者の任命
(3) 特定個人情報の利用申請の承認および記録等の管理
(4) 特定個人情報の取扱区分および権限についての設定および変更の管理
(5) 特定個人情報の取扱状況の把握
(6) 委託先における特定個人情報の取扱状況等の監督

> **CHECK②**
> 具体的な安全管理措置の策定に当たっては、「特定個人情報の適正な取扱いに関するガイドライン(事業者編)(別添)特定個人情報に関する安全管理措置」も参照されたい。
> また、金融業者は、個人情報保護委員会・金融庁作成の「金融分野における個人情報保護に関するガイドラインの安全管理措置等についての実務指針」も遵守する必要がある。

(7) 特定個人情報の安全管理に関する教育・研修の企画、実施
  (8) その他当社における特定個人情報の安全管理に関すること
  (9) 特定個人情報に関する苦情の処理（苦情処理のための体制の整備を含む）
3 事務取扱責任者は、特定個人情報が本規程に基づき適正に取り扱われるよう、事務取扱担当者に対して必要かつ適切な監督を行うものとする。

（事務取扱担当者の責務）
第8条 事務取扱担当者は、特定個人情報の「取得」、「保管および廃棄」、「利用」、「提供」、または委託処理等、特定個人情報を取り扱う業務に従事する際、番号法および個人情報保護法ならびにその他の関連法令、特定個人情報ガイドライン、本規程およびその他の社内規程ならびに事務取扱責任者の指示した事項に従い、特定個人情報の保護に十分な注意を払ってその業務を行うものとする。
2 事務取扱担当者は、特定個人情報の漏えい等、番号法もしくは個人情報保護法またはその他の関連法令、特定個人情報ガイドライン、本規程またはその他の社内規程に違反している事実または兆候を把握した場合、速やかに事務取扱責任者に報告するものとする。

（安全管理の原則）
第9条 特定個人情報は、事務取扱担当者のみが、その業務の遂行上必要な限りにおいて取り扱うものとし、それ以外の者によって業務が行われることがあってはならない。
2 事務取扱担当者は、業務上知り得た特定個人情報の内容をみだりに第三者に知らせ、または不当

な目的に使用してはならない。その業務に係る職を退いた後も同様とする。
3　事務取扱責任者は、事務取扱担当者に対し継続的かつ体系的な教育を行うとともに、すべての役職員等に対して、特定個人情報の取り扱いの重要性を周知徹底する。
4　特定個人情報は、施錠可能な個人番号関係事務専用のキャビネットに保管する。
5　個人番号関係事務は、原則として、事務取扱担当者の自席で行うものとする。事務取扱担当者の座席は往来が少ない場所に座席を配置し、のぞき見防止の措置を講ずるものとする。
6　業務上の必要のため、特定個人情報を外部に持ち出す場合は、紛失または盗難に備え、細心の注意を払わなければならず、移送を委託する場合は、追跡可能な移送手段を選択しなければならない。
7　特定個人情報は、その事務処理の目的のために保管されるべきものであり、その必要がなくなったときは、適切に廃棄しなければならない。

（役職員等の遵守事項）
第10条　すべての役職員等は、特定個人情報について、次に掲げる事項を遵守しなければならない。
（1）特定個人情報について、これを偽りその他不正な手段により収集してはならない。
（2）特定個人情報を収集目的以外の目的で利用してはならない。
（3）特定個人情報について、番号法で限定的に明記された場合を除き、これを第三者に提供してはならない。

（役職員等に対する教育研修）
第11条　事務取扱責任者は、事務取扱担当者に対

> **CHECK③**
> 「特定個人情報の適正な取扱いに関するガイドライン（事業者編）（別添）特定個人情報に関する安全管理措置」より、人的安全管理措置の一環として事務取扱担当者に対して必要な教育を行う必要がある。

し、特定個人情報について理解を深め、個人情報や特定個人情報の保護に関する意識の高揚を図るための啓発その他必要な教育研修を行う。
2 　事務取扱責任者は、事務取扱担当者以外の役職員等に対し、特定個人情報について理解を深め、個人情報や特定個人情報の保護のために、必要な教育研修への参加の機会を付与する等の必要な措置を講ずる。

（委託先に対する安全管理措置）
第12条　事務取扱責任者は、個人番号関係事務の全部または一部を委託する場合は、その取り扱いを委託された特定個人情報の安全管理が図られるよう、委託を受けた者（再委託先を含む。）において、番号法に基づき委託者自らが果たすべき安全管理措置と同等の措置が講じられるよう、当該委託を受けた者（再委託先を含む。）に対する必要かつ適切な監督を行わなければならない。
2 　当社が、個人番号関係事務の全部または一部を外部に委託するときは、委託先選定基準を満たし、委託を行う特定個人情報の適切な管理を行う能力を有すると認める者と契約しなければならない。
3 　委託に関する契約書には、次に掲げる事項を記載する。
　（1）委託を行う特定個人情報に関する秘密保持義務
　（2）事業所内からの特定個人情報の持ち出しの禁止
　（3）目的外利用の禁止
　（4）再委託の制限または事前許諾等再委託にかかる条件に関する事項
　（5）漏えい事案等が発生した場合の委託先の責任および対応に関する事項

（6）委託契約終了後の個人情報の返却または廃棄に関する事項
（7）従業者に関する監督および教育に関する事項
（8）契約内容の遵守状況についての報告に関する事項
（9）特定個人情報を取り扱う従業者（委託先の組織内にあって直接間接に委託先の指揮監督を受けて委託先の業務に従事している者をいう）の明確化に関する事項
（10）委託先に対して行う実地の調査に関する事項その他必要な事項

4　事務取扱責任者は、委託先が委託先選定基準を満たしているかどうかを判断するため、当該委託先に対し、あらかじめ、当社の指定する様式による委託先評価票を提出させるものとする。

第3章　特定個人情報の取得

（個人番号の提供の要求）
第13条　当社は、個人番号関係事務または個人番号利用事務を処理するために必要があるときに限り、本人もしくは他の個人番号関係事務実施者または個人番号利用事務実施者に対し個人番号の提供を求めることができる。

2　役職員等は、個人番号の提供が個人番号関係事務または個人番号利用事務に必要なものである限り、当社からの個人番号の提供の求めに協力しなければならない。この場合において、協力しなかったことによる不利益は本人が負うものである。

（個人番号の提供の求めの制限）
第14条　当社および役職員等は、第5条第1項および番号法上許容される目的のため、次の各号の

いずれかに該当した場合を除き、他人の個人番号を含む特定個人情報を収集してはならない。
（1）個人番号利用事務実施者を通じた提供があった場合
（2）個人番号関係事務実施者を通じた提供があった場合
（3）本人または代理人を通じた提供があった場合
（4）委託に伴う提供があった場合
（5）合併その他の事由による事業の承継に伴う提供があった場合
（6）その他番号法に定める場合の提供があった場合
2　前項の「収集」とは、目的の範囲を超えて特定個人情報を本人から取得することの他、個人番号をノートに書き写す等の行為を含むものとする。

（本人確認の措置）
第15条　当社は、本人から個人番号の提供を受けるときは、本人確認（本人の個人番号の確認および身元の確認をいう。以下、同じ）のため、次の各号のいずれかの措置を講じるものとする。
（1）個人番号カードの提示を受ける方法
（2）通知カードおよび通知カード記載事項がその者に係るものであることを証する書類（以下、「身元確認書類」という）の提示を受ける方法
（3）その他法令で定める方法
2　役職員等の配偶者の国民年金の第三号被保険者関係の届け出に必要な配偶者の本人確認は役職員に委任する。
3　役職員等は、個人番号の提供が個人番号利用事務および個人番号関係事務に必要なものである限り、当社が行う本人確認の措置に協力しなければ

ならない。この場合において、協力しなかったことによる不利益は本人が負うものである。

(個人番号カード)
第16条　個人番号カードおよび通知カードの原本は、役職員等各自が、責任を持って保管しなければならない。また、当社の責めによらない紛失は、役職員等各自が、その後の対応をとらなければならない。
2　いかなる理由があろうとも、当社は役職員等の個人番号カードおよび通知カードの原本を保管してはならない。

第4章　特定個人情報の保管および廃棄

(特定個人情報の保管の制限)
第17条　当社および役職員等は、第5条第1項および番号法上許容される目的のため、次の各号に該当した場合を除き、他人の個人番号を含む特定個人情報を保管してはならない。
(1) 個人番号利用事務実施者を通じた提供があった場合
(2) 個人番号関係事務実施者を通じた提供があった場合
(3) 本人または代理人を通じた提供があった場合
(4) 委託に伴う提供があった場合
(5) 合併その他の事由による事業の承継に伴う提供があった場合
(6) その他番号法に定める場合の提供があった場合

(特定個人情報の廃棄)
第18条　個人番号関係事務の処理の必要がなくな

り、その後に法令で定める保存期間を経過した場合には、当社は、当該経過した日の属する事業年度の末日（以下、「廃棄期日」という）までに特定個人情報を廃棄しなければならならず、廃棄期日を超えて保存してはならない。
2 　廃棄は、事務取扱責任者立会いの下、シュレッダーによる裁断、溶解等、少なくとも当該個人番号が復元できない程度となるよう行わなければならない。
3 　当社が、特定個人情報を廃棄した場合には、その記録を保存するものとする。
4 　廃棄を外部の業者に委託し、これが完了したときは、事務取扱責任者は、当該業者に対し、廃棄または削除が完了した日時、復元できない程度に廃棄または削除した旨等の証明を、書面により求めるものとする。

（退職者の個人情報等）
第19条　退職した役職員等の特定個人情報については、利用目的を達成した部分についてはその時点で写しも含め、廃棄を適切かつ確実に行うものとする。

第5章　特定個人情報の利用

（特定個人情報の利用目的による制限）
第20条　当社は、第5条第1項に規定する事務を処理するために必要な範囲を超えて特定個人情報を取り扱ってはならない。
2 　合併その他の事由による事業の承継に伴って特定個人情報を取得した場合には、承継前における当該個人情報の利用目的の達成に必要な範囲を超えて、当該特定個人情報を取り扱ってはならない。

3　人の生命、身体または財産の保護のために必要がある場合であって、本人の同意があり、または本人の同意を得ることが困難であるときは適用しない。

（特定個人情報の加工等に対する制限）
第21条　当社は、提供を受けた特定個人情報を、原則、個人番号を含む通知カードの写しまたは個人番号カードの写しにて紙媒体のまま保管、利用するものとし、転記によるリスト化、または情報機器等への入力はしないものとする。
2　特定個人情報の委託先については、個人番号関係事務を処理するために必要な範囲に限って、情報機器等への登録、データ化、リスト化等を認めるものとする。

第6章　特定個人情報の提供

（特定個人情報の提供の制限）
第22条　当社および役職員等は、次の各号のいずれかに該当する場合を除き、特定個人情報を提供してはならない。また、個人情報保護法に基づく共同利用は認めない。
（1）個人番号利用事務実施者を通じた提供
（2）個人番号関係事務実施者を通じた提供
（3）本人または代理人を通じた提供
（4）委託に伴う提供
（5）合併その他の事業の承継に伴う提供
（6）その他番号法に定める場合の提供

第7章　内部監査

（内部監査）
第23条　監査責任者は、当社における特定個人情

報の取り扱いについて、番号法、関連法令、個人情報保護規程、本規程その他の社内規程等に沿って適切に機能しているかどうかについて、年に1回以上、特定個人情報の保護および取り扱いに関する内部監査を実施する。

第8章　情報漏えい等への対応

(漏えい事故等への対応)
第24条　特定個人情報の漏えい事案等の事故が発生した場合、事務取扱責任者は、当該漏えい事案等の事故の事実の確認後、直ちに、所轄官庁に、当該個人情報の漏えい事案等の事故を報告するものとする。
2　事務取扱責任者は、特定個人情報の漏えい事案等の事故が発生した場合には、漏えい事案等の事故の対象となった本人に速やかに漏えい事案等の事実関係等を書面により通知する。
3　事務取扱責任者は、特定個人情報の漏えい事案等の事故が発生した場合には、再発防止策等を講ずるものとし、二次被害の防止、類似事案の発生回避等の観点から、漏えい事案等の事故の事実関係および再発防止策等を早急に公表する。
4　事務取扱責任者は、前各項に定める対応を行うに際し、事務取扱担当者に対して必要な指示を行うものとし、事務取扱担当者は、この指示に従い特定個人情報の漏えい事案等の事故に関する調査等を行うものとする。

附　則
1　本規程の改廃は、取締役会の決議による。
2　本規程は、○○年○月○日より施行する。

5. 文書規程

CHECK ①	業法上作成が義務付けられている書類がカバーされているか
CHECK ②	適切な保存期間が設定されているか
CHECK ③	文書の保存に当たり、必要事項を記載するための文書保存票が用意されているか

文書規程

○○年○月○日 制定

第1章 総則

（目的）
第1条 本規程は、当社の業務に関する書類の適切な保存および管理ならびに廃棄の方法を定め、これをもって適切かつ正確な文書の取り扱いを実現することを目的とする。

（定義）
第2条 本規程における「文書」とは、媒体のいかんを問わず、当社の業務上、役職員または当社の業務委託先が作成する一切の書類をいう。

第2章 文書

（文書の区分）
第3条 文書の区分は次のとおりとする。
（1）取締役会等の法定の機関またはこれに準ずる機関の議事録その他の決議または報告に関する資料およびその付属資料

（2）権利証、契約書等の第三者に対し当社の権利または義務の得喪または変更を証明する文書
（3）官公庁等の政府機関またはこれに準ずる機関への提出資料または申請もしくは許認可等の重要文書
（4）<mark>金融商品取引法（昭和23年法律第25号）で規定する文書</mark>
（5）その他の法令で規定する文書
（6）前各号に定める文書以外の文書

第3章　文書の作成、整理および保管

（文書作成の原則）
第4条　文書の作成に当たっては、業務処理および管理の便を考慮し、正確かつ簡潔明瞭に作成しなければならない。

（文書整理、保管および保存の原則）
第5条　文書の整理、保管および保存を処理担当する部署（以下、「文書管理担当部」という）においては、使用または処理が終了した文書の散逸を防止し、後日必要となった場合の閲覧を容易なものとするよう、下記の原則に従って整理および保管しなければならない。
（1）期別、事項別、日付順等により整理および保管する。
（2）文書管理担当部は、原則として文書の作成部署、または最も当該文書と関係の深い部署とする。
（3）第3条各号に規定する文書および同等の文書で、社外へ発信する文書に関しては発信番号簿、社外より受信した文書に関しては収受番号簿を利用してそれぞれ管理し、当

> **CHECK①**
> 業法上規定される書類は、10条に規定するように「法令で定められた期間に○年を加えた期間」といった保存期間の定め方をすることが一般的であるところ、文書の類型の一つとして業法上規定される書類を明示することが望ましい。

該番号簿は文書管理担当部が管理する。

(文書管理責任者)
第6条 第3条各号に規定する文書および同等の文書に関する文書整理および保管の責任者（以下、「文書管理責任者」という）は、前条に定める文書管理担当部の長とする。

(保管)
第7条 文書管理責任者は、文書を各部署において所定の場所に必要な期間保管する。ただし、必要に応じて第11条の定めに従って集中保管を行うことができるものとする。

(重要文書の指定ならびに整理および保管)
第8条 文書管理責任者は、当社の営業秘密等に関わる重要な文書について、重要文書に指定することができる。重要文書は、その内容が漏れることのないよう、その他の文書と区別した上で、整理し、保管する。

第4章　文書の保存

(文書保存責任者および文書保存担当者)
第9条 前章の定めに従い整理および保管されていた文書については、その目的を達した後、本章の規程に基づいて保存するものとし、当該文書の保存にかかる責任者（以下、「文書保存責任者」という）は、〇〇部の長とする。
2　文書保存責任者は、文書の保存に関して、担当者（以下、「文書保存担当者」という）を指名することができる。

(保存期間)

第10条 文書の保存期間は原則として次のとおりとする。ただし、文書保存責任者が必要と認めた場合には、この保存期間を延長することができる。なお、保存期間の起算点は、原則として文書がその目的を達した翌事業年度とする。

（1）第3条第1号から第3号までに規定する文書は永久保存とする。

（2）第3条第4号から第5号までに規定する文書は、法令で定められた期間に3年を加えた期間とし、法令に定めなきものは10年間とする。

（3）第3条第6号に規定する文書は、1年間とする。

（保存手続き）

第11条 文書の保存手続きは原則として次のとおりとする。

（1）文書保存担当者は、保存を担当する文書の保存期間開始のときまでに、文書管理担当部と協働し、その種類に応じて、以下の方法により準備を行い、完了次第、文書保存責任者に報告するものとする。

　　（a）紙媒体の場合
　　　　文書を保存文書箱に納め、その内容を所定の「文書保存票」に記入する。

　　（b）電子媒体の場合
　　　　文書保存責任者の指定する電子フォルダ（以下、「文書保存フォルダ」という）に保存し、その内容を所定の「文書保存票」に記入する。

（2）前号（a）に基づき準備が完了した紙媒体の文書は、書庫において集中保存する。なお、

CHECK②

各文書類型の重要性および事務負担を考慮の上、適切な保存期間を定めることが必要である。

文書の保存にかかる事務負担を軽減するため、法令上原本での保管が義務付けられない書類については、データ化の上、データを保存することも考えられる。紙媒体をデータ化した場合の文書保管方法については、11条を参照いただきたい。

CHECK③

自社において、必要事項を記載するための文書保存票をご用意いただきたい。一般的には、①文書名、②作成年月日、③作成者、④担当部署、⑤概要等を記載することが多いと思われる。

　　　　前号にかかわらず、文書保存責任者が、紙媒体の文書のうち、法令上原本保管の必要がないことを確認したものについては、当該紙媒体の文書をデータ化し、前号（ｂ）に基づき電子媒体として準備・保存することができる。
　（３）第１号（ｂ）に基づき準備が完了した電子媒体の文書（前号に基づきデータ化した文書を含む）は、文書保存フォルダにおいて集中保存する。文書保存フォルダに関するアクセス権限およびバックアップ期間については、別途文書保存責任者の指示するところによる。
２　前項の規定にかかわらず、業務上再度使用する必要が生じる文書については、文書保存責任者の定める期間中、文書管理担当部において、保存することができるものとする。
３　前項に基づき、文書管理担当部において保存を希望する文書がある場合には、文書管理責任者は、文書保存責任者に対して、事前にその理由および文書の明細等について所定の「文書保存票」に記入して申請を行い、文書保存責任者の指示に従い、文書管理担当部の責任において、これを保存するものとする。

（保存文書の借覧・閲覧）
第12条　前条第１項第２号に基づき保存された文書を借覧するときは、文書保存責任者に対して書面で申請し、借覧終了後、速やかに返却するものとする。
２　前条第１項第３号に基づき保存された文書を閲覧するときは、文書保存責任者に対して書面で申請し、閲覧終了後、速やかにその終了を文書保存責任者に報告するものとする。

第5章　廃棄

（廃棄）
第13条　保存期間が満了した文書、または保存期間中に保存の必要がなくなった文書は、所定の「文書保存票」に廃棄年月日を記入の上、廃棄処分を行う。
2　廃棄処分の責任者は、文書保存責任者とし、本章に定めるところに従い文書の廃棄処分を行うものとする。

（廃棄の方法）
第14条　文書廃棄の方法は、焼却または裁断処分にて行うものとする。
2　前項の規定にかかわらず、電子媒体の文書は、記録消去ソフト等を用いて文書の抹消を行いまたは文書が記録されている電子媒体を物理的に使用不可能な状態にすることにより行うものとする。
3　文書の廃棄を外部業者へ委託処理する場合は、委託する廃棄業者と秘密保持に関する契約を締結しなければならない。また、廃棄に際しては委託する廃棄業者から廃棄証明を取得しなければならない。

（廃棄業者の選定）
第15条　当社が選定する廃棄業者は、以下の各号の条件を満たす業者でなければならない。
（1）廃棄に要する許認可を適切に取得していること
（2）情報セキュリティに関する適切な社内規程等を設けていること

附　則
1　本規程の改廃は、取締役会の決議による。
2　本規程は、〇〇年〇月〇日から施行する。

6. 誓約書（退職時用）

CHECK ①	退職後の競業避止義務について、対象となる社員や対象となる期間につき、適切な考慮がされているか

○○株式会社　御中

誓約書

　私は、　　年　　月　　日付で○○株式会社（以下、「会社」という）を退職するに当たり、下記事項を確認し遵守履行することを誓約します。

（資料の返還等）
第1条　私は、会社退職日までに、「情報管理規程」に定める重要情報（以下、「重要情報」という）を含む文書等をすべて返還し、または会社の指示に基づいて破棄しており、機密文書等の原本はもとより、その複製物、複写物、印刷物、電子情報、ならびにサンプル等の物品も含め一切保有しておらず、また、会社の指示によらずこれらを社外に持ち出したり、他に開示・漏えいした事実がないことを誓約いたします。

（秘密保持の誓約）
第2条　私は、会社退職後においても、会社の書面による事前許可を得ることなく、在職中に知った重要情報の一切を第三者に開示、もしくは漏えいせず、また第三者に使用させないことを誓約いた

します。

(退職後の競業避止について)
第3条　私は、会社の退職後2年間、会社における私の職種および関わったプロジェクト（下記【重要情報の範囲】に記載）で取得した重要情報を使って、競合する関係にある他企業に関与しないこと（役員就任、就職および出向等の形態のいかん、直接・間接のいかんを問わない）および会社と競合する関係にある事業を自ら設立ないし開業しないことを約束します。

　前項に関して違反行為があった場合、会社から私に請求があったときには、私は支給された退職金の一部または全部を会社に返還することを約束します。

(知的財産権に関わる重要情報の帰属)
第4条　私が在職中、知的財産権に関わる重要情報の形成、創出に関わった場合であっても、当該形成・創出にかかる重要情報は会社業務遂行上作成したものであり、「職務発明規程」の定めに従い、すべて会社に帰属することを了解し、当該重要情報が私に帰属する旨の主張をしないことを約束します。

(退職後の言動)
第5条　私は、会社の退職後において、会社に対し不利益または侵害を与え得る言動をしないことを約束します。

(損害賠償)
第6条　前5条に違反し、会社に損害を与えたときには、私は会社に対し、その損害の一切について

CHECK①
退職後の競業避止は、憲法上保障されている職業選択の自由に照らし、慎重に判断される。裁判例では、①競業制限目的の正当性、②労働者の地位、③競業制限範囲の妥当性、④代償の有無等を総合考慮して、合理性がない制限であれば、公序良俗違反として無効とされている。以上から、例えば、技術職・研究職等の職種の社員については、誓約書に当該条項を含め、一般職・事務職等の職種の社員については、含めないことが考えられる。

賠償の責を負うことを了解し、当該損害を賠償することを約束します。

　　　　　　　　　　年　　月　　日

　　　　　　　住　所＿＿＿＿＿＿＿

　　　　　　　氏　名＿＿＿＿＿＿㊞

【重要情報の範囲】
　職種（所属した部門名、在職時に関わっていた品目名）、プロジェクト名などを記載

7. 誓約書（入社時用）

CHECK ①	派遣社員・出向社員の職務発明について、派遣元・出向元との個別具体的な契約関係に留意しているか
CHECK ②	他社の営業秘密を不正に取得しないための条項が含まれているか
CHECK ③	入社時に加え、退社時、特定のプロジェクト参加時等にも別途誓約書を提出させるための条項が含まれているか
CHECK ④	社員の個人情報を業務運営に活用するための条項が含まれているか
CHECK ⑤	社員のSNS利用について良識ある情報発信を誓約させる条項が含まれているか
CHECK ⑥	会社貸与PC・スマートフォン等のモニタリングを可能にする条項が含まれているか

○○株式会社　御中

誓約書

　私は、○○株式会社（以下、「会社」という）に入社するに際し、下記事項を遵守履行することを誓約いたします。

（会社規則の遵守）
第1条　私は、会社の「就業規則」および会社が定めるポリシー・規程・ガイドライン・マニュアル

等を遵守履行することを約束します。

（機密情報の保護）
第2条 私は、「情報管理規程」で定められる重要情報を、会社の許可なくいかなる目的・方法をもってしても、第三者に開示または漏えいしないこと、また、それらを会社の業務遂行の目的以外に使用しないことを約束します。

> **CHECK①**
> 派遣社員・出向社員についての実際の適用に当たっては、派遣元・出向元との契約関係を確認する必要があるため、必要に応じて削除。

（知的財産権に関わる機密情報の報告と成果の帰属）
第3条 私は、知的財産権に関わる重要情報（研究成果等）については、「職務発明規程」の定めに従い、私がその情報の作成に携わった場合であっても、当該重要情報は会社に帰属することを了承します。

（秘密保持義務）
第4条 私は、第三者から得た営業秘密等の秘密の情報を、当該第三者の書面による事前承諾を得ることなく、会社に持ち込まず、会社の他の従業員に開示せず、また会社で使用しないことを約束します。

2　私は、第三者との間で秘密保持義務を負っている場合は、本誓約書提出後30日以内に、当該守秘義務を侵害しない範囲内で、その相手方の名称と守秘義務の内容を書面で報告します。また、その内容につき会社が相手方に問い合わせることを了承します。

3　私は、第三者との間で秘密保持義務を負っている場合は、会社の業務遂行に当たって、自らの責任においてその義務に違反しないように行動します。また、義務違反や抵触の恐れがある場合は、事前に会社に報告します。

> **CHECK②**
> 不正競争防止法上、不正に開示された営業秘密であることを、故意・重過失により知らず、営業秘密を取得等した場合には、民事上・刑事上の責任を負う可能性があるところ、このような条項を入れておくことが望ましい。

4　私は、第三者において行った職務発明等を会社で特許出願等しないことを約束します
5　私は、第三者から会社に対して、私が負っている秘密保持義務の違反・侵害に関する問い合わせ・請求・訴求等が発生した場合は、会社に損害・不利益等を生じないよう防御に必要な行動・協力をするものとします。

（退職時の機密情報の返還）
第5条　私は、理由のいかんにかかわらず会社を退職する場合または会社から指示があった場合には、その時点で私が管理もしくは所持している会社の重要情報、その複製物・複写物・印刷物・電子媒体を退職時または指定された時点までにすべて会社に返還し、または会社の指示に従って破棄します。また、返還または破棄した以後は、私の手元には重要情報および当該電子媒体等は一切残存していないことを約束します。

（誓約書の提出）
第6条　私は、次の場合において会社が求めた場合、重要情報の取り扱い、退職後の秘密保持および競業活動に関する誓約書を提出することを約束します。
（1）特定のプロジェクト任命、特定部署への異動のとき
（2）業務上重要情報の開示を受けたとき
（3）退職のとき
（4）その他会社が求めたとき

CHECK③
入社時の誓約書に加え、退職時にも誓約書を提出させるのが一般的である。さらに、特定のプロジェクト・部署に配属された際、一定の情報の開示を受けた際に、改めて誓約書を提出させる例もある。詳細は、本書掲載の「誓約書（プロジェクト参加時用）」を参照。

（損害賠償および刑事告訴について）
第7条　私は、本誓約書に違反して会社に損害を与えた場合には、会社が私に対し懲戒解雇等の懲戒

処分、損害賠償請求、刑事告訴等の法的処分を取る場合もあることを十分に理解し、本誓約書を遵守することを約束します。

(言動について)
第8条 私は、会社に対して不利益または損害を与え得る言動をしないことを約束します。

(個人情報の取り扱い)
第9条 私は、私が会社に提出する私に関する個人情報が会社の円滑な業務運営の目的の達成に必要な範囲で利用され、第三者に提供されることに同意します。

(ソーシャルメディアの利用について)
第10条 私は、プライベートタイムに私有のデバイス(PC、スマートフォン、携帯電話等)からソーシャルメディアを利用する場合であっても、常に良識ある情報発信を心掛けます。また、一度インターネット上に公開した情報は完全には削除できないことを十分に理解し、情報発信は慎重に行うことを約束します。

(電子メール等のモニタリングの同意)
第11条 私は、会社の情報システムの一切が会社に帰属し、会社の正常な業務運営のために運用・管理されていることを理解し、業務の適正な遂行の保護のために必要である場合には、会社が事前に告知することなく私の会社貸与PC・スマートフォン、電子メールや通信記録、インターネットへのアクセスログ等についてモニタリングすることを了承します。

CHECK④
会社運営のために社員個人の情報を利用・提供するためこのような条項を入れることも考えられる。

CHECK⑤
社員のソーシャルメディアの使用に関する規程については、本書掲載の「SNSの私的利用に関するガイドライン」(311ページ)を参照。

CHECK⑥
会社貸与PC・スマートフォン等のモニタリング条項については、本書掲載の「ITセキュリティ管理規程」(305ページ)を参照。

情報管理に関する書式

　　　　年　　月　　日

　　　　　住　所＿＿＿＿＿＿＿

　　　　　氏　名＿＿＿＿＿＿㊞

8. 誓約書（プロジェクト参加時用）

CHECK ①	社外のみならず、社内のプロジェクトに関与していない社員に対しても、秘密情報の開示等を制限する内容となっているか

○○株式会社　御中

誓約書

　私は、○○株式会社（以下、「会社」という）の○○○プロジェクト（以下、「本件プロジェクト」という）に参加するに当たり、「情報管理規程」を遵守するとともに、下記事項の遵守履行を誓約いたします。

（秘密保持の誓約）
第1条　私は、会社の書面による事前許可を得ることなく、社外は無論のこと会社の従業員で本件プロジェクトに関与していない者に対しても、次の事項の情報（以下、「秘密情報」という）を開示、漏えいせず、また本件プロジェクト遂行以外の目的で自ら使用しないことを約束します。
（1）会社において本件プロジェクトで遂行されている以下の事項に関する情報
　　・○○
　　・○○
　　・○○
（2）本件プロジェクト参加により知り得る情報の一切（本誓約書の最後に例示列挙される）

> **CHECK①**
> 特に守秘性の高いプロジェクトに参加する社員に対して、入社時の誓約書とは別に、本誓約書を提出させることも考えられる。社外のみならず、社内のプロジェクトに関与していない社員に対しても、秘密情報の開示等を制限する内容としている。

(3) 以上のほか、会社が特に本件プロジェクトに関連して極秘または社外秘として指定した情報

(公表後の秘密情報)
第2条 私は、本件プロジェクトが公表された後といえども、未公表の秘密情報を、会社の書面による事前許可を得ることなく、社外および会社従業員で本件プロジェクトに関与していない者に対しても、開示、漏えいせず、また本件プロジェクト遂行以外の目的に自ら使用しないことを約束します。

(秘密情報の帰属)
第3条 秘密情報については、私がその秘密を構成するいかなるアイディア、コンセプト、技術、発明、ノウハウ、プロセス、著作の形成、創出に携わった場合であっても、会社の業務遂行上作成したものであり、当該秘密情報に関する一切の権利が会社にあることを了解します。また、当該秘密情報に関し私に帰属する権利がある場合、当該権利を会社に譲渡し、かつ会社に対し当該秘密情報が私に帰属する旨の主張をしないことを約束します。

(資料の返還等)
第4条 私は、会社により返還を要求された場合、または私が本件プロジェクトからその理由を問わず離脱した場合は、本件プロジェクトに関連して私が得た秘密情報を含むいかなる資料およびその複製物・複写物・印刷物・電子媒体（以下、「本媒体」と総称する）、ならびにそれらに関係する資料およびその本媒体の一切を直ちに返還するこ

とを約束します。

(退職時の秘密保持)
第5条 会社を退職した後といえども、第1条および第2条の規定に従い、同条記載の秘密情報を開示、漏えいせず、また使用しないことを約束し、それを約する誓約書を、会社の要請に応じ退職前に提出します。

　　　　　　年　　月　　日

　　　　　　　住　所＿＿＿＿＿＿＿＿

　　　　　　　氏　名＿＿＿＿＿＿＿㊞

【本件プロジェクト参加により知り得る情報】

情報管理に関する書式

9. ITセキュリティ管理規程

CHECK ①	「重要な電子化情報」が適切に定義されているか
CHECK ②	会社貸与PC・スマートフォン等のモニタリングを可能にする条項が含まれているか

ITセキュリティ管理規程

(目的)
第1条　本規程は、当社のコンピュータ資源と電子化情報におけるITセキュリティ管理に関する基本的な事項を定めることを目的とする。

(範囲)
第2条　本規程は、当社のすべての役職員（取締役、監査役、従業員、出向社員、臨時雇用者、派遣社員、アルバイトを含むがこれらに限られない。以下同じ）に適用される。
2　本規程は、当社が所有または管理するすべてのコンピュータ資源および電子化情報を対象とする。

(定義)
第3条　「コンピュータ資源」とは、当社が保有するすべてのコンピュータ、パソコン、通信機器等の情報通信基盤・機器類およびソフトウェアとその上で稼働する各種業務システムおよび情報通信サービスをいう。
2　「電子化情報」とは業務に関連して、コンピュータ資源上で作成、生成、配布、掲載、保管、保存

305

されるすべての情報をいい、コンピュータ資源から、CD、DVD、USBメモリ等の外部記録媒体に保存された情報を含む。
3 「重要な電子化情報」とは、以下の各号に定めるものを含む電子化情報をいう。
 （1）○規程第○条に規定する「重要情報」
 （2）○○○

（IT管理責任者）
第4条 ○○部長をIT管理責任者とする。
2 IT管理責任者は所管組織におけるITセキュリティ管理の指導ならびに運用、監視、維持および改善に対する責任を有する。
3 各部の部長は、ITセキュリティ管理の指導ならびに運用、監視、維持および改善に関して、IT管理責任者の指示に従い、IT管理責任者を補佐して、次の職務を行うものとする。
 （1）コンピュータ資源の適切な管理および電子化情報の適正な取得、利用、保存および廃棄の方法について、役職員への徹底指導を行うこと。
 （2）コンピュータ資源および電子化情報の持ち出し、ならびに電子化情報の複製を必要最小限にとどめるよう役職員を指導すること。
 （3）コンピュータ資源および電子化情報に対するアクセス権限を業務上必要最低限度に限定し、アクセス権限のない者の不正アクセスがないよう役職員を指導すること。
 （4）所管組織において管理対象となるシステムごとに、システム管理者を選任すること。また、システム管理者を変更した場合には、システム管理パスワードを変更する等、変更前のシステム管理者による管理者権限の

> **CHECK①**
> 「重要な電子化情報」について、自社にとって重要な情報を含む形で規定されているか確認されたい。その上で、他の社内規程（例えば、情報管理規程や文書管理規程）において、同情報について、矛盾する取り扱いが規定されていないか確認されたい。

行使を防止する措置を直ちに講じること。
（5）外部委託先等との委託契約が終了する等、アクセス権限に変更があった場合、当該アクセス権限を削除する等の措置を直ちにシステム管理者に指示すること。
（6）コンピュータ資源および電子化情報の管理状況を、所管組織の統括責任者の求めに応じて報告すること。

（システム管理者）
第5条 IT管理責任者により、対象システムごとに選任される管理者をシステム管理者とする。なお、システム管理者は当該システムの管理に必要な最少人数にとどめるものとする。
2　システム管理者は、次の各号を遵守し実行するものとする。
（1）情報の漏えいを防止するため、次条各号の定めがコンピュータ資源および電子化情報を利用する役職員に遵守されるようシステムを適正に管理すること。
（2）アクセス権限の変更があった場合に、IT管理責任者の指示に基づきアクセス権限の削除をする等、不正アクセス防止に必要な措置を講ずること。
（3）システム上で問題を発見した場合、必要に応じ、速やかにその内容をIT管理責任者に報告し、被害の拡大防止およびシステムの復旧に努めること。
（4）システム管理者の任を解かれた場合、直ちに管理者権限を放棄し、管理者権限で得られた一切の情報をIT管理責任者の指示に基づき破棄すること。
3　システム管理者は、次の各号に掲げる事項をし

てはならない。
（1）管理者ID等を当該システムのシステム管理者以外に開示すること。
（2）業務上必要な範囲を超えて管理者権限を行使すること。また、それにより情報を不正入手すること。
4 システム管理者は、業務上やむを得ず役職員が利用するパソコン等にアクセスするときは、当該役職員の許可を得なければならない。
5 システム管理者は、管理者権限でアクセスした履歴・作業内容等を記録するものとし、IT管理責任者の求めに応じて当該記録を開示できるよう保存しなければならない。
6 システム管理者は、システムの構築・運用・セキュリティ対策等に関して、本規程のほか、IT管理責任者が別途定める基準等に従うものとする。

（遵守事項）
第6条 役職員は、以下の事項を遵守するものとする。
（1）コンピュータ資源および電子化情報は業務目的以外に利用してはならない。
（2）コンピュータ資源および電子化情報にアクセスして得られた情報を、職務の遂行に必要な範囲を超えて他者に伝達したり、流出または漏えいさせてはならない。
（3）自己にアクセス権限のないコンピュータ資源または電子化情報へのアクセスを行ってはならない。
（4）コンピュータ資源または電子化情報を利用して、不正の利益を得たり、誹謗・中傷等他人に損害を加えるような行為をしてはな

らない。
(5) 自己のIDに安全なパスワードを設定して、常に守秘性を維持するため定期的にパスワードを変更しなければならない。また、IDおよびパスワードは他人に開示してはならない。
(6) 重要な電子化情報を利用または保管するに当たっては、内容別に分類・整理の上、当該重要な電子化情報それ自体に安全なパスワードを設定し、あるいはこれを暗号化するか、これを格納するフォルダについてアクセス権限を制限する等の措置を取らなければならない。
(7) 社内外にかかわらず、前号の格納フォルダから重要な電子化情報を持ち出す(電子メールに添付する行為を含む)場合には、原則として当該情報について安全なパスワードを設定し、または暗号化しなければならない。
(8) 自己の利用するコンピュータ資源にかかるコンピュータウイルスの感染および感染拡大を防止するため必要となる措置を速やかに取らなければならない。
(9) 保管、保存を必要としない電子化情報は、目的に沿った利用が終了した後、直ちに復元できない方法により廃棄または削除しなければならない。
(10) 前各号いずれかの違反を発見した場合は、IT管理責任者に直ちに報告しなければならない。

(機器の選定)
第7条 コンピュータ資源の機器選定は、IT管理責任者が別途定める基準等に従って行われるもの

とする。

(モニタリング)

第8条 IT管理責任者は、ITセキュリティに問題が生じ、もしくは生じる恐れがある場合、または社内規程や諸法令に基づき、調査の必要性が生じた場合は、特定の役職員の通信内容やコンピュータ資源の操作内容を調査することができる。

2　前項に基づく調査の実施主体は当該調査に必要な最少人数にとどめるものとし、原則として、調査対象となるコンピュータ資源のシステム管理者および課長級以上の役職者、ならびに監査およびコンプライアンスを所管する部署から選任するものとする。

CHECK②
セキュリティリスクまたは社内不祥事の調査等に当たり、役職員のPCやスマートフォンをモニタリングするために、このような規定を設けることも考えられる。

10. SNSの私的利用に関するガイドライン

CHECK ①	プライベートでのSNS利用は原則自由との前提に立っているか
CHECK ②	守秘義務の遵守や職務専念義務の遵守といった主要な内容が含まれているか
CHECK ③	本ガイドラインの違反時の処分について記載されているか

SNSの私的利用に関するガイドライン

1 はじめに

　このガイドラインは、当社役職員の方々がプライベートでソーシャル・ネットワーキング・サービス（Facebook、Twitter、Instagram、LINE等、インターネットを通じて情報を発信したり、不特定多数のユーザーとコミュニケーションを取ることのできるツールを指し、以下、「SNS」といいます）を利用する際に、注意していただきたい事項をまとめたものです。

　役職員がプライベートでSNSのアカウントを持ち、就業時間外に利用することは、原則として自由ですが、SNSにおける発信行為は、その気軽さに比して、利用者本人やその勤務先に極めて大きな影響を及ぼし得る（例えば、役職員がTwitterに不適切な投稿をしたことにより、当該個人がバッシングを受けるだけではなく、勤務先の企業までもバッシングの対象となってしまう等）ことから、会社との関係で義務に違反したり、会社の信用をおとしめるような発信を行わないよう、注意する必要があります。

> **CHECK①**
> 誠実義務の範囲を超えて社員のプライベートを制限する場合、この規定が無効と判断される恐れがある。

第6章 服務規律

2 SNSを利用する際の注意点

- 他人が読んで不快になるような投稿はしないようにしてください。また、他人に対する中傷や、差別的な発言は避けてください。
- 政治・宗教・社会問題など、人によって考え方が違う内容を投稿した場合には、厳しいバッシングの対象となり、いわゆる「炎上」のような事態になる恐れがあります。投稿内容が他の人の目に触れることを認識の上、慎重に投稿するようにしてください。
- 社外秘の情報や、顧客・取引先の個人情報などは投稿してはなりません。
- 著作権等の他人の権利を侵害する投稿はしてはなりません。本や雑誌を撮影した画像や、他のウェブサイトに掲載されている画像をコピーしてそのままSNSに転載することは、著作権違反に当たりますので特に注意が必要です。
- SNSのIDやパスワードは気を付けて管理し、他人に教えたりしないようにしてください。
- 会社から貸与されたPCや携帯電話からは、個人のSNSアカウントにアクセスしてはなりません。また、勤務時間中は、業務に専念し、個人のSNSにアクセスしないでください。
- SNSからアプリケーションをインストールする際は、ウイルスやスパイウェアでないか注意してください。

3 違反

本ガイドラインはあくまで当社の従業員の方々に向けて注意していただきたい事項を記載したものですが、会社や顧客の秘密を漏えいしたり、会社の信用を傷付けるなど、就業規則に違反する行為を行った場合は、懲戒処分等の対象になることがありますので、十分注意してください。

> **CHECK②**
> 主な内容は、①会社の名誉を棄損する投稿の禁止、②会社の守秘義務対象情報の投稿の禁止、③業務中の利用の禁止、の3点である。

> **CHECK③**
> 守秘義務の遵守、職務専念義務の遵守等に違反する場合には就業規則違反として懲戒処分の対象となる。

第6章 服務規律

2 ハラスメントに関する書式

1.セクシュアルハラスメントおよびマタニティハラスメント対策

　男女雇用機会均等法11条は、使用者に対しセクシュアルハラスメント（以下、「セクハラ」という）の防止措置を講じることを義務付けており、より詳細には、「事業主が職場における性的な言動に起因する問題に関して雇用管理上講ずべき措置についての指針」（以下、「セクハラ指針」という）により、就業規則やその他の服務規律等を定めた文書によるセクハラ防止の方針や相談・苦情申立てに関する規定および明確化、ならびに労働者への周知・啓発（研修等含む）が求められている。また、2017年1月1日からは、妊娠・出産・育児休業・介護休業等を理由とする不利益取扱いやこれらに関する言動により労働者の就業環境を害すること（以下、「マタハラ」という）についても防止義務が明文で定められ（男女雇用機会均等法9条3項、指針、育介法25条）、マタハラ防止についても就業規則や就業規則から委任された下部規程の文書に盛り込むことが必要となった。

2.パワーハラスメント対策

　パワーハラスメント（以下、「パワハラ」という）については、これを明文で禁止したり防止措置を義務付けたりする法律は本書執筆時点では存在しない。しかし、近年、パワハラ問題に関する社会的意識の高まりとともに、パワハラが問題化するケースは増加の一途をたどっており、使用者の責任が問われる例も増えている上、厚生労働省が2019年の通常国会にパワハラ防止措置を義務付ける法案の提出を目指していることから、使用者としてパワハラ防止規程を明文で定め周知を図ることは極めて重要となっている。パワハラか否かの線引きは業務の適正な範囲との

兼ね合いで決まるため、規程で画一的な定義を置くことまではできないが、2018年3月に発表された厚生労働省の「職場のパワーハラスメント防止対策についての検討会報告書」にも挙げられているパワハラの六つの類型等も示しながら、どのような行為がパワハラに該当し得るのかイメージを持ちやすい内容にすることが望ましい。

1. セクシュアルハラスメント防止規程

CHECK①	妊娠・出産・育児介護休業等に関するハラスメント防止策を記載したか
CHECK②	性的指向・性自認に関するハラスメント、同性に対するセクシュアルハラスメントも対象となることを明記したか
CHECK③	相談・苦情申立て窓口を明確に周知したか
CHECK④	相談・苦情申立てを行った者に対する不利益取扱いがない旨を明記したか
CHECK⑤	再発防止策を講じる旨を明記したか

セクシュアルハラスメント防止規程

(目的)
第1条　この規程は、就業規則第○条、男女雇用機会均等法および育児・介護休業法に基づき、職場におけるセクシュアルハラスメントおよび妊娠・出産・育児休業・介護休業等に関するハラスメントを防止するために従業員が遵守するべき事項、これらのハラスメントに起因する問題に関する雇用管理上の措置、ならびにこれらのハラスメントに

CHECK①
妊娠・出産・育児介護休業等に関するハラスメントについても、2017年1月1日以降、使用者は対策が求められている。

関する苦情申立制度等を定める。
2　この規程は、当社の正社員のみならず、パートタイム労働者、契約社員等名称のいかんを問わず当社に雇用されているすべての従業員および派遣労働者に適用される。

（定義）
第2条　「セクシュアルハラスメント」とは、職場における性的な言動（性的指向・性自認に関する言動、同性に対する言動も含む。以下同じ）に対する他の従業員の対応等により、当該従業員の労働条件に関して不利益を与えること、または性的な言動により他の従業員の就業環境を害することをいう。
2　前項にいう「職場」とは、オフィス等の特定の勤務場所のみならず、従業員が業務を遂行し、または業務遂行のために必要な行為を行うすべての場所（通勤・退勤途上や出張等の移動行程、業務の延長と考えられる従業員同士の懇親会等を含むがこれらに限られない）をいう。また、就業時間内に限らず、実質的に職場の延長と見なされる就業時間外の時間をも含む。
3　第1項にいう「他の従業員」とは、直接的に性的な言動の相手方となった者（被害者）に限らず、性的な言動により就業環境を害されたすべての従業員を含むものとする。
4　「妊娠・出産・育児休業・介護休業等に関するハラスメント」とは、上司や同僚等による以下のいずれかの言動により、従業員の就業環境を害することをいう。ただし、業務分担や安全配慮等の観点から、客観的に見て、業務上の必要性に基づく言動については、妊娠・出産・育児休業・介護休業等に関するハラスメントには該当しない。

> **CHECK②**
> いわゆるセクハラ指針（平18.10.11厚生労働省告示615号、最終改正平28.8.2厚生労働省告示314号）上、性的指向および性自認に関するハラスメント、同性に対するハラスメントについても対策が求められていることに留意する。

(1) 次に掲げる制度等の利用を理由に、解雇や不利益取扱いを示唆し、同制度等の利用を阻害し、または同制度等の利用を理由に嫌がらせ等をする言動
①産前・産後休業
②妊娠中および出産後の健康管理に関する措置
③軽易な業務への転換
④育児時間の取得
⑤坑内業務の就業制限および危険有害業務の就業制限
⑥所定外労働の制限、時間外労働の制限、深夜業の制限
⑦育児休業・介護休業、子の看護休暇・介護休暇
⑧育児・介護のための所定労働時間の短縮措置
⑨始業時刻変更等の措置
(2) 妊娠・出産およびこれらに関連する状態（産後休業の取得、つわりによる体調不良等）等の状態を理由に解雇や不利益取扱いを示唆し、またはこれらの状態を理由に嫌がらせ等をする言動

(セクシュアルハラスメントの禁止)
第3条 すべての従業員は、他の従業員を業務遂行上の対等なパートナーとして認め、職場における健全な秩序および協力関係を保持する義務を負うとともに、職場内において、次の各号に掲げる行為を含む一切のセクシュアルハラスメント行為により、他の労働者に不利益や不快感を与えたり、就業環境を害するようなことをしてはならない。
(1) 性的および身体上の事柄に関する不必要な

質問・発言
（2）わいせつ図画の閲覧、配布、掲示
（3）性的なうわさの流布
（4）不必要な身体への接触
（5）性別、性的指向または性自認に関する差別的または侮辱的言動
（6）性的な言動により、他の従業員の就業意欲を低下させ、または能力の発揮を阻害する行為
（7）交際・性的関係の強要
（8）性的な言動への抗議、拒否、または苦情申立て等を行った従業員に対し、解雇、不当な人事考課、配置転換等の不利益を与える行為
（9）その他、相手方および他の従業員に不快感を与える性的な言動
2　上司は、部下である従業員がセクシュアルハラスメントを受けている事実を認識した場合、これを黙認してはならない。

（妊娠・出産・育児休業・介護休業等に関するハラスメントの禁止）
第4条　すべての従業員は、部下または同僚の従業員に対し、妊娠・出産・育児休業・介護休業等に関するハラスメントを行ってはならない。
2　上司は、部下である従業員が妊娠・出産・育児休業・介護休業等に関するハラスメントを受けている事実を認識した場合、これを黙認してはならない。

（懲戒処分）
第5条　前2条の禁止規定に違反した従業員は、その情状等に応じ、就業規則第○条に定める懲戒処

分に処する。

（相談および苦情申立て）
第6条　セクシュアルハラスメントおよび妊娠・出産・育児休業等に関するハラスメントに関する相談および苦情処理の相談窓口は、人事部長および各事業場の○○担当者とし、その全体責任者は人事部長とする。人事部長は、各窓口担当者の名前を人事異動等の変更の都度、周知するとともに、担当者に対する対応マニュアルの作成および対応に必要な研修を行うものとする。

2　セクシュアルハラスメントおよび妊娠・出産・育児休業等に関するハラスメントの被害者に限らず、すべての従業員はこれらのハラスメントに関する相談および苦情を窓口担当者に申し出ることができる。

3　相談窓口担当者は相談者・苦情申立者からの事実確認の後、本社においては人事部長へ、各事業場においては所属長へ報告する。報告に基づき、人事部長または所属長は相談者のプライバシーおよび人権に配慮した上で、必要に応じて行為者、被害者、上司その他の周辺従業員等に事実関係を聴取し調査を行う。所属長は、事実関係の聴取および調査の結果を人事部長に報告する。

4　前項の聴取を求められた従業員は、正当な理由なくこれを拒むことはできない。また、聴取を求められた従業員は、聴取において話した内容その他相談者、苦情申立者および被害者のプライバシーに関わる内容を口外してはならない。

5　第3項に定める事実関係の聴取および調査の後、人事部長は、問題解決のための措置として、第5条に定める懲戒処分の他、行為者の異動、行為者と被害者の隔離等、被害者の労働条件および

> **CHECK③**
> 相談・苦情申立てのための対応窓口をあらかじめ定める必要がある。

就業環境を改善するために必要な措置を講じる。

(不利益取扱いの禁止)
第7条　前条に定める相談および苦情申立てへの対応に当たっては、関係者のプライバシーは保護される。
2　前条に定める相談もしくは苦情申立てを行い、他の従業員の相談もしくは苦情申立てに協力し、または前条の相談もしくは苦情申立てを受けて行われる調査に協力もしくは関与したことにより、従業員が労働条件その他に関して不利益に取り扱われることはない。

(再発防止の義務)
第8条　人事部長は、セクシュアルハラスメント事案または妊娠・出産・育児休業・介護休業等に関するハラスメント事案が生じたときは、周知の再徹底および研修の実施、事案発生の原因の分析と再発防止等、適切な再発防止策を講じなければならない。

附　則
(実施期日)
この規程は、○○年○月○日から実施する。

CHECK④
相談者・苦情申立者のプライバシー保護、および相談・苦情申立て等による不利益取扱いのないことを社員に周知・啓発する必要がある。

CHECK⑤
ハラスメント事案が発生した場合は、使用者は再発防止措置を講じることが求められている。

2. パワーハラスメント防止規程

CHECK①	パワーハラスメントの具体的類型も例示しているか
CHECK②	相談・苦情申立て窓口を明確に周知したか
CHECK③	相談・苦情申立てを行った者に対する不利益取扱いがない旨を明記したか

パワーハラスメント防止規程

（目的）

第1条 この規程は、就業規則第○条に基づき、職場におけるパワーハラスメントを防止するために従業員が遵守すべき事項、パワーハラスメントに起因する問題に関する雇用管理上の措置、およびパワーハラスメントに関する苦情処理制度等を定める。

2　この規程は、当社の正社員のみならず、パートタイム労働者、契約社員等名称のいかんを問わず当社に雇用されているすべての従業員および派遣労働者に適用される。

（定義）

第2条 「パワーハラスメント」とは、同じ職場で働く他の従業員に対して、職務上の地位や人間関係などの職場内の優位性を背景にした、業務の適正な範囲を超える言動により、他の労働者に精神的・身体的な苦痛を与えたり、就業環境を害する行為をいう。具体的には、以下に掲げるような行為類型がパワーハラスメントに該当する（ただし、これらに限られるものではなく、パワーハラスメ

> **CHECK①**
> パワーハラスメントの定義は、厚生労働省の職場のパワーハラスメント防止対策についての検討会報告書（平成30年3月）における定義を用いるのが一般的である。パワーハラスメント行為が懲戒事由にもなり得る以上、具体的な行為類型も示すことが望ましい（ただし、個別性にも留意をした記載にする）。

ント該当性は個別の具体的事案ごとに判断される)。
(1) 身体的な攻撃(暴行・傷害)
(2) 精神的な攻撃(脅迫・暴言等)
(3) 人間関係からの切り離し(隔離・仲間外し・無視)
(4) 過大な要求(業務上明らかに不要なことや遂行不可能なことの強制、仕事の妨害)
(5) 過小な要求(業務上の合理性なく、能力や経験とかけ離れた程度の低い仕事を命じることや仕事を与えないこと)
(6) 個の侵害(私的なことに過度に立ち入ること)
2 前項の「職務上の地位や人間関係などの職場内の優位性を背景に」には、直属の上司はもちろん、先輩後輩関係などの人間関係により、相手に対して実質的に影響力を持つ場合、キャリアや技能に差のある同僚や部下が実質的に影響力を持つ場合等を含むものとする。
3 第1項の「職場」には、勤務部署のみならず、従業員が業務を遂行するすべての場所をいう。また、就業時間内に限らず実質的に職場の延長と見なされる就業時間外の時間をも含む。

(パワーハラスメントの禁止)
第3条 すべての従業員は、前条第1項に定めるパワーハラスメントに該当する行為を行ってはならない。
2 上司は、部下である従業員がパワーハラスメントを受けている事実を認識した場合、これを黙認してはならない。

(懲戒処分)
第4条 前条の禁止規定に違反し、またはこれを繰

り返した従業員は、その情状等に応じ、就業規則第〇条に定める懲戒処分に処する。

(相談および苦情申立て)

第5条 パワーハラスメントに関する相談および苦情処理の相談窓口は、人事部長および各事業場の〇〇担当者とし、その全体責任者は人事部長とする。人事部長は、各窓口担当者の名前を人事異動等の変更の都度、周知するとともに、担当者に対する対応マニュアルの作成および対応に必要な研修を行うものとする。

2　パワーハラスメントの被害者に限らず、すべての従業員はパワーハラスメントに関する相談および苦情を窓口担当者に申し出ることができる。

3　相談窓口担当者は相談者・苦情申立者からの事実確認の後、本社においては人事部長へ、各事業場においては所属長へ報告する。報告に基づき、人事部長または所属長は相談者のプライバシーおよび人権に配慮した上で、必要に応じて行為者、被害者、上司その他の周辺従業員等に事実関係を聴取し調査を行う。所属長は、事実関係の聴取および調査の結果を人事部長に報告する。

4　前項の聴取を求められた従業員は、正当な理由なくこれを拒むことはできない。また、聴取を求められた従業員は、聴取において話した内容その他相談者、苦情申立者および被害者のプライバシーに関わる内容を口外してはならない。

5　第3項に定める事実関係の聴取および調査の後、人事部長は、問題解決のための措置として、第4条に定める懲戒処分の他、行為者の異動、行為者と被害者の隔離等、被害者の労働条件および就業環境を改善するために必要な措置を講じる。

> **CHECK②**
> 相談・苦情申立てのための対応窓口をあらかじめ定める必要がある。

(不利益取扱いの禁止)
第6条　前条に定める相談および苦情申立てへの対応に当たっては、関係者のプライバシーは保護される。
2　前条に定める相談もしくは苦情申立てを行い、他の従業員の相談もしくは苦情申立てに協力し、または前条の相談もしくは苦情申立てを受けて行われる調査に協力もしくは関与したことにより、従業員が労働条件その他に関して不利益に取り扱われることはない。

(再発防止の義務)
第7条　人事部長は、パワーハラスメント事案が生じた時は、周知の再徹底および研修の実施、事案発生の原因の分析と再発防止等、適切な再発防止策を講じなければならない。

附　則
(実施期日)
この規程は、○○年○月○日から実施する。

> **CHECK③**
> 相談者・苦情申立者のプライバシー保護、および相談・苦情申立て等による不利益取扱いのないことを社員に周知・啓発する必要がある。

第6章 服務規律

3 コンプライアンスに関する書式

1.反社会的勢力との対峙(たいじ)

　近年、暴力団を中心とする反社会的勢力は、覚醒剤、賭博(とばく)等の伝統的資金源に加え、詐欺、窃盗等の犯罪の他、合法的な企業活動を仮装して活発な経済取引を行う等、その時々の社会情勢や経済情勢に応じて資金獲得活動を多様化させており、企業が反社会的勢力と気付かず、反社会的勢力と取引を開始してしまうリスクは高まっている。

　また、社会的にも企業の反社会的勢力対応についての要求水準は高まっており、企業が反社会的勢力と知らずに取引関係に入ってしまった場合に、当該関係に起因して企業が被る不利益（例えば、行政庁による処分、マスコミ報道、レピュテーションの失墜、それに伴うビジネスへの影響等）は従前にも増して大きくなっている。

　反社会的勢力との接触を避けるためには、あらかじめ社内において反社会的勢力に対する規程を整備し、継続的な社内研修等を通じて役職員に注意喚起を行い、対応方法・リスク等を周知しておくことが望ましい。

2.内部通報制度の現状とこれから

　企業において内部通報制度の導入が進んだ今、喫緊の課題はその実効的な運用である。

　内部通報制度は、不正・不祥事の早期発見に寄与するものであるが、その実効性向上に頭を悩ませる企業は多い。

　このような状況を踏まえ、「公益通報者保護法を踏まえた内部通報制度の整備・運用に関する民間事業者向けガイドライン」（以下、「民間事業者向けガイドライン」という）が2016年12月に改正され、また、2018年には内部通報制度に関する認証制度の導入が決まり2019年2月以降、

企業等による登録申請が始動している。内部通報者らを保護する公益通報者保護法の改正の動きも注視すべきである。

1. 反社会的勢力対応規程

CHECK ①	反社会的勢力が適切に定義されているか
CHECK ②	反社会的勢力への対応の責任部門・部署を定めているか。また、実際の反社対応態勢と規程の内容とに齟齬(そご)がないか

反社会的勢力対応規程

（目的）
第1条　本規程は、当社における反社会的勢力の対応方法を定めることにより、当社が反社会的勢力に対し、毅然とした態度で対応し、いかなる名目の利益供与も行わず、反社会的勢力との関わりを一切持たないようにすることを目的とする。

（定義）
第2条　反社会的勢力とは、以下に掲げるものをいう。
（1）暴力団（その団体の構成員［その団体の構成団体の構成員を含む］が集団的にまたは常習的に暴力的不法行為等を行うことを助長する恐れがある団体をいう。以下同じ）
（2）暴力団員（暴力団の構成員をいう。以下同じ）
（3）暴力団員でなくなった時から5年を経過しない者
（4）暴力団準構成員（暴力団員以外の暴力団と

CHECK①
反社会的勢力の定義は、一般社団法人全国銀行協会が発表している暴力団排除条項参考例を参考にしている。取引先等が反社会的勢力である疑いがある場合には、警察や各地の暴力団追放運動推進センター（いわゆる暴追センター）に照会することになろう。

関係を有する者であって、暴力団の威力を背景に暴力的不法行為等を行う恐れがある者、または暴力団もしくは暴力団員に対し資金、武器等の供給を行うなど暴力団の維持もしくは運営に協力し、もしくは関与する者をいう。以下、「準構成員」という）
（5）暴力団関係企業（暴力団員が実質的にその経営に関与している企業、準構成員もしくは元暴力団員が経営する企業で暴力団に資金提供を行うなど暴力団の維持もしくは運営に積極的に協力しもしくは関与する企業または業務の遂行等において積極的に暴力団を利用し暴力団の維持もしくは運営に協力している企業をいう）
（6）総会屋等（総会屋、会社ゴロ等企業等を対象に不正な利益を求めて暴力的不法行為等を行う恐れがあり、市民生活の安全に脅威を与える者をいう）
（7）社会運動等標ぼうゴロ（社会運動もしくは政治活動を仮装し、または標ぼうして、不正な利益を求めて暴力的不法行為等を行う恐れがあり、市民生活の安全に脅威を与える者をいう）
（8）特殊知能暴力集団等（前各号に掲げる者以外の、暴力団との関係を背景に、その威力を用い、または暴力団と資金的なつながりを有し、構造的な不正の中核となっている集団または個人をいう）
（9）前各号に準ずるもの
（10）前各号に該当する者（以下、「暴力団員等」という）が経営を支配していると認められる関係を有する者
（11）暴力団員等が経営に実質的に関与している

と認められる関係を有する者
(12) 自己、自社もしくは第三者の不正の利益を図る目的または第三者に損害を加える目的を持ってするなど、不当に暴力団員等を利用していると認められる関係を有する者
(13) 暴力団員等に対して資金等を提供し、または便宜を供与するなどの関与をしていると認められる関係を有する者
(14) 役員または経営に実質的に関与している者が暴力団員等と社会的に非難されるべき関係を有する者

2　反社会的勢力に該当するかどうかについては、前項に掲げるような属性要件に着目するとともに、次の各号に掲げる行為要件にも着目し、本人が自らまたは第三者を利用して次の各号のいずれか一つにでも該当する行為をした場合も、反社会的勢力に該当すると判断するものとする。
(1) 暴力的な要求行為
(2) 法的な責任を超えた不当な要求行為
(3) 取引に関して、脅迫的な言動をし、または暴力を用いる行為
(4) 風説を流布し、偽計を用いまたは威力を用いて相手方の信用を毀損し、または相手方の業務を妨害する行為
(5) その他前各号に準ずる行為

（対応部署の設置）
第3条　当社における反社会的勢力への対応を総括する部署は法務コンプライアンス部とする。

（対応措置）
第4条　反社会的勢力であることを知らずに関係を有してしまった場合には、反社会的勢力であるこ

CHECK②
反社会的勢力への対応の責任部門・部署を明確に定める。一般的な対応部門・部署としては、管理部、法務部、コンプライアンス部等が考えられる。
また、4条以下に定める規程上の内容と、実際の会社の反社対応態勢とに齟齬がないようにする。

とが判明した時点以降は資金提供等を行わないものとする。
2　前項に基づき反社会的勢力であることが判明した場合において、可能な限り速やかに関係を解消できるよう、以下の措置を講じておくものとする。
　（1）契約書や取引約款その他規程に可能な限り暴力団排除条項を導入し、反社会的勢力が取引先となることを防止すること
　（2）1年に1回、当社の取引先・業務委託先等に反社会的勢力が存在するか否かを確認すること
　（3）1年に1回、当社の株主に反社会的勢力が存在するか否かを確認すること

（管理態勢の整備）
第5条　反社会的勢力による不当要求が発生した場合には、反社会的勢力による被害を防止するために、以下に掲げる対応を行うものとする。
　（1）反社会的勢力からの不当要求が発生した際に、発生部門から法務コンプライアンス部に対して速やかに報告・相談すること
　（2）法務コンプライアンス部は、前号に基づく報告・相談を受けた場合において、脅迫・暴行為の危険性が高く、緊急を要すると判断する場合等必要があると認めるときには、警察へ通報すること
　（3）法務コンプライアンス部は、第1号に基づく報告・相談に基づき、実際に担当する担当者の安全の確保を最優先し、発生部門に対して適切な対応を指示すること
2　法務コンプライアンス部は、反社会的勢力による被害を防止するために、以下に掲げる態勢を整備するものとする。

（1）反社会的勢力に関して得た情報をデータベースとして構築し、取引先の審査や株主の属性判断等を行う際に活用できる態勢
（2）所轄警察担当係および公益財団法人暴力団追放運動推進都民センター［注：東京都以外の場合は、それぞれ対応する暴力団追放運動推進センターの名称を記載する］ならびに弁護士等と連携する態勢
（3）対応マニュアルの整備

（監査役会等への報告等）
第6条 社内窓口は、内部通報等を受け付けた場合、その内容が重要である場合（役員に関する通報、重要な法令違反に関する通報を含むがその限りではない）には直ちにその内容を監査役会に報告しなければならない。
2 社外窓口は、内部通報等を受け付けた場合、その内容が重要である場合（役員に関する通報、重要な法令違反に関する通報を含むがその限りではない）には直ちにその内容を監査役会に、それ以外の場合には直ちにその内容を内部監査室○○課に報告しなければならない。
3 前2項の告知を受けた監査役会が、内部通報等の内容について、調査の必要があると判断した場合は、監査役会は、直ちに次条による調査を開始することを命ずるものとする。

（事実関係の調査）
第7条 反社会的勢力からの不当要求が、事業活動上の不祥事や従業員の不祥事を理由とする場合には、不祥事事件の対応を担当する○○部が、関係部署と連携し速やかに事実関係を調査するものとする。

(周知徹底)
第8条　法務コンプライアンス部は、反社会的勢力による被害の防止が適切に行われるために、役職員に対して周知徹底を行うものとする。
2　法務コンプライアンス部は、対象となる役職員が以下の事項について正確な認識をすることができるように留意して周知徹底を行うものとする。
（1）反社会的勢力からの不当要求に際しての報告体制
（2）反社会的勢力からの不当要求に際しての対応態勢
（3）その他反社会的勢力による被害を防止するに当たって必要となる事項
3　役職員に対しての周知徹底方法は、以下のいずれかの方法によるものとし、実施後、必要に応じて理解度を確認するためのテストを実施するものとする。
（1）社内研修等の実施
（2）文書、Eメール等により社内規則等の内容を通知
（3）社内の情報掲示板に社内規則等を閲覧可能にしておく方法
（4）その他法務コンプライアンス部が定める方法
4　前項で掲げる周知徹底については、最低年1回実施するものとする。

(反社会的勢力に対する被害の防止に係る業務の検証)
第9条　法務コンプライアンス部は、本規程に係る業務について、以下に定める事項について確認を行う。
（1）反社会的勢力からの不当要求に際しての対

応措置が整備されていること
（2）反社会的勢力からの不当要求に際しての報告・相談体制が整備されていること

（制定および改廃）
第10条 本規程の制定および改廃は、法務コンプライアンス部が立案し、取締役会において決議する。

（施行日）
第11条 この規程は〇〇年〇月〇日から施行する。

2. 内部通報規程

CHECK ①	消費者庁の民間事業者向けガイドライン、内部通報制度認証が求める内容を踏まえ、独立性の高い通報先の確保、通報者保護、秘密保持、必要な調査の約束など、通報者に信頼される制度となっているか
CHECK ②	同様に、通報者の範囲に、自社・自社グループの状況に見合った必要な者が含まれているか

内部通報規程

第1章　総則

（目的）

第1条　本規程は、当社の内部通報に関する制度を設けることにより、当社およびその子会社（以下、当社と併せて「当社グループ」と総称する）の業務運営に関する法令違反行為や不正行為による不祥事の防止、早期発見および是正を図り、これをもって当社グループの社会的信用および企業価値を維持向上させることを目的とする。

2　本規程の運用責任者は代表取締役社長とし、代表取締役社長は、当社グループの役職員全体に対し、内部通報制度の重要性を継続的に発信し、同制度の存在および趣旨を周知徹底するものとする。

（内部通報等の対象事実）

第2条　本規程において内部通報等とは、当社グループに関する次の各号のいずれかまたはいずれかに該当する恐れのある行為（以下、「不正行為等」という）についての通報または相談をいうものとする。

（1）法令、ガイドラインまたは業界団体の自主規制に違反する行為
（2）定款、コンプライアンス憲章、就業規則その他の社内規程に違反する行為
（3）役職員、取引先事業者等の安全、健康、財産に対して危険を及ぼす行為
（4）パワーハラスメント、セクシュアルハラスメントに該当する行為
（5）前各号に定めるほか、当社グループのコンプライアンスに違反する一切の行為

第2章　通報処理体制

（通報窓口）

第3条　内部通報等を受け付ける窓口（以下、「通報窓口」という）は、以下の二つとする。
（1）社内窓口：内部監査部〇〇課（担当〇〇または〇〇）
　　電話番号：〇〇-〇〇〇〇-〇〇〇〇
　　電子メールアドレス：□□@□□.jp
　　郵送物宛先：〒〇〇〇-〇〇〇〇
　　　　　　　東京都〇区〇町〇-〇-〇
　　　　　　　□株式会社内部監査部〇〇課内部通報窓口係
（2）社外窓口：〇〇法律事務所〇〇弁護士
　　電話番号：〇〇〇-〇〇〇〇-〇〇〇〇
　　電子メールアドレス：□□@□□.jp
　　郵送物宛先：東京都〇区〇町〇-〇-〇
　　　　　　　〇〇法律事務所弁護士〇〇宛

CHECK①
通報者等の保護という観点からは、通報窓口を外部にも設置をすることが適当である。

（通報者の範囲）

第4条　通報窓口に内部通報等をすることができる者は、当社グループのすべての役員、執行役員および従業員（契約社員、嘱託社員、パートタイマー社員および派遣社員を含む。以下、同じ）ならび

CHECK②
通報者等の範囲については、自社・自社グループの状況に合わせて設定する必要がある。

にそれらの退任者・退職者（過去〇年以内に退任・退職した者に限る）とする（以下、役員および執行役員と併せて「役職員等」と総称し、本規程に基づき内部通報等をする者を「通報者等」という）。

（通報の方法）
第5条　内部通報等は、通報窓口に対し、電話、電子メール、郵送または面談のいずれの方法によっても行うことができる。なお、問題是正の実効性を高めるためには氏名を明らかにした内部通報等が望ましいが、通報窓口は、匿名の内部通報等でも受け付けるものとする。

第3章　通報の処理

（監査役会への報告等）
第6条　社内窓口は、内部通報等を受け付けた場合、その内容が重要である場合（役員に関する通報、重要な法令違反に関する通報を含むがその限りではない）には直ちにその内容を<u>監査役会</u>に報告しなければならない。

2　社外窓口は、内部通報等を受け付けた場合、その内容が重要である場合（役員に関する通報、重要な法令違反に関する通報を含むがその限りではない）には直ちにその内容を監査役会にそれ以外の場合には直ちにその内容を内部監査部〇〇課に報告しなければならない。

3　前2項の告知を受けた監査役会が、内部通報等の内容について、調査の必要があると判断した場合は、直ちに次条の内部監査部〇〇課による調査を開始することを命ずることができるものとする。

4　内部監査部部長は、前3項とは別に内部通報制度の運用状況および関連する法制度の動向等について、代表取締役社長を含む取締役会の構成メン

> **CHECK①**
> 窓口が社内の誰に、どの部署に報告するのかについてはバリエーションがある。いずれにせよ、会社が、通報に対し、しかるべき調査を行うことを約束することが、通報者への信頼につながる。

バーに定期的に報告しなければならないものとする。

(調査)
第7条　内部通報等に係る事実関係の調査は、内部監査部○○課が行う。
2　内部監査部○○課は、調査する内容によって、関連する部署のメンバーからなる調査チームを編成することができる。
3　調査を行うために外部の専門家を活用する場合には、当該事案について中立性・公平性に疑義が生じる恐れおよび利益相反が生じる恐れがない専門家を活用しなければならない。
4　内部監査部○○課の構成員や調査チームのメンバーに、調査の対象となる事実関係に利害関係を有する者がいる場合は、これを除外した上で調査しなければならない。

(協力義務)
第8条　内部監査部○○課は、当社グループの役職員等に対し、調査に関して必要な協力を求めることができ、当社グループの役職員等および各部署は、かかる調査について事実の隠ぺいや虚偽の回答など調査の妨げとなる行為を行ってはならず、調査に協力しなければならない。

(是正措置等)
第9条　当社グループは、調査の結果、不正行為等の存在が明らかになった場合は、速やかに是正措置、再発防止策その他必要な措置を講じるものとする。

（不正行為等に対する処分）

第10条　当社グループは、調査の結果、不正行為等が明らかになった場合には、必要に応じて、当該不正行為等に関与した者に対し、就業規則その他の社内規程に従って、懲戒処分等を課すものとする。ただし、通報者等または調査協力者が自ら不正行為等に関与していた場合は、その者に対しては○○規程に基づき処分の軽減または免除を行うことができる。

> **CHECK①**
> 不正行為等が明らかになった場合は、必要に応じ関係者の社内処分を行うことも利用者による信頼、実効性向上に欠かせない。

（通報者等に対する通知・報告）

第11条　通報窓口は、内部通報等を受領した場合、通報者等に対し、内部通報等を受領した旨を通知する。

2　内部監査部○○課は、調査期間中においても、必要に応じて、通報者等に対し、通報窓口を通じて、調査の進捗状況を報告するものとする。

3　内部監査部○○課は、調査結果、第9条に基づく是正措置等の内容および前条に基づく懲戒処分等の内容を、必要な範囲において速やかに、通報者等に対し、通報窓口を通じて報告するものとする。

4　前3項の規定は、内部通報等が匿名によるものである等の合理的な理由により、通知・報告ができない場合または通報者等が通知・報告を拒否する場合は適用しないものとする。

（フォローアップ）

第12条　通報窓口は、本規程に基づく通報処理の終了後も、通報者等および調査協力者に対して内部通報等を理由とした不利益な取り扱いや職場内での嫌がらせ等が行われたりしていないかを確認する等、これらの者の保護のための十分なフォ

> **CHECK①**
> 通報者等の保護に係る十分なフォローアップ、是正措置および再発防止策に係るフォローアップを行うことが必要である。

ローアップを行うものとする。

2　通報窓口は、本規程に基づく通報処理の終了後も、是正措置および再発防止策等が十分に機能しているかを確認する等、十分なフォローアップを行うものとする。

第4章　関係者の責務

（通報者等の保護）

第13条　当社グループの役職員等は、通報者等が内部通報等をしたことや調査協力者が調査に協力したことを理由として、通報者等および調査協力者に対して解雇、退職強要、労働契約の更新拒絶、降格、減給、報復行為その他いかなる不利益な取り扱いもしてはならない。

2　会社は、通報者等や調査協力者が内部通報等や調査協力をしたことを理由として、通報者等や調査協力者の職場環境が悪化することのないように、適切な措置を取らなければならない。また、前項に違反する不利益な取り扱いが発覚した場合、会社はかかる不利益取り扱いを直ちに中止させるとともに、不利益取り扱いを受けた者に対して、適切な救済・回復措置を講じなければならない。

3　会社は、通報者等または調査協力者に対して不利益取り扱いや嫌がらせ等を行った者（通報者等の上司、同僚等を含む）がいた場合には、同人に対し、就業規則その他の社内規程に従って懲戒処分等を課すものとする。

（秘密の保護）

第14条　内部監査部および本規程に定める業務に携わる者（以下、「内部監査部ら」という）は、

> **CHECK①**
> 内部通報等を行ったことにより、通報者等が何らかの不利益を受けることがあると、内部通報制度は信頼を得られない。

> **CHECK①**
> 通報者の保護や内部通報制度の実効性の観点からは、秘密保持の徹底を図るための具体的な行動規範の策定が重要である。

内部通報等の内容および調査で得られた情報（通報者等の特定につながり得る情報を含む）を漏らしてはならず、また内部通報等に係る調査、是正措置・再発防止策の検討・実施のために必要と認められる範囲内の者に限り、必要最小限度の内容で共有しなければならず、目的外に利用してはならない。
2　内部監査部らは、内部通報等に関する情報、資料等を厳重に管理し、かつ、本規程に定める業務に携わる者をして厳重に管理させなければならない。また、内部監査部は、内部通報等について、内容、事実関係、対応状況について整理して記録し保管しなければならず、かかる記録を関係者のプライバシーおよび名誉が守られる手法で厳重に保管し、内部監査部および〇〇以外による閲覧を禁じるものとする。
3　当社グループの役職員等は、通報者等が誰であるかを探索してはならない。
4　会社は、前各項に違反した者に対し、就業規則その他の社内規程に従って、懲戒処分等を課すことができる。

（当社グループの役職員等の責務）
第15条　当社グループの役職員等は、不正行為等を認知したときは、その是正に努めるものとし、必要に応じて積極的に内部通報制度を活用するものとする。当社グループは、通報者等および調査協力者を高く評価し、顕著な貢献があった者についてはこれらの者の保護に細心の注意を払いながら就業規則に基づき表彰等をすることができるものとする。

第5章　附則

（窓口担当者に対する教育等）

第16条　内部監査部部長は、内部窓口担当者の育成および知識・技能の向上に努め、また、外部窓口担当者と本制度の実効性の維持・向上のために適時適切にコミュニケーションしなければならない。また、当社グループは、その一環として、本規程の運用の中核を担う内部窓口担当者のコンプライアンス経営に対する貢献について適切な評価を行うものとし、顕著な貢献があった者については就業規則に基づき表彰等をすることができるものとする。

（内部通報制度の見直し等）

第17条　内部監査部部長は、役職員等の内部通報制度に対する意見を把握しそれを同制度に反映するとともに、通報者等が通報しやすい環境の整備および通報窓口に対する信頼感の向上に努めなければならない。また、取締役会は、当社グループにおける内部通報に係る適切かつ実効的な体制・運用について検証（内部通報制度の適切な整備・運用に必要な要員および予算を確保すること、内部監査部部長などの責任者に必要な権限を与えることを含む）を行い、本規程の運用実績（通報内容の概要、件数等）の概要を開示し、必要に応じて、本規程による内部通報制度の実効性を向上させることを検討し、適切な措置を講じなければならない。

（改廃）

第18条　本規程の改廃については、取締役会が決定する。

4 副業・兼業に関する書式

1. 副業・兼業の動き

「働き方改革」が進展する中で、副業・兼業解禁の議論もワークスタイルの多様化の一つとして進んでいる。

社内では得られないスキルの研さんや社会貢献の機会を求め企業外で取り組みを行いたい労働者も多く現れているほか、企業にとっても労働者が組織外から、新たな情報、アイデア、人的ネットワークを持ち帰ってくることで事業の創出や拡大の機会となる。

2. 副業・兼業規定のスタンス

現在、多くの企業では、就業規則において「会社の許可なく他人に雇い入れられること」を禁止している。しかし、多数の裁判例においてはこの規定をそのまま有効とは認めておらず、会社の職場秩序に影響せず、かつ会社に対する労務の提供に格別の支障を生ぜしめない程度・態様の副業・兼業は禁止の違反とはいえないとしている（菅野和夫著『労働法（第11版　補正版）』671ページ）。

従前、厚生労働省によるモデル就業規則においても副業を原則として禁止する規定が記載されていたが、これが大きく変更され、原則として自由に副業を行うことができる旨変更された。もっとも、例外として①本来の職務と重複する兼職（勤務時間が重複するなどそもそも両立し得ない職務）、②副業において過度な長時間労働が予想されるなど労務提供に支障を来す蓋然性が高い兼職、③競業他社における兼職などについては禁止できる。

3.副業・兼業の労働時間管理は行わない

なお、本業が、副業・兼業の労働時間について把握している場合、これを本業での労働時間と通算しなければならない(その結果、法定労働時間の超過や割増賃金の支払いなどが問題となり得る)というのが労働行政の立場となる。この考え方には学説から大きな批判があり、いまだ議論は続いているが、副業・兼業の労働時間について報告を求めるようなことは避けるべきである。

1. 副業・兼業取扱規程

CHECK ①	副業・兼業について不当に制限していないか
CHECK ②	行ってはならない副業・兼業は明確か
CHECK ③	副業・兼業の労働時間について不当に報告を求めていないか

副業・兼業取扱規程

CHECK①
すべて禁止するのではなく、届出制をルール化し、一定の制限を持たせた規程を作ることが必要。

序文

　当社は、当社従業員の、当社における業務範囲の内外を問わず、その知的好奇心を尊重しており、当社従業員がスキルの研鑽(けんさん)や趣味、社会貢献その他さまざまな事情のために行う社外活動を応援します。他方で、当社に対する守秘義務や競業避止義務に抵触する行為については看過することができません。そこで、当社は、この規定を定め、当社従業員が副業・兼業を行う場合のルールを定めます。

第1条　従業員は、勤務時間外において、他の会社

等の業務（以下、「副業・兼業」という）に従事することができる。

第2条 従業員は、副業・兼業に従事するに当たっては、事前に、その事業内容および担当する業務について当社に所定の届け出を行うものとする。ただし、以下のいずれかに該当する場合には、副業・兼業を認めないことがある。
①労務提供上の支障がある場合
②企業秘密が漏洩する場合
③会社の名誉や信用を損なう行為や、信頼関係を破壊する行為がある場合
④競業により、企業の利益を害する場合

> **CHECK②**
> 行ってはならない副業を明示しておく必要がある。

第3条 従業員は、副業・兼業を行うことにより当社の業務をおろそかにせず、当社の勤務時間中においてはその業務に専念する。

第4条 従業員は、当社の守秘義務の重要性を十分に理解し、当社の企業秘密、知的財産権、その他当社の秘密情報を開示しない。

第5条 従業員は、副業・兼業に当たり、当社の施設、什器備品を利用しない。

第6条 従業員は、当社を代表してまたは当社の立場において副業・兼業を行わない。

第7条 従業員は、自身の健康管理について責任を有していることを自覚し、副業・兼業による過労によって健康を害したり、業務に支障を来したりすることがないよう、自ら、本業および副業・兼業の業務量や進ちょく状況、それらに費やす時間

や健康状態を管理する。

第8条 従業員は、副業・兼業先において、競業避止や知的財産権の帰属に関する義務を負う場合、事前に当社に対しその内容を知らせるものとする。

第9条 従業員が、第2条ないし第8条その他当社規定に違反しまたは違反することが合理的に予想される場合ならびに従業員の健康に具体的な危険が生じたと認められる場合、会社は、従業員に対し、副業・兼業を禁止または制限することができる。

CHECK③
労働時間についての報告は求めるべきでない。

5 ダイバーシティに関する書式

　近年、ダイバーシティ（人材の多様性）に関する議論が活発化しており、資本市場においても、ESG投資（Environment（環境）、Social（社会）、Governance（企業統治）の各観点に配慮している企業を重視する投資）に注目が寄せられている。働き方改革の観点から見ても、人材の多様性に配慮しつつ、個々の従業員の能力を最大限に引き出すことは、企業の生産性向上に当たって避けては通れないものである。このような社会情勢の変化に伴い、各企業では、ダイバーシティ推進策を整備する動きが広がっている。

　ひと言にダイバーシティの推進といっても、その内容は実に多様である。代表的な取り組みを挙げても、従業員・役員の女性比率の向上、海外人材の積極的雇用、障害者雇用の促進、高年齢者の活用、LGBT／SOGIへの配慮などが挙げられ、それぞれの項目について、物的・人的な設備投資、各社内規程の整備、社員研修を通じた個々の従業員の意識付けといった種々の対策を講じることが考えられる。

　そのため、ダイバーシティに関する社内規程は、企業ごとに、当該企業の事業内容、企業風土、男女比率等の社員構成、事業場の作業環境などの個別具体的な事情を踏まえて作成することが求められる。本書では、個別具体的な社内規程の共通項として機能するダイバーシティ宣言について取り上げることとする。

1. ダイバーシティ宣言

CHECK ①	ダイバーシティの重要性と方針を記載しているか

ダイバーシティ宣言

当社では、社会においてダイバーシティの重要性が広く認知され、その推進と活用が強く求められていることを踏まえ、性別、障がい、人種、国籍、性的指向・性自認、年齢、宗教・思想・信条、母語、文化および社会的背景等にかかわらず個々人の多様な価値感・生き方を受け入れ、かつ活用することによって、組織の柔軟性・強靭性を高め、ひいては多様な人材がその能力を最大限発揮することでイノベーションを生み出し企業価値を向上させることを目的として、ダイバーシティを推進します。

当社では、以下の三つの基本方針に基づき、ダイバーシティの尊重・推進に積極的に取り組むことを宣言します。

1　ダイバーシティ推進に対する理解の醸成
　当社は、ダイバーシティ推進の必要性を理解するために研修等を実施し、従業員一人ひとりが多様な価値観を尊重する企業文化が醸成されるよう、継続的に活動を推進します。
2　ダイバーシティ推進の視点からの職場環境整備
　当社は、多様な人材にとって働きやすい環境の意義を考え、ハード・ソフトの両面から積極的に職場環境を整備します。
3　ダイバーシティ推進に関する情報発信
　実際に当社で活躍する多様な人材の活躍について、社内外に向けて積極的に情報発信を行います。

> **CHECK①**
> ダイバーシティの重要性に触れてその推進を宣言した上で、簡潔な基本方針を記載する。

第7章 人事

1 採用・試用に関する書式

1. 労働条件通知書(一般労働者用:常用・有期雇用型)
2. 労働条件通知書(一般労働者用:日雇型)
3. 労働条件通知書(短時間労働者型)
4. 労働者名簿
5. インターンシップ規程

2 就業規則に関する書式

1. 就業規則(変更)届
2. 就業規則意見書
3. 就業規則本社一括届出対象事業場一覧表

3 限定正社員に関する書式

1. 勤務地限定正社員規程
2. 職務限定正社員規程
3. 勤務地限定正社員　労働契約書
4. 職務限定正社員　労働契約書
5. 雇用形態変更に関する通知書

第7章 人事

1 採用・試用に関する書式

1. 採用・試用

　採用に当たっては、契約自由の原則に基づき、使用者の採用の自由が認められているが、労働法規においては、性別を理由とした直接的・間接的な募集・採用差別の禁止（男女雇用機会均等法5条・7条）、募集・採用に当たっての年齢制限の禁止（労働施策の総合的な推進並びに労働者の雇用の安定及び職業生活の充実等に関する法律（旧雇用対策法）9条）、障害者に対する障害者であることを理由とした募集・採用差別の禁止（障害者雇用促進法34条）、労働組合からの脱退を条件とした採用や組合活動を理由とした不利益取扱いの禁止（労組法7条1号・3号）等、一定の制約が設けられている。また、思想・信条を理由とした採用拒否について、最高裁は当然に違法となるものではないとする（三菱樹脂事件　最高裁大　昭48.12.12判決　労判189号16ページ）。

　採用活動を経て、使用者が労働者を採用する際、使用者は、労働者に対し、賃金・労働時間その他の労働条件を明示する必要があり（労基法15条1項）、そのうち一定の事項については、書面の交付その他の手段による明示が求められる（具体的な記載事項や法改正に伴う留意点については、本項目1.｜ないし3.｜を参照）。明示された当該条件と事実との相違がある場合、労働者は労働契約を即時解除でき（労基法15条2項）、使用者は当該解除から14日以内における労働者の帰郷に必要な旅費を負担しなければならない（同条3項）。

　労働者の採用後も、使用者は、一定期間（通常は3カ月から6カ月ほど）を試用期間として、労働者の業務適格性を観察・評価することが多い。試用期間終了時における本採用拒否について、実務上は、当該期間の実態が試用期間といえるか否か（労働者の適格性の評価・判断目的か

否か）を判断し、試用期間といえる場合には、解約権留保付の労働契約が成立していることを前提に、本採用拒否が当該解約権の行使と判断される傾向にある。この場合、本採用拒否が可能となるのは、当該採用拒否が客観的に合理的な理由があり、社会通念上相当として是認される場合に限定される。

2.労働条件の通知方法

労基法の改正により2019年4月1日から、労働条件を明示する方法として、①労働条件通知書を労働者に直接手交する方法のみならず、労働者が希望する場合には、②FAXにて送信して行う方法、③電子メール等にて送信して行う方法（労働者が受信した電子メール等を出力できるものに限る）によって行うことも可能となった（労基則5条4項）。

1. 労働条件通知書（一般労働者用：常用・有期雇用型）

CHECK①	契約期間を定める場合、労契法19条各号の規定を踏まえて、契約更新の有無やその基準について定めているか
CHECK②	高度プロフェッショナル制度を選択する場合、同制度の要件を充足することについて検討しているか
CHECK③	有期契約労働者の場合、正社員と比較し、賃金・手当等が不合理なものとなっていないか
CHECK④	中小事業主でも、時間外労働が月60時間超の場合の特別割増賃金を支払うこととなっているか（2023年4月1日以降）

労働条件通知書

　　　　　　　　　　　　　　　　　　年　月　日

　　　　　　殿

　　　　　　事業場名称・所在地
　　　　　　使用者職氏名

契約期間	期間の定めなし、期間の定めあり（　年　月　日～　年　月　日） ※以下は、「契約期間」について「期間の定めあり」とした場合に記入 1　契約の更新の有無 　［自動的に更新する・更新する場合があり得る・契約の更新はしない・その他（　　　　）］ 2　契約の更新は次により判断する。 ・契約期間満了時の業務量　　・勤務成績、態度 ・能力 ・会社の経営状況　・従事している業務の進捗状況 ・その他（　　　　　　　　　　　　　　　） 【有期雇用特別措置法による特例の対象者の場合】 無期転換申込権が発生しない期間：Ⅰ（高度専門）・Ⅱ（定年後の高齢者） 　Ⅰ　特定有期業務の開始から完了までの期間 　　（　　年　カ月（上限10年）） 　Ⅱ　定年後引き続いて雇用されている期間
就業の場所	
従事すべき業務の内容	 【有期雇用特別措置法による特例の対象者（高度専門）の場合】 ・特定有期業務（ 　開始日：　　　　完了日：　　　　　）
	1　始業・終業の時刻等 　（1）始業（　時　分）終業（　時　分） 【以下のような制度が労働者に適用される場合】 　（2）変形労働時間制等；（　　）単位の変形労働時間制・交替制として、次の勤務時間の組み合わせによる。 ├始業（　時　分）終業（　時　分）（適用日　　　） ├始業（　時　分）終業（　時　分）（適用日　　　） └始業（　時　分）終業（　時　分）（適用日　　　）

CHECK①
有期雇用契約の場合、契約更新の有無やその基準については、定め方次第では、労契法19条各号の規定により、雇止めが違法になる可能性がある点に留意して記載する。

採用・試用に関する書式

始業、終業の時刻、休憩時間、就業時転換（(1)～(6)のうち該当するもの一つに○を付けること。）、所定時間外労働の有無に関する事項	（3）フレックスタイム制；始業および終業の時刻は労働者の決定に委ねる。 　　（ただし、フレキシブルタイム（始業）　時　分から　時　分、（終業）　時　分から　時　分、 　　コアタイム　　時　分から　　時　分） （4）事業場外みなし労働時間制；始業（　時　分）終業（　時　分） （5）裁量労働制；始業（　時　分）終業（　時　分）を基本とし、労働者の決定に委ねる。 （6）高度プロフェッショナル制；始業（　時　分）終業（　時　分） ○詳細は、就業規則第　条～第　条、第　条～第　条、第　条～第　条 2　休憩時間（　　）分 3　所定時間外労働の有無（　有　,　無　）
休　日	・定例日；毎週　　曜日、国民の祝日、 　　　　　その他（　　　　　　） ・非定例日；週・月当たり　　日、 　　　　　その他（　　　　　　） ・1年単位の変形労働時間制の場合－年間　　日 ○詳細は、就業規則第　条～第　条、第　条～第　条
休　暇	1　年次有給休暇　6カ月継続勤務した場合→　　日 　　　　　　　　継続勤務6カ月以内の年次有給休暇　（有・無） 　　　　　　　　→　　カ月経過で　　日 　　　　　　　　時間単位年休（有・無） 2　代替休暇（有・無） 3　その他の休暇　有給（　　　　　　　　） 　　　　　　　　無給（　　　　　　　　） ○詳細は、就業規則第　条～第　条、第　条～第　条
賃　金	1　基本賃金 　　イ　月給（　　　　円） 　　ロ　日給（　　　　円） 　　ハ　時間給（　　　　円） 　　ニ　出来高給（基本単価　円、保障給　円） 　　ホ　その他（　　　　円） 　　ヘ　就業規則に規定されている賃金等級等 2　諸手当の額または計算方法 　　イ（　　手当　　円　／計算方法：　　　　）

CHECK②

高度プロフェッショナル制度が創設されたことから、選択肢の一つとして列挙する必要がある。高度プロフェッショナル制度の適用を検討する場合には、その対象業種や年収要件などに照らして当該労働者に同制度を適用させることが適切か検討する必要がある。

働き方改革

CHECK③

有期雇用労働者の場合、正規社員との待遇差について、不合理な差別が禁じられているところ、そのような差別が行われないようにしなければならない。

働き方改革

```
ロ（    手当    円 ／計算方法：      ）
ハ（    手当    円 ／計算方法：      ）
ニ（    手当    円 ／計算方法：      ）
3　所定時間外、休日または深夜労働に対して支
払われる割増賃金率
　　イ　所定時間外、法定超　月60時間以内（　）％
　　　　　　　　　　　　　　月60時間超　（　）％
　　　　　　　　　所定超　（　　）％
　　ロ　休日　法定休日　（　　）％
　　　　　　　法定外休日（　　）％
　　ハ　深夜（　　）％
4　賃金締切日（　　　）－毎月　日、（　　）
　　－毎月　日
5　賃金支払日（　　　）－毎月　日、（　　）
　　－毎月　日
6　賃金の支払方法（　　　　　　　　　　）

7　労使協定に基づく賃金支払時の控除（無
，有（　　））
8　昇給（時期等　　　　　　　　　）
9　賞与（有（時期、金額等　　　　　）
　　　　，無　）
10　退職金（有（時期、金額等　　　　　）
　　　　　，無　）
```

CHECK④
（2023年4月1日以降）中小事業主に対する、時間外労働が月60時間超の場合の特別割増賃金の支払義務の適用猶予が廃止される。

働き方改革

退職に関する事項	1　定年制（有（　歳）、無　） 2　継続雇用制度（有（　歳まで）、無　） 3　自己都合退職の手続き（退職する　日以上前に届け出ること） 4　解雇の事由および手続き [　　　　　　　　　　　　　　　] ○詳細は、就業規則第　条～第　条、第　条～第　条
その他	・社会保険の加入状況（　厚生年金　健康保険　厚生年金基金　その他（　　　）） ・雇用保険の適用（　有　、　無　） ・その他 [　　　　　　　　　　　　　　　]

※以上のほかは、当社就業規則による。

2. 労働条件通知書（一般労働者用：日雇型）

　日雇型の労働者に対しても、労基法に基づき、毎日の労働契約成立時において、都度労働条件の明示および書面交付（前述「②労働条件の通知方法」のとおり労基法の改正により、労働者が希望すればファクシミリ、電子メールでの交付も可能となる）が必要となる点に留意する必要がある（労基則5条4項）。

　また、日雇型の労働者に対しては、特別の雇用保険（日雇労働保険者）や健康保険（日雇特例被保険者）の適用があるため、加入を証する書類の有無を確認し、なければ加入手続きを行うよう求めるとよい。

労働条件通知書

年　　月　　日

＿＿＿＿＿＿殿

　　　　　　　事業場名称・所在地
　　　　　　　使用者職氏名

就労日	年　　月　　日
就業の場所	
従事すべき業務の内容	
始業、終業の時刻、休憩時間、所定時間外労働の有無に関する事項	1　始業（　　時　　分）終業（　　時　　分） 2　休憩時間（　　）分 3　所定時間外労働の有無（　有、　無　）
賃　金	1　基本賃金 　　イ　時間給（　　　円） 　　ロ　日給　（　　　円） 　　ハ　出来高給（基本単価　　　円、保障　　　円）

	ニ その他（　　　　円） 2　諸手当の額または計算方法 　　イ（　　手当　　円／計算方法：　　　　） 　　ロ（　　手当　　円／計算方法：　　　　） 3　所定時間外、休日または深夜労働に対して支払われる割増賃金率 　　イ　所定時間外、法定超（　　）％、所定超（　　）％、ロ　深夜（　　）％ 4　賃金支払日 　　（　　）－（就業当日・その他（　　　　）） 　　（　　）－（就業当日・その他（　　　　）） 5　賃金の支払方法（　　　　　　　　） 6　労使協定に基づく賃金支払時の控除 　　（無　, 有（　　　））
その他	・社会保険の加入状況（　厚生年金　健康保険　厚生年金基金　その他（　　　）） ・雇用保険の適用（　有　,　無　） ・その他

※　以上のほかは、当社就業規則による。

3. 労働条件通知書（短時間労働者型）

CHECK①	契約期間を定める場合、労契法19条各号の規定を踏まえて、契約更新の有無やその基準について定めているか
CHECK②	高度プロフェッショナル制度を選択する場合、同制度の要件を充足することについて検討しているか
CHECK③	正規雇用労働者と比較し、賃金・手当等が不合理なものとなっていないか
CHECK④	中小事業主の場合でも、時間外労働が月60時間超の場合の特別割増賃金を支払うこととなっているか（2023年4月1日以降）
CHECK⑤	短時間労働者に対しては、昇給、退職手当、賞与の有無および短時間労働者の雇用管理の改善等に関する事項に係る相談窓口も明示すべき事項として特定されているか

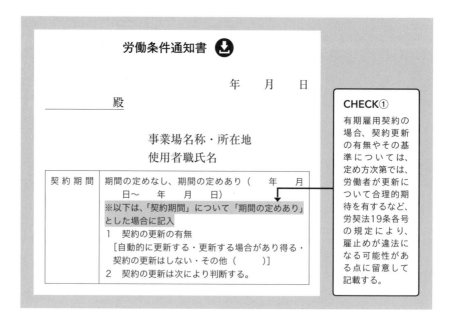

	・契約期間満了時の業務量 ・勤務成績、態度　　・能力 ・会社の経営状況　・従事している業務の進捗状況 ・その他（　　　　　　　　　　） 【有期雇用特別措置法による特例の対象者の場合】 無期転換申込権が発生しない期間：　Ⅰ（高度専門）・Ⅱ（定年後の高齢者） Ⅰ　特定有期業務の開始から完了までの期間 　（　　年　カ月（上限10年）） Ⅱ　定年後引き続いて雇用されている期間
就業の場所	
従事すべき業務の内容	【有期雇用特別措置法による特例の対象者（高度専門）の場合】 ・特定有期業務（ 　開始日：　　　完了日：　　　　）
始業、終業の時刻、休憩時間、就業時転換（(1)～(6)のうち該当するものの一つに○を付けること。）、所定時間外労働の有無に関する事項	1　始業・終業の時刻等 （1）始業（　　時　　分） 　　　終業（　　時　　分） 【以下のような制度が労働者に適用される場合】 （2）変形労働時間制等：（　　）単位の変形労働時間制・交替制として、次の勤務時間の組み合わせによる。 ┌始業（　時　分）終業（　時　分）（適用日　　） ├始業（　時　分）終業（　時　分）（適用日　　） └始業（　時　分）終業（　時　分）（適用日　　） （3）フレックスタイム制：始業および終業の時刻は労働者の決定に委ねる。 　　（ただし、フレキシブルタイム（始業）　時　分から　時　分、（終業）　時　分から　時　分、コアタイム　　時　分から　時　分） （4）事業場外みなし労働時間制：始業（　時　分）終業（　時　分） （5）裁量労働制：始業（　時　分）終業（　時　分）を基本とし、労働者の決定に委ねる。 （6）高度プロフェッショナル制：始業（　時　分）終業（　時　分） ○詳細は、就業規則第　条～第　条、第　条～第　条、第　条～第　条 2　休憩時間（　　）分 3　所定時間外労働の有無

CHECK②

高度プロフェッショナル制度が創設されたことから、選択肢の一つとして列挙する必要がある。高度プロフェッショナル制度の適用を検討する場合には、その対象業種や年収要件などに照らして当該労働者に同制度を適用させることが適切か検討する必要がある。

働き方改革

第7章 人事

	（ 有 （1週　時間、1カ月　時間、1年　時間），無 ） 4　休日労働（ 有 （1カ月　日、1年　日），無 ）
休日および勤務日	・定例日；毎週　曜日、国民の祝日、その他（ ） ・非定例日；週・月当たり　日、その他（ ） ・1年単位の変形労働時間制の場合－年間　日 （勤務日） 毎週（　　　　）、その他（　　　　　　） ○詳細は、就業規則第　条～第　条、第　条～第　条
休　　暇	1　年次有給休暇　6カ月継続勤務した場合→　　日 　　　継続勤務6カ月以内の年次有給休暇 （有・無） 　　　→　カ月経過で　日 　　　時間単位年休（有・無） 2　代替休暇（有・無） 3　その他の休暇　有給（　　　　　　　　　） 　　　　　　　　無給（　　　　　　　　　） ○詳細は、就業規則第　条～第　条、第　条～第　条
賃　　金	1　基本賃金 　　イ　月給（　　　　円） 　　ロ　日給（　　　　円） 　　ハ　時間給（　　　円） 　　ニ　出来高給（基本単価　円、保障　円） 　　ホ　その他（　　　円） 　　ヘ　就業規則に規定されている賃金等級等 2　諸手当の額または計算方法 　　イ（　　手当　　円　／計算方法：　　　　） 　　ロ（　　手当　　円　／計算方法：　　　　） 　　ハ（　　手当　　円　／計算方法：　　　　） 　　ニ（　　手当　　円　／計算方法：　　　　） 3　所定時間外、休日または深夜労働に対して支払われる割増賃金率 　　イ　所定時間外、法定超 　　　　月60時間以内（　　）％

CHECK③
有期雇用労働者の場合、正規雇用労働者との待遇差について、不合理な差別が禁じられているところ、そのような差別が行われていないか。

CHECK④
（2023年4月1日以降）中小事業主に対する、時間外労働が月60時間超の場合の特別割増賃金の支払義務の適用猶予が廃止される。

働き方改革

	月60時間超　（　　）％ 所定超　　　（　　）％ ロ　休日　法定休日　（　　）％ 　　　　　　法定外休日（　　）％ ハ　深夜（　　）％ 4　賃金締切日 　（　　）－毎月　日、（　　）－毎月　日 5　賃金支払日 　（　　）－毎月　日、（　　）－毎月　日 6　賃金の支払方法（　　　　　　　　　　） 7　労使協定に基づく賃金支払時の控除（無 、有（　　）） 8　昇給（有（時期、金額等　）、無） 9　賞与（有（時期、金額等　）、無） 10　退職金（有（時期、金額等　）、無）
退職に関する事項	1　定年制（有（　　歳）、無） 2　継続雇用制度（有（　　歳まで）、無） 3　自己都合退職の手続き（退職する　日以上前に届け出ること） 4　解雇の事由および手続き [　　　　　　　　　　　　　　　　　　] ○詳細は、就業規則第　条〜第　条、第　条〜第　条
その他	・社会保険の加入状況（厚生年金　健康保険　厚生年金基金　その他（　　）） ・雇用保険の適用（有、無） ・雇用管理の改善等に関する事項に係る相談窓口 　部署名　　　　　　　担当者職氏名 　（連絡先　　　　　　　　　） ・その他 [　　　　　　　　　　　　　　　　　　] ・具体的に適用される就業規則名（　　　　） ※以下は、「契約期間」について「期間の定めあり」とした場合についての説明です。 　労働契約法18条の規定により、有期労働契約（平成25年4月1日以降に開始するもの）の契約期間が通算5年を超える場合には、労働契約の期間の末日までに労働者から申し込みをすることに

> **CHECK⑤**
> 短時間労働者の場合、労働条件通知書内で昇給、賞与、退職金の有無等について明記されていなければならない。

| | より、当該労働契約の期間の末日の翌日から期間の定めのない労働契約に転換されます。ただし、有期雇用特別措置法による特例の対象となる場合は、この「5年」という期間は、本通知書の「契約期間」欄に明示したとおりとなります。 |

※ 以上のほかは、当社就業規則による。
※ 本通知書の交付は、労働基準法15条に基づく労働条件の明示および短時間労働者の雇用管理の改善等に関する法律6条に基づく文書の交付を兼ねるものであること。

4. 労働者名簿

CHECK ①	「従事する業務の種類」の欄は、常時30人未満の労働者を使用する事業所では記入不要
CHECK ②	退職事由が解雇の場合、退職事由のみならず解雇理由も記載する。死亡の場合は、その原因を記載する
CHECK ③	明確性の観点から、法令上記載が必要な事由に絞っているが、連絡先、雇入れの経過および各社会保険番号等の事由についても、別枠を設けるなどして任意に記載可能である
CHECK ④	解雇、退職または死亡の日から3年間は保存すること

※【様式第19号(第53条関係) 労働者名簿】361ページ参照

様式第19号(第53条関係)

労働者名簿

ふりがな					従事する業務の種類	営業職
氏 名	□□□□ □□□□					
生年月日	△△年○月×日	性別	男・女			
住 所	〒○○○-○○○○ 東京都○○区○○1丁目○番○号 ○○アパート101					
雇 入 年月日	○○年○月○日					
退 職 又 は 死 亡	年 月 日				年 月 日	
	事由又は原因					
履 歴	○○年○月 ○○大学●●学部××科 卒業 平成○○年○月 ▲▲株式会社入社 ○○年○月 ▲▲株式会社退職 ○○年○月 当社雇用契約締結					
備 考						

5. インターンシップ規程

インターンシップとは、学生が就職する前に企業等で一定期間就業体験する仕組みを指す。学生にとっては、その企業の業務内容や当該業務に対する適性を把握できる一方、企業側にとっても優秀な学生の確保や業務内容の周知に資することから、近年導入する企業数が増加している。期間は数日から数週間とさまざまである。就業体験で無給とする企業が多いが、手当を支給する場合もあり、後者の場合は労働契約と評価され得る点に注意する必要がある。

CHECK①	「体験」・「見学」か、「雇用」かを分けているか
CHECK②	「雇用」の場合、最低賃金を順守しているか
CHECK③	安全配慮義務が問われる場合に備え、傷害保険に加入しているか

インターンシップ規程

（総則）
第1条　この規程は、インターンシップに関する取り扱いを定める。

（定義）
第2条　「インターンシップ」とは、[雇用でない場合：学生が自らの選考、将来のキャリアに関連して、会社において就業体験および職場見学を行うこと／雇用の場合：学生が会社において就業し業務を実践すること]をいう。
2　「インターン生」とは、インターンシップの対象者である学生をいう。

> **CHECK①**
> 雇用でない場合は、制度の目的を業務の「体験」または「見学」とさせ、他方、「雇用」に該当する場合には、就業し業務を実施する点を明白にする。

(目的)
第3条　インターンシップは、以下の各号で定める目的にて実施する。
（1）インターン生に対して、［雇用でない場合：一定期間会社において就業体験および職場見学を行う機会を与えること／雇用の場合：一定期間会社において就業し業務を実践すること］を通じ、当該インターン生が自己の適性・志向を把握すること
（2）会社とインターン生および大学ならびに大学院関係者との間における相互理解を深めること
（3）会社および業界のイメージアップを図ること
（4）採用活動に役立てること
［雇用の場合：（5）インターン生の受け入れを通じ、職場の活性化を図ること］

(対象者)
第4条　インターン生は、大学の2年次以上に在学中の学生および大学院生とする。

(募集人員)
第5条　インターン生の募集人員は、取締役会で決定する。

(募集方法)
第6条　インターン生は、以下の各号に定める方法によって募集するものとする。
（1）大学および大学院における募集ポスターの掲示
（2）ホームページによる告知
（3）その他前各号に準ずる方法

(提出書類)
第7条 会社は、インターンシップへの応募者に対して次の書類の提出を求めるものとする。
（1）履歴書
（2）応募理由書
（3）その他会社が必要とする書類
2 応募者から会社に対して提出された書類は、返却しないものとする。

(選考の基準)
第8条 会社は、応募者について、第7条第1項各号の提出書類を基にした公正な書類選考を行うことにより、インターン生を決定する。

(実施時期)
第9条 インターンシップは、毎年7月ないし9月の間に実施するものとする。

(時間構成)
第10条 インターンシップの時間数は最大30時間とし、具体的な内容は次のとおりとする。
（1）時間：午前9時～午後4時（1時間の休憩を含む）
（2）日数：5日（原則として、祝祭日を除く月曜日～金曜日とする）

(実習内容)
第11条 インターンシップにおいて、会社はインターン生に対し、[雇用でない場合：次の内容を紹介する。／雇用の場合：次の内容を指導、実施する。]
会社の組織の概要
（1）会社の経営方針

（2）［雇用でない場合：業務の概要／雇用の場合：業務の内容］
（3）その他会社において、第3条において定めるインターンシップの目的に資すると判断するもの

（配属先）
第12条　インターン生の配属先は、インターン生の専攻、志望動機その他の事由を踏まえて、都度決定する。

（実施責任者）
第13条　インターン生を配属する部門に「インターンシップ実施責任者」を置くものとする。
2　インターンシップ実施責任者の任務は以下の各号にて定めるとおりとする。
　（1）担当部門における実習プログラムの作成
　（2）インターン生への対応、指導
　（3）人事部および関係部署との連絡調整
　（4）その他前項各号に準じる事項

（奨励手当）
第14条
［雇用でない場合：会社は、インターン生に対して次の奨励手当を支給する。
　奨励手当：1時間につき500円
／雇用の場合：会社は、インターン生に対して次の対価を支給する。
　対価：1時間につき1000円］

（交通費）
第15条　会社は、インターン生に対し、前条の手当とは別に、自宅から会社までの公共交通機関を

> **CHECK②**
> 制度目的との関係で、インターン制が「雇用」と評価される場合、左記奨励手当は「給与」となるため、最低賃金法に抵触しない金額とする。

利用した場合における交通費の実費を支給する。

(傷害保険)
第16条　会社は、インターン生について傷害保険を付保し、当該保険料は会社で負担するものとする。
2　保険金の受取人は会社とし、治療費等などに充当する。

> CHECK③
> 安全配慮義務違反と判断される場合に備え、傷害保険に加入しているか（加入自体が法律上強制されるものではない）。

(誓約書)
第17条　会社は、インターン生に対し、インターンシップの開始時に、会社の諸規程の遵守、秘密保持義務その他インターンの実施における必要事項について記載され、インターン生が署名押印した誓約書の提出を求めるものとする。

(所管)
第18条　インターンシップに関わる事務は、人事部において取り扱うものとする。

附　則
この規程は、〇〇年〇月〇日から施行する。

2 就業規則に関する書式

1. 就業規則の作成・変更

　就業規則は効率的な事業経営のため、労働条件や職場規律を統一的に設定する手段として使用者によって制定され、その記載内容が合理的であり、かつ労働者に周知されていれば、使用者・労働者間の労働条件となる（労契法7条）。常時10人以上（事業場単位）の労働者を使用する使用者は、一定事項を記載した就業規則を作成する必要があり、作成または変更した場合には、労働基準監督署（長）への届出義務を負う（労基法89条）。記載事項には、必ず盛り込む必要のある事項（始業・終業時刻、賃金、解雇を含む退職事由等。労基法89条1号ないし3号）と、各事項を定める場合にのみ記載が必要な事項（退職手当や賞与等。労基法89条3の2号ないし10号）とがあるが、上記以外の服務規律等についても任意に記載可能である。

2. 就業規則に関する意見聴取義務

　就業規則の作成および変更においては、過半数組合がある場合には当該組合、それがない場合には過半数代表者の意見を聴き（労基法90条1項）、労働基準監督署（長）へ届け出る際には、当該意見を記した書面を添付する必要がある（同2項、労基則49条2項）。

　働き方改革関連法の成立に伴い、過半数代表者の選出方法は、使用者の意向に基づかないものである必要があることが明記された（労基則6条の2第1項2号）ほか、使用者に対し、過半数代表者がその事務を円滑に遂行できるよう必要な配慮を行うことが義務付けられた（同4項）。

3. 就業規則の本社一括届出制度

上述のとおり、就業規則の届け出は原則として事業場単位で行う必要があるが、本社の就業規則と本社以外の事業場の就業規則が同じ内容である場合には、これを一括して届け出ることが可能である。

1. 就業規則（変更）届

CHECK ①	制定・変更のいずれかが摘示されているか
CHECK ②	改正前後の変更点が摘示されているか
CHECK ③	（一括届出をする場合）就業規則が本社と各事業場において同一である記載があるか

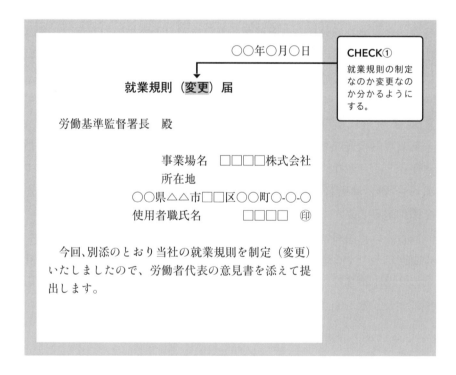

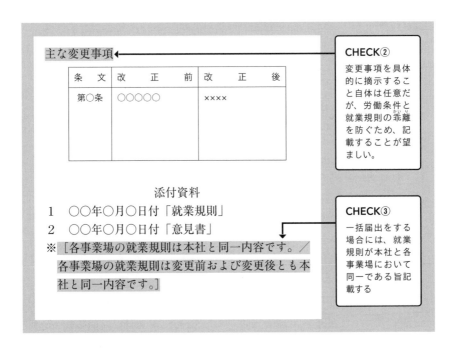

2. 就業規則意見書

CHECK①	異議がない場合でも記載事項欄にコメントが記入されているか
CHECK②	過半数代表者は管理監督者に当たらない者か
CHECK③	過半数代表者の選出方法は、投票、挙手等の民主主義的手続きで、かつ使用者の意向に基づかないものか

```
                              ○○年○月○日
  □□□□株式会社
  代表取締役  □□□□ 殿
```

意見書

○○年○月○日付をもって意見を求められた就業規則案について、下記のとおり意見を提出します。

記

・異議ありません。
・異議があります。
(理由)

_____
_____
_____
_____

以上

[職名／○○労働組合]
[氏名／執行委員長　□□□□]
労働者の過半数を代表する者の選出方法(　　　)

CHECK①
就業規則案に対してコメントがない場合であっても、空欄とするのではなく、「特になし」等、何かしらのコメントを記入する必要がある。

CHECK②
労基法41条2号に規定する管理監督者でないこと。

CHECK③
使用者が一方的に指名したり、親睦会代表者や一定の役職者を自動的に過半数代表としてはいけない。

3. 就業規則本社一括届出対象事業場一覧表

CHECK①	列挙されている事業所の就業規則は、本社のそれと同一であるか
CHECK②	事業場ごと、所轄労働基準監督署ごとに記載されているか

※【就業規則本社一括届出対象事業場一覧表】371ページ参照

就業規則本社一括届出対象事業場一覧表

本社の名称： ＿＿＿＿＿＿＿＿＿＿＿
□□□□株式会社

番号	事業場の名称	所在地	(電話番号)	所轄労働基準監督署名	備考
1	○○○○	○○県△△市□□区○○町○-○-○	○○-○○○○-○○○○	○○○○労働基準監督署	
2	○○○○			労働基準監督署	
				労働基準監督署	
				労働基準監督署	
				労働基準監督署	
				労働基準監督署	
				労働基準監督署	

所轄労働基準監督署数　総計：＿＿＿＿＿＿

3 限定正社員に関する書式

第7章 人事

1. 限定正社員

　限定正社員は法律上の概念ではなく、一般的には、正社員と異なり勤務地や職務等の労働条件が限定される正社員をいう。有期労働契約ではない点で有期雇用労働者とも異なる。従来、正社員と非正規社員の労働者の二極化が著しかったが、近年では労働者のワーク・ライフ・バランスの実現と企業による人材確保の両要請を同時に可能とする正社員の多様化が議論されてきた。その中で生まれたのが、限定正社員である。

2. 限定正社員規程

　限定正社員は無期労働契約を締結してはいるものの、一般的な正社員と比較して労働条件が限定されるため、このような差異を就業規則上に明記し、労働者が自己のキャリア形成やワーク・ライフ・バランスの実現を可能とする必要がある。また、限定正社員は、有期雇用労働者が無期転換ルールに基づいて無期雇用労働者に転換される場合の受け皿として活用され得るため、その場合には、当該ルールによる無期転換正社員を想定した規定の検討も必要である。

3. 限定正社員の労働契約書

　限定正社員の場合、一般正社員と比較して、職務や勤務地が限定されることに起因した労働条件の差異が生じ得るのであり、このような差異のうち賃金格差等、事後的に紛争になり得る事項については、就業規則で明確に規定するだけでなく、労働契約書中に明記することが重要となる。

4. 雇用形態変更に関する通知書

非正規社員から正社員への転換や正社員から限定正社員への転換など雇用形態の多様性が認められる中では、雇用形態の転換に伴う労働条件等の変更内容が明確にならなければ事後的な紛争の火種となりかねない。そこで、これらの転換等に伴う雇用形態の変更に際して、使用者から労働者に対し、変更内容を明示した通知書等を交付する必要がある。

1. 勤務地限定正社員規程

CHECK ①	勤務地限定正社員であることが明確か
CHECK ②	正社員等への転換が可能な制度が設けられているか
CHECK ③	正社員とは賃金が異なることが明確か
CHECK ④	勤務地の事業場の閉鎖が解雇事由となることが明確か

勤務地限定正社員規程

第1章　総則

（目的）
第1条　本規則は勤務地限定正社員に関する規則を定める。なお、本規則に規定されていない労働条件については、正社員就業規則が適用される。

（定義）
第2条　本規則において勤務地限定正社員とは、勤務地を特定の地域、地区、事業所等に限定する正

CHECK①
限定正社員としての処遇に正当性を持たせるために、勤務地限定正社員であることとともに、勤務地が明確にされている必要がある。

社員をいう。
2 ［(一定地域内に限定) 勤務地限定正社員の勤務地は会社の定める地域内の事業場とする。／(通勤圏内に限定) 勤務地限定正社員の勤務地は、自宅から通勤可能なエリア内の事業場とする。／(勤務地を特定の事業場に固定) 勤務地限定正社員の勤務地は、労働契約書に定める事業場とする。］

(労働条件の変更)
第3条 本規則は、法令の制定もしくは改廃、または経営上の理由等により変更することがある。ただし、前条第2項の勤務地を除く。

第2章　人事

(登用制度)
第4条 会社は、正社員就業規則第○条に定める非正規社員であって、勤務地限定正社員としての登用を希望する者のうち、勤続○年以上で、所属長の推薦がある者に対し、登用試験を実施し、合格した者を限定正社員に登用する。
2 前項の登用試験は、毎年○月末日までに、所属長の推薦状を添付した本人の申込書を受け付けて、原則として翌年○月に実施し、その合格者について○月1日付で登用する。

(推薦による登用)
第5条 会社は勤務地限定正社員として○年以上継続勤務し、正社員への転換を希望する者について、所属長の推薦がある場合には、登用試験を実施し、合格した者を正社員に登用する。
2 前項の登用試験は、毎年○月末日までに、所属長の推薦状を添付した本人の申込書を受け付け

て、原則として翌年〇月に実施し、その合格者について〇月1日付で登用する。

(転換制度)
第6条　会社は、正社員就業規則第〇条に定める正社員であって、勤務地限定正社員への転換を希望する者のうち、勤続〇年以上で、会社の承認を得たものを勤務地限定正社員へと転換させる。
2　前項の申請に対する承認の可否を判断するに当たって、会社は、異動が困難であることを証する書面等の提出を求めることがある。提出を求められた従業員は、上記会社の要求に対して誠実に対応しなければならない。
3　正社員が、第1項による転換後、事情の変更により再度正社員に転換することを希望する場合で、かつ、会社の承認を得た場合には、再び正社員に転換することができる。ただし、この再転換は原則として〇回に限る。
4　第1項および前項の転換に関する会社の承認の可否の判断の時期は、原則として毎年〇月とする。ただし、会社が必要と判断した場合には、これ以外の時期にも会社が転換を承認し、勤務地限定正社員または正社員に転換させることがある。

(異動)
第7条　会社は、従業員に対し、業務上の必要により配転を命じることがある。
2　前項の配転については、第2条2項の勤務地の範囲内で行う。
3　会社が、勤務地限定正社員に対し、前項の勤務地の範囲外に対する異動を行う場合には、事前に当該勤務地限定正社員の同意を得るものとする。

> **CHECK②**
> ワーク・ライフ・バランスや政府の働き方改革を視野に入れ、ライフステージの変化に応じた働き方が可能となるような制度設計がされている必要がある。

第3章　賃金

（賃金）
第8条 基本給は、本人の職務内容、業務遂行能力、勤務成績、勤務態度、勤続年数、年齢等を総合考慮して個別に決定する。
2　本条以外の詳細な事項については、別途賃金規程で定める。

> **CHECK③**
> 処遇の差が顕著に表れる賃金について、明確に規定しておく必要がある。

第4章　解雇

（解雇）
第9条 従業員が次のいずれかに該当するときは、解雇することがある。
（1）勤務態度が不良で改善の見込みがないと会社が認めたとき
（2）能力不足または勤務成績不良で就業に適さないと会社が認めたとき
（3）精神または身体の障害により業務に堪えない、または不完全な労務提供しか行えないと会社が認めたとき
（4）試用期間における勤務態度または勤務成績が不良で、従業員として不適格と会社が認めたとき
（5）協調性を欠き、他の従業員の業務遂行に悪影響を及ぼすとき
（6）事業の縮小、第2条2項の勤務地の事業場の閉鎖、その他やむを得ない業務の都合によるとき
（7）その他会社の勤務地限定正社員として適格性がないとき
（8）その他前各号に準ずる事由があったとき

> **CHECK④**
> 勤務地限定正社員の場合、当該勤務地における就業が困難な場合の解雇において解雇回避努力の義務の程度が一定程度緩和される可能性はあるが、解雇事由については限定された勤務地の事業場の閉鎖の場合に限定しない。

2. 職務限定正社員規程

CHECK①	職務限定正社員であることが明確か
CHECK②	正社員等との転換が可能な制度となっているか
CHECK③	正社員とは賃金が異なることが明確か
CHECK④	職務の消滅が解雇事由となることが明確か

職務限定正社員規程

第1章　総則

（目的）
第1条　本規則は職務限定正社員に関する規則を定める。なお、本規則に規定されていない労働条件については、正社員就業規則が適用される。

（定義）
第2条　本規則において職務限定正社員とは、特定の職務のみに従事する正社員をいう。
2　限定される職務とは、労働契約に定められたものをいう。

> **CHECK①**
> 職務限定正社員であることとともに、いかなる職務に従事する正社員であるかが明確にされている必要がある。

（労働条件の変更）
第3条　本規則は、法令の制定もしくは改廃、または経営上の理由等により変更することがある。ただし、前条2項の職務の内容を除く。

第2章　人事

（登用制度）

第4条　会社は、就業規則第○条に定める非正規社員であって、職務限定正社員としての登用を希望する者のうち、勤続○年以上で、所属長の推薦がある者に対し、登用試験を実施し、合格した者を職務限定正社員として登用する。

2　前項の登用試験は、毎年○月末日までに、所属長の推薦状を添付した本人の申込書を受け付けて、原則として翌年○月に実施し、その合格者について○月1日付で登用する。

（推薦による登用）

第5条　会社は職務限定正社員として○年以上継続勤務し、正社員への転換を希望する者について、所属長の推薦がある場合には、登用試験を実施し、その合格者を正社員に登用する。

2　前項の登用試験は、毎年○月末日までに、所属長の推薦状を添付した本人の申込書を受け付けて、原則として翌年○月に実施し、その合格者について○月1日付で登用する。

（転換制度）

第6条　会社は、就業規則第○条に定める正社員であって、職務限定正社員への転換を希望する者のうち、勤続○年以上で、会社の承認を得たものを職務限定正社員へと転換させる。

2　正社員が、前項による転換後、事情の変更により正社員に転換することを希望する場合で、かつ、会社の承認を得た場合には、再び正社員に転換することができる。ただし、この再転換は原則として○回に限る。

3　第1項および前項の転換に関する会社の承認

> **CHECK②**
> ワーク・ライフ・バランスや政府の働き方改革を視野に入れ、ライフステージの変化に応じた働き方が可能となるような制度設計がされている必要がある。

の可否の判断の時期は、原則として毎年〇月とする。ただし、会社が必要と判断した場合には、これ以外の時期にも会社が転換を承認し、職務限定正社員または正社員に転換させることがある。

(異動)
第7条 会社は、従業員に対し、業務上の必要により配転（国内および海外への転勤）を命じることがある。
2 前項にかかわらず、職務限定正社員は、第2条2項の限定された職務のみを行うものとし、会社は、職務限定正社員に対し、当該限定された職務の範囲を超えて、配転を命じることはできない。

第3章 賃金

(賃金)
第8条 基本給は、本人の職務内容、業務遂行能力、勤務成績、勤務態度、勤続年数、年齢等を総合考慮して個別に決定する。
2 本条以外の詳細な事項については、別途賃金規程で定める。

第4章 定年、退職および解雇

(解雇)
第9条 従業員が次のいずれかに該当するときは、解雇することがある。
（1）勤務態度が不良で改善の見込みがないと会社が認めたとき
（2）能力不足または勤務成績不良で就業に適さないと会社が認めたとき。なお、能力または勤務成績は第2条2項の限定された職務

CHECK③
処遇の差として顕著に表れる賃金について、明確に規定しておく必要がある。

CHECK④
職務限定正社員の職務の消滅を理由とする解雇においては、解雇回避努力の義務の程度が一定程度緩和される可能性はあるが、解雇事由を限定された職務が消滅した場合のみなどに限定しないよう留意すべきである。

におけるもので評価する
(3) 精神または身体の障害により業務に堪えない、または不完全な労務提供しか行えないと会社が認めたとき
(4) 試用期間における勤務態度または勤務成績が不良で、従業員として不適格と会社が認めたとき
(5) 協調性を欠き、他の従業員の業務遂行に悪影響を及ぼすとき
(6) 事業の縮小、第2条2項の限定された職務の消滅、その他やむを得ない業務の都合によるとき
(7) その他会社の職務限定正社員として適格性がないとき
(8) その他前各号に準ずる事由があったとき

3. 勤務地限定正社員　労働契約書

CHECK ①	限定した勤務地は明確か
CHECK ②	転勤の可能性を持つ記載になっていないか
CHECK ③	基本賃金は明確か

【勤務地限定正社員用】

労働条件通知書兼労働契約書

　株式会社　□□□□（以下、「甲」という）と□□□□（以下、「乙」という）は以下の条件に基づき労働契約（以下、「本契約」という）を締結する。

1	社員区分	［勤務地］限定正社員 限定勤務地：勤務地は○○に限定する（なお、業務上の都合により、当該事業場を廃止した場合には、原則として労働契約を終了する）。
2	雇用期間	期間の定めなし
3	就業場所	甲が指定した場所 （　　　　　　　　　　　　　　　　）
4	就業時間	午前 ○時○分 から 午後○時○分 まで 休憩時間　○時～○時とする ただし、業務の都合上、就業時間・休憩時間を変更する場合がある。
5	休　日	土・日曜日、祝祭日、年末年始および夏期休暇 ただし、業務の都合により上記休日を変更させ就業させる場合がある。
6	給　料	基本給　　　　　　　　　　円 ［地域限定／地区限定／事業場限定］ 手当　　　　　　　　　　円

CHECK①
正社員との賃金額を含めた処遇の差を説明する観点や、雇用保障の観点からも契約する労働者の勤務地がいかなる範囲に限定されるかを明確にする必要がある。

CHECK②
勤務地の消滅を理由とする整理解雇等を見据えた場合に、勤務地変更の可能性を残す文言は避けるべきである。

CHECK③
給与規程に定めるとの記載にとどめず、基本賃金の具体的金額を明記する必要がある。

		総支給額　　　　　　　円 締日および支払日は、毎月○日締め翌月○日（銀行が休日のときはその前日）払い 詳細は、「勤務地限定正社員給与規程」に定める。
7	昇　給	年○回（○月） ただし、会社の業績または個人の成績により改定しない場合がある。
8	賞　与	年○回（○月と○月） 会社業績により支払日の変更または支給しないことがある。賞与の額は本人の成績、勤務態度、能力等を勘案して定める。
9	支払方法	銀行　　　　支店 乙の口座へ振り込む。
10	退職に関する事項	定年　○歳の誕生日の翌日 ただし、会社が必要と認めた場合には継続雇用または契約更新する場合がある。
11	保険関係	健康保険・厚生年金・雇用保険の加入（労災保険は事業場に適用） （保険料は入社翌月の給料より徴収する）
12	就業規則	その他、勤務上の詳細な規程は勤務地限定正社員就業規則による。
13	特約事項	本契約は労働基準法その他の法律を基準として解釈する。 本契約に規定されていない事項は、甲乙協議の上、定めるものとする。

本契約の成立を証するため、本契約書2通を作成し、甲および乙が各1通を保有する。

　　　　　　　　　　　　　　　○○年○月○日

　　　（甲）
　　　　所在地
　　　　会社名　　□□□□株式会社
　　　　代表者　代表取締役　　□□□□
　　　　　　　　　　　　　　　　　　　㊞

　　　（乙）
　　　　氏名　□□□□　　　　㊞
　　　　住所

4. 職務限定正社員　労働契約書

CHECK ①	限定した職務内容は明確か
CHECK ②	職種変更の可能性を持つ記載になっていないか
CHECK ③	基本賃金は明確か

【職務限定正社員用】

労働条件通知書兼労働契約書

　株式会社　□□□□（以下、「甲」という）と□□□□（以下、「乙」という）は以下の条件に基づき労働契約（以下、「本契約」という）を締結する。

1	社員区分	職務限定正社員 限定職務：職務は○○に限定する（なお、業務上の都合により、当該職務を廃止した場合には、原則として労働契約を終了する）。
2	雇用期間	期間の定めなし
3	就業場所	本社内および甲が指定した場所 （　　　　　　　　　　　）
4	就業時間	午前○時○分から午後○時○分まで 休憩時間　○時～○時とする ただし、業務の都合上、就業時間・休憩時間を変更する場合がある。
5	休日	土・日曜日および祝祭日、年末年始、夏期休暇 ただし、業務の都合により上記休日を変更させ就業する場合がある。
6	給料	基本給　　　　　　　　　　　　　　　　円 手当　高度な職務　　　　　　　　　　　円 　　　一般的な職務　　　　　　　　　　円

CHECK①
契約する労働者がいかなる職務に従事し、かつそれがいかなる範囲に限定されるかを明確にする必要がある。

CHECK②
職務の廃止を理由とした整理解雇を見据えた場合に、職務変更の可能性を残す文言は避けるべきである。

CHECK③
給与規程に定めるとの記載にとどめず、基本賃金の具体的金額を明記する。

		総支給額　　　　　　　　　　　円 締日および支払日は、毎月○日締め翌月○日（銀行が休日のときはその前日）払い 詳細は、「職務限定正社員給与規程」に定める。
7	昇　給	年○回（○月） ただし、会社の業績または個人の成績により改定しない場合がある。
8	賞　与	年○回（○月 と○月） 会社業績により支払日の変更または支給しないことがある。賞与の額は本人の成績、勤務態度、能力等を勘案して定める。
9	支払方法	銀行　　　　　支店 乙の口座へ振り込む。
10	退職に関する事項	定年　○歳の誕生日の翌日 ただし、会社が必要と認めた場合には継続雇用または契約更新する場合がある。
11	保険関係	健康保険・厚生年金・雇用保険の加入（労災保険は事業場に適用） （保険料は入社翌月の給料より徴収する）
12	就業規則	その他、勤務上の詳細な規程は職務限定正社員就業規則による。
13	特約事項	本契約は労働基準法その他の法律を基準として解釈する。 本契約に規定されていない事項は、甲乙協議の上、定めるものとする。

本契約の成立を証するため、本契約書２通を作成し、甲および乙が各１通を保有する。

　　　　　　　　　　　　　　　○○年○月○日

　　　　　（甲）
　　　　　所在地
　　　　　会社名　　□□□□株式会社
　　　　　代表者　　代表取締役□□□□
　　　　　　　　　　　　　　　　　　㊞
　　　　　（乙）
　　　　　氏名　　□□□□　　　　㊞
　　　　　住所

5. 雇用形態変更に関する通知書

CHECK①	変更後の雇用形態・社員区分が明記されているか
CHECK②	適用開始日が明記されているか

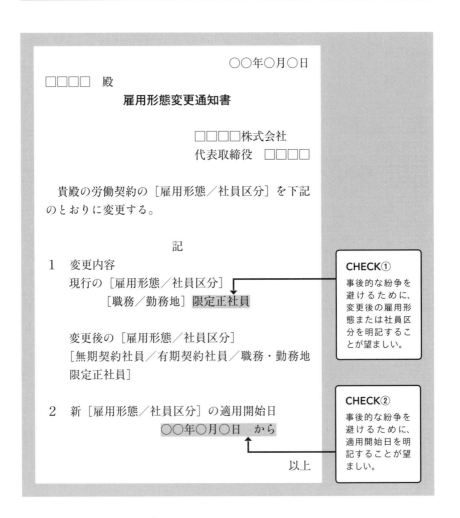

○○年○月○日

□□□□ 殿

雇用形態変更通知書

　　　　　　　　□□□□株式会社
　　　　　　　　代表取締役　□□□□

　貴殿の労働契約の［雇用形態／社員区分］を下記のとおりに変更する。

記

1　変更内容
　　現行の［雇用形態／社員区分］
　　　［職務／勤務地］限定正社員

　　変更後の［雇用形態／社員区分］
　　［無期契約社員／有期契約社員／職務・勤務地限定正社員］

2　新［雇用形態／社員区分］の適用開始日
　　　　○○年○月○日　から

以上

CHECK①
事後的な紛争を避けるために、変更後の雇用形態または社員区分を明記することが望ましい。

CHECK②
事後的な紛争を避けるために、適用開始日を明記することが望ましい。

第8章 退職・継続雇用

1 退職に関する書式

1. 退職証明書
2. 解雇制限除外認定申請書
3. 解雇予告除外認定申請書

2 継続雇用に関する書式

1. 継続雇用規程
2. 65歳定年制規程
3. 65歳以降継続雇用規程

第8章 退職・継続雇用

1 退職に関する書式

1. 退職証明書・解雇理由証明書

　労働者が退職する際、使用者は、労働者からの請求があった場合、使用期間、業務の種類、その事業における地位、賃金または退職の事由（退職の事由が解雇の場合にあっては、その理由を含む。）について記載した退職証明書を遅滞なく交付する必要があり（労基法22条1項）、労働者が解雇の予告を受けた日から退職の日までの間に請求した場合においても同様である（当該解雇以外の事由により退職した場合を除く。同2項）。これらの証明書には、労働者が請求していない事項を記入してはならない（同3項）。

2. 解雇制限除外認定申請書

　解雇には時期的制限があり、使用者は、原則として、労働者が業務上負傷し、または疾病による休業期間およびその後30日間、ならびに産前産後の女性が労基法65条に基づき休業する期間およびその後30日間は、当該労働者を解雇できない（労基法19条1項）。例外として、使用者が労基法81条に基づき打切補償を支払う場合、または天災事変その他やむを得ない事由のために事業の継続が不可能となった場合には、上記時期的制限は適用されない（労基法19条1項ただし書）。このうち、後者の例外事由による解雇の場合には、解雇制限除外認定申請を行い、解雇制限除外認定を受ける必要がある（同2項）。

3. 解雇予告除外認定申請書

　使用者は、労働者を解雇する場合、原則として、少なくとも30日前にその予告をするか、30日分以上の平均賃金（予告手当）を支払わなけれ

ばならない（労基法20条１項）。なお、後者については、１日分の平均賃金の支払い分だけ、日数を短縮できる（同２項）。例外として、(i) 天災事変その他やむを得ない事由のために事業の継続が不能となった場合、または（ii）労働者の責に帰すべき事由に基づいて解雇する場合は、即時解雇が可能である（同項ただし書）。この場合、解雇予告除外認定申請を行い、当該認定を受ける必要がある（同３項）。

1. 退職証明書

CHECK①	退職理由が①〜⑦から選ばれているか
CHECK②	解雇の理由が請求されていない場合、「（別紙の理由による）」が二重線で消されているか
CHECK③	⑦の場合、別紙に具体的な記載がされているか
CHECK④	解雇理由が別紙の６の場合、１〜５と同等の理由か

退職証明書

□□□□殿

　以下の事由により、あなたは当社を〇〇年〇月〇日に退職したことを証明します。

〇〇年〇月〇日

事業主氏名または名称
使用者職氏名□□□□

① 自己都合による退職　（②を除く）
② 当社の勧奨による退職
③ 定年による退職
④ 契約期間の満了による退職
⑤ 移籍出向による退職
⑥ その他（具体的には　　　　　　　による退職）
⑦ 解雇（別紙の理由による）

※　該当する番号に○を付けること。
※　解雇された労働者が解雇の理由を請求しない場合には、⑦の「（別紙の理由による）」を二重線で消し、別紙は交付しないこと。

CHECK②
労働者が解雇の理由を請求しない場合には、「（別紙の理由による）」を二重線で消し、別紙は交付しない。

別紙（解雇理由証明書）

解雇理由証明書

　　　　殿

　当社が、○○年○月○日付けであなたに予告した解雇については、以下の理由によるものであることを証明します。

　　　　　　　　　　　　　○○年○月○日

　　　　事業主氏名または名称
　　　　使用者職氏名□□□□

〔解雇理由〕※1
1　天災その他やむを得ない理由（具体的には、

　　　　　　　　　　　　　　　　　によって当社の事業の継続が不可能となったこと）による解雇

2　事業縮小等当社の都合（具体的には、当社が、

　　　　　　　　　　となったこと）による解雇

3　職務命令に対する重大な違反行為（具体的には、あなたが

　　　　　　　　　　したこと）による解雇

4　業務について不正な行為（具体的には、あなたが

　　　　　　　　　　したこと）による解雇

5　相当長期間にわたる無断欠勤をしたこと等、勤務不良であること、勤務態度または勤務成績が不良であること（具体的には、あなたが

　　　　　　　　　　したこと）による解雇

6　その他（具体的には、

　　　　　　　　　　）による解雇

> **CHECK④**
> 「6　その他」を選ぶ場合でも解雇理由は相当なものである必要があり、程度としては1～5と同等である必要がある。

※1　該当するものに〇を付け、具体的な理由等を（ ）の中に記入すること。
※2　就業規則の作成を義務付けられている事業場においては、上記解雇理由の記載例にかかわらず、当該就業規則に記載された解雇の事由のうち、該当するものを記載すること。

2. 解雇制限除外認定申請書

CHECK ①	事業の継続が不可能となった事情が不可抗力に基づくものでなければならない
CHECK ②	休業せずに働いている者を含めてはいけない

※ 【様式第2号（第7条関係）　解雇制限除外認定申請書】394ページ参照

3. 解雇予告除外認定申請書

CHECK ①	労働者名簿や問題行動についての顛末書など申請に必要な資料を添付しなければならない
CHECK ②	具体的な事情は、「労働者の責に帰すべき事由」かを判断できる程度に明確に記載しなければならない
CHECK ③	労働者の故意または過失、これと同視すべき事由であることを具体的に記載しなければならない

※ 【様式第3号（第7条関係）　解雇予告除外認定申請書】395ページ参照

様式第2号(第7条関係)

解雇制限除外認定申請書

事業の種類	事業の名称	事業の所在地
機械部品製造業	株式会社○○	東京都足立区○○1-2-3

天災事変その他やむを得ない事由のために事業の継続が不可能となった具体的事情	除外を受けようとする労働者の範囲		
○年○月○日に関東で発生した大震災に伴い、会社所有の工場で火事が起こり、製造機械の多くは使用不能となり、また、在庫や材料等も大部分が消失してしまった。そのため、事業規模を今までより大幅に縮小する必要が生じ、人員についてもやむなく減らすことを決定した。	業務上の傷病により療養するもの	2 人	計 3 人
	産前産後の女性	1 人	
	法第20条第1項但書前段の事由に基づき即時解雇しようとする者	0 人	計 0 人

○○年 ○月 ○日

使用者　職名　株式会社○○　代表取締役
　　　　氏名　○○ ○○　㊞

○○労働基準監督署長　殿

様式第3号(第7条関係)

解雇予告除外認定申請書

事業の種類	事業の名称	事業の所在地
不動産仲介業	株式会社○○	東京都港区○○1-2-3

	性別	雇入年月日	業務の種類	労働者の責に帰すべき事由
労働者の氏名 ○○ ○○	男	○○年○月○日	営業	不動産投資詐欺の前科を有していたが、当該事実を隠して入社しており、これが判明した。本人も認めている。
		年 月 日		
		年 月 日		
		年 月 日		
		年 月 日		

　○○年 ○月 ○日

労働基準監督署長 殿

　　　　　　　　使用者　職名　株式会社○○ 代表取締役
　　　　　　　　　　　　氏名　○○ ○○　㊞

2 継続雇用に関する書式

1. 高年法の雇用確保措置義務

　事業主は、定年年齢を定める場合には60歳以上とすること、65歳までの高年齢者雇用確保措置として、(1) 65歳までの定年の引き上げ、(2) 継続雇用制度の導入、(3) 定年の定めの廃止のうち、いずれかの措置を取ることが義務付けられている（高年法8条、9条1項）。上記の三つの雇用確保措置のうち、最も多くの企業で採用されているのは(2)の継続雇用制度である。また、(1)の一律65歳定年制を採用している企業も多くはないが、一定数見られる。

　これらの雇用確保措置義務に違反した場合、厚生労働大臣は、違反事業主に対し、助言・指導・勧告を行うことができ、また、勧告に従わない事業主を公表できる（同10条）。

2. 継続雇用制度

　継続雇用制度下での処遇は企業の労使の協議に委ねられているが、長澤運輸事件最高裁判決（最高裁二小　平30.6.1判決　労判1179号34ページ）や同一労働同一賃金ガイドライン（平成30年12月28日制定）では、有期雇用労働者が定年退職後に再雇用された事由を労契法20条の「その他の事情」として考慮できるとされており、60歳以前に比して労働条件を切り下げること自体は直ちに違法とはならないものの、不合理な差異が違法となり得ることが示されている。

　なお、現行の高年法上、65歳以降の継続雇用は求められていないが、継続雇用終了後の再雇用契約について、労働者が継続雇用されることにつき合理的な期待を有すると認められる場合は、継続雇用の申出拒否が違法となる場合があり得る（労契法19条2項が類推適用される可能性が

ある)。

3.65歳定年制

定年を一律65歳に引き上げるのではなく、賃金コストの抑制や技能の伝承等、多様な企業ニーズを満たしつつ、労働者の意思決定を尊重する方法として、60歳と65歳の選択定年制を採用することも考えられる。

1. 継続雇用規程

CHECK①	継続雇用の対象外となる場合について記載したか
CHECK②	再雇用の希望表明の手続規定については記載したか
CHECK③	2013年4月1日までに労使協定に継続雇用に関する基準を定めていた場合、経過措置を規定しているか
CHECK④	再雇用後の労働条件は定年前の正社員の労働条件と比べて不合理ではないか
CHECK⑤	再雇用者のみに適用される事項についてすべて漏れなく規定されているか

継続雇用規程

(再雇用契約)
第1条 定年退職する者が退職後の継続雇用を希望する場合は、再雇用する。ただし、定年の時点で解雇事由(ただし、定年に関するものを除く)に該当する者はこの限りでない。

CHECK①
解雇事由のある者にまで再雇用をする義務はない(平24.11.9厚生労働省告示560号参照)ため、適用除外規定について定めておく必要がある。

2　定年後、継続雇用を希望する者は、定年退職日（満60歳に達した日の属する月の末日）の３カ月前までに、所定の様式に従い、書面で会社に届け出をしなければならない。当該届け出については、定年退職日の３カ月前の日以降は受け付けないものとし、また、会社が認める場合を除き、定年退職日の３カ月前の日以降は変更できないものとする。

3　会社は、前項の届出期限が満了する２週間前までに書面をもって当該従業員にその意向を確認する。

CHECK②
社員が再雇用を希望する意向を表明する機会を与えるため、通知、面接等を行う。

（再雇用契約の更新）
第２条　再雇用契約の期間は、原則として１年とする。ただし、再雇用契約の更新上限は、満65歳に達した日の属する月の末日までとする。

2　再雇用契約は、退職事由または解雇事由（ただし、定年に関するものを除く）に該当する者を除き、原則として第１項の上限に達するまで更新する。ただし、労使協定の継続雇用の対象者基準である次の各号のいずれかを満たさない者の再雇用期間は、下表の区分により、左欄に対応する右欄の年齢に達する日の属する月の末日までとする。
（1）継続して勤務することを希望すること。
（2）過去３年間の人事評価がB以上であること。
（3）過去３年間の出勤率が８割以上であること。

CHECK③
2013年４月１日までに、既に労使協定により継続雇用制度の対象となる者の基準を定めていた場合は、経過措置が認められている。

期　　間	基準の適用年齢
2019年４月１日から2022年３月31日まで	63歳
2022年４月１日から2025年３月31日まで	64歳

3　前各号にかかわらず、会社が提示した労働条件につき、従業員と合意に至らなかった場合には、再雇用契約は更新しない。

（配置・異動）
第3条　再雇用後の職場、職種および職務内容は、原則として、定年退職前と同一とする。ただし、本人の希望、知識、技能、適性、および業務上の必要性その他の事情を総合的に勘案し、別の職場、職種および職務内容に配置することができる。
2　再雇用者に対して、原則として異動は行わない。

（就業時間・休日）
第4条　再雇用者の1日の就業時間および1週の休日数は、業務上の必要性および本人の希望を勘案して個別の労働契約書において定める。

（年次有給休暇）
第5条　年次有給休暇の勤続年数の算定は、再雇用により従業員として就職したときより通算し、労働基準法の定めに基づき付与する。

（給与・賞与）
第6条　再雇用者の給与および賞与は、業務の内容や勤務時間数を総合的に勘案して個別に決定する。

（退職金）
第7条　再雇用期間に相当する退職金は支給しない。

（その他の就業条件）
第8条　この規程に定めのない再雇用者のその他の就業条件はパートタイマー就業規則に準ずる。

CHECK④
定年後再雇用であることを理由に労働条件を引き下げること自体は不合理とはならないが、手当の趣旨によっては、不合理な差別として違法と判断される恐れがある。

2. 65歳定年制規程

CHECK①	60歳を超えた社員につき、労働条件の変更を可能とする規定があるか
CHECK②	選択定年制を採用する場合、その旨の規定を設けているか
CHECK③	60歳定年希望者に対する優遇措置の規定があるか

65歳定年制規程

（65歳定年）
第1条　従業員の定年は、満65歳とし、定年に達した日の属する月の末日をもって退職とする。

（60歳を超えた従業員の労働条件）
第2条　従業員が60歳を超えて雇用の継続を希望する場合、当該従業員の労働条件は別途会社が提示するところによるものとする。

（60歳定年）
第3条　前2条の規定にかかわらず、従業員が60歳到達日の3カ月前に60歳定年を希望する旨を会社に申し出たときは、満60歳での定年を認め、定年に達した日の属する月の末日をもって退職とする。

（優遇措置）
第4条　前条の規定に基づき、60歳定年を希望する従業員に対しては、退職金に加え、特別慰労金

CHECK①
人件費抑制の観点等から、60歳以降の社員に対する給与を下げる等、合理的な範囲で労働条件を変更することがあり得るが、その場合は、当該労働条件の変更を可能とする規定を設けなければならない。

CHECK②
選択定年制とすることも考えられる。

を支給する。
2　退職金および前項の特別慰労金の支給内容は以下の各号に定めるとおりとする。
　①会社都合支給率の適用：退職金算定に当たっては会社都合支給率を適用する。
　②特別慰労金の支給：退職金の30%相当額を支給する。

CHECK③
選択定年制は、一般的に早期の退職を優遇する制度であり、退職金の加算や特別慰労金の支給等の措置が設けられることもある。

3. 65歳以降継続雇用規程

CHECK①	会社が各社員の継続雇用を決定できる規程となっているか
CHECK②	継続雇用への合理的期待が発生する規定がないか
CHECK③	実質的に継続雇用希望者全員が継続雇用される規程となっていないか

65歳以降継続雇用規程

（再雇用契約）

第1条　定年退職する者が退職後の雇用を希望し、会社が必要と認めた場合は、会社は再雇用することができる。定年の時点で解雇事由（ただし、定年に関するものを除く）に該当する者はこの限りでない。

2　65歳以降の継続雇用を希望する者は、定年退職日（満60歳に達した日の属する月の末日）の3カ月前までに、所定の様式に従い、書面で会社に届け出をしなければならない。当該届け出については、定年退職日の3カ月前の日以降は受け付けないものとし、また、会社が認める場合を除き、定年退職日の3カ月前の日以降は変更できないものとする。

3　会社は、前項の届け出をした従業員につき、当該従業員の能力や体力、会社の経営状況その他の事情を総合的に考慮して再雇用するかを判断する。

CHECK①②
65歳以降の継続雇用は高年法上の問題はないため、合理的期待が発生しないよう、会社が再雇用の決定権限を持つ規程にする必要がある。

CHECK③
65歳以降については、法律上、継続雇用は義務付けられていないため、会社が望む者のみ65歳を超えて継続雇用したとしても、法律上は問題ない。

(再雇用契約の更新)
第2条　再雇用の契約の期間は、原則として1年とする。再雇用契約の更新上限は、満70歳に達した日の属する月の末日までとする。
2　再雇用契約の更新は、更新の時点で退職事由または解雇事由（ただし、定年に関するものを除く）に該当しない者に限り行い、当該従業員の能力や体力、会社の経営状況その他の事情を総合的に考慮して更新するか否かを判断する。
3　前各項にかかわらず、会社が提示した労働条件につき、従業員と合意に至らなかった場合には、再雇用契約は更新しない。

(就業時間・休日)
第3条　再雇用者の1日の就業時間および1週の休日数は、業務上の必要性および本人の希望を勘案して個別に決定する。

(年次有給休暇)
第4条　年次有給休暇の勤続年数の算定は、再雇用により従業員として就職したときより通算し、労働基準法の定めに基づき付与する。

(給与・賞与)
第5条　再雇用者の給与および賞与は、業務の内容や勤務時間数を総合的に勘案して個別に決定する。

(退職金)
第6条　再雇用期間に相当する退職金は支給しない。

(その他の就業条件)
第7条　この規程に定めのない再雇用者のその他の労働条件はパートタイマー就業規則に準ずる。

第9章 賃金

1 賃金に関する書式

1. 給与規程
2. 賃金台帳
3. 賃金控除に関する協定書
4. 口座振込同意書

第9章 賃金

1 賃金に関する書式

　労働契約は、労働者が使用者に使用されて労働し、使用者がこれに対して賃金を支払うことについて、労働者および使用者が合意することによって成立するとされる（労契法6条）。

　労働契約において賃金は、契約の基礎をなす重要な要素であり、賃金をどのように定めるかは重大な関心事である。そのため、賃金に関しては、労働者の疑問等に伴うトラブルを予防するための明確かつ公正なルール作りが重要となる。

　この点就業規則（およびそこから派生する賃金規程）は、賃金に関する事項について合理的な内容を明確に定めるもので、上記トラブルを予防する役割を有しており、使用者にとっては非常に重要かつ関心の高い書式の一つである。

　ここでは、一般的に必要と考えられる賃金に関する規程について、適宜注意点についてコメントを付しながら、昨今の裁判例にも留意して作成している。今後、就業規則を作成される際に参考にされたい。

1. 給与規程　　　　　　　　　　　　　　　　　　　　　　　¥

CHECK ①	（賃金の構成）各種手当について、無期労働契約と有期労働契約との間で不合理な差異を設けていないか。同一労働同一賃金に関するガイドラインや法改正の内容と給与規程の内容に矛盾はないか（①基本給②各種手当の均衡・均等待遇の確保）。

CHECK ②	（欠勤・休業時の賃金）不就労時間に対応する賃金以上の賃金を控除していないか 賞与の金額算定に際し、法令上の休暇取得を妨げるような出勤要件を課していないか。休職や休暇等について有給・無給の別を定めているか
CHECK ③	固定残業代は、割増賃金相当部分が明確に区別されているか
CHECK ④	通勤手当、家族手当、住宅手当等一定の手当以外は、原則として残業単価計算の基礎に含まれているか
CHECK ⑤	（昇給および降給）一律定期昇給等、無条件に昇給請求権が発生する規定となっていないか 賃金減額（降給）の定めが明記されているか
CHECK ⑥	年次有給休暇や育児・介護休業の取得を理由とする不利益な取り扱いがなされていないか
CHECK ⑦	退職金の不支給・減額は、就業規則等の明文の規定があり、かつ、労働者に著しい背信行為がある場合に限定されているか
CHECK ⑧	退職金の受給権者について規定がなされているか

給与規程

(目的)
第1条 本規程は、〔就業規則第○条の規定に基づき、〕正従業員として雇用された従業員の給与に関する基準および手続きを定めることを目的とする。

(賃金の構成)
第2条

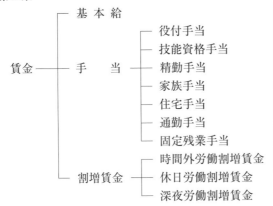

> **CHECK①**
> 各種手当について、無期労働契約と有期労働契約との間で不合理な差異を設けた場合は労働契約法20条・パートタイム労働法8条違反となる。

(賃金の計算期間)
第3条 従業員の賃金は、毎月○日に締め切って計算し、翌月○日に支払う。ただし、支払日が休日になる場合は、その前日に繰り上げて支払う。
2 前項の計算期間の中途で採用された従業員または退社した従業員については、月額の賃金は当該計算期間の所定労働日数を基準に日割計算して支払う。休職・復職の場合も同様とする。

(労働時間の端数処理)
第4条 前条の計算期間(1カ月)における労働時

間数の合計に１時間未満の端数がある場合は、30分未満は切り捨て、30分以上は切り上げる。

（賃金の支払いと控除）
第５条 賃金は、従業員に対し、通貨で直接その全額を支払う。
２　前項について、従業員が同意した場合は、従業員本人の指定する金融機関の預貯金口座または証券総合口座へ振込により賃金を支払う。
３　次に掲げるものは、賃金から控除する。
　①源泉所得税
　②住民税
　③各種社会保険料の被保険者負担分
　④労使協定により賃金から控除することとしたもの
　⑤賃金の過払い分

（賃金額の端数処理）
第６条 １カ月間の賃金支払額の100円未満の端数が生じた場合、50円未満の端数を切り捨て、50円以上の端数を100円に切り上げて支払う。

（欠勤等の扱い）
第７条 欠勤、遅刻、早退および私用外出については、基本給から当該日数または時間数分の賃金を控除する。
２　前項の場合、控除すべき賃金の１時間当たりの金額の計算は以下のとおりとする。
　　なお、欠勤の場合、以下で算出した１時間当たりの賃金額に、１日の所定労働時間数を乗じた金額を控除する。
　（１）月給の場合
　　　基本給÷１カ月平均所定労働時間数

> **CHECK②**
> 欠勤等の場合に賃金控除を行う場合、労務提供のない労働時間について賃金を控除する旨明確に定める必要がある。また、欠勤等の不就労時間以上に控除することは労基法91条に違反し無効となる。

（2）日給の場合
　　　基本給÷1日の所定労働時間数

(基本給)
第8条 基本給は、本人の職務内容、業務遂行能力、勤務成績、勤務態度、勤続年数、年齢等を総合考慮して個別に決定する。

(役付手当)
第9条 役付手当は、以下の職位にある者に対し支給する。
　　部長　　　　　　月額〇円
　　課長　　　　　　月額〇円

2　昇格によるときは、発令日の属する賃金月から支給する。この場合、当該賃金月においてそれまで属していた役付手当は支給しない。
3　降格によるときは、発令日の属する賃金月の次の賃金月から支給する。

(技能資格手当)
第10条 技能・資格手当は、次の資格を持ち、その職務に就く者に対し支給する。
　　（技能・資格名）　　　　月額〇円

(精勤手当)
第11条 精勤手当は、当該賃金計算期間における出勤成績により、次のとおり支給する。
　　①無欠勤の場合　　　　　月額〇円
　　②欠勤1日以内の場合　　月額〇円
2　前項の精勤手当の計算においては、次のいずれかに該当するときは出勤したものと見なす。
　　①年次有給休暇を取得したとき

> **CHECK①**
> 無期労働契約と有期労働契約の間に差がある場合には、不合理と判断される可能性がある。

②業務上の負傷または疾病により療養のため休業したとき
3　第1項の精勤手当の計算に当たっては、遅刻または早退○回をもって、欠勤1日と見なす。

（家族手当）
第12条　家族手当は、次の家族を扶養している労働者に対し支給する。
①配偶者　　　　　　　　　月額○円
②18歳未満の子
　1人につき　　　　　　　月額○円
③65歳以上の父母
　1人につき　　　　　　　月額○円

CHECK①
無期契約労働者と有期契約労働者ともに転居を伴う転勤がない場合、有期契約者にのみ不支給とする規定だと、不合理な相違と判断される可能性がある。

（住宅手当）
第13条　住宅手当として月額○万円を支給する。
2　前項に定めるほか、転勤による単身赴任の場合等、会社が必要と認めた場合は、会社が個別に決定した金額を、住宅手当として支給する。

CHECK①
無期労働契約と有期労働契約の間に差がある場合には、不合理と判断される可能性がある。

（通勤手当）
第14条　通勤手当は、月額○円までの範囲内において、通勤に要する実費に相当する額を支給する。

CHECK③
固定残業代は、割増賃金相当部分が明確に区別される必要がある。

（固定残業手当）
第15条　会社は、○時間分の時間外割増賃金相当額として、固定残業手当を支給する。○時間を超える時間外割増賃金、および深夜割増賃金ないし休日割増賃金については、別途支給する。

CHECK④
通勤手当、家族手当、住宅手当等一定の手当以外は、原則として残業単価計算の基礎に含まれる。

（割増賃金）
第16条　時間外労働手当、休日労働手当および深夜労働手当は、次の計算式に基づいて算出する。

① 時間外労働の割増賃金

$$\left[\frac{基本給＋技能・資格手当＋精勤手当}{1カ月の平均所定労働時間数}\right]$$

×1.25（＊）×時間外労働の時間数
＊ただし、1カ月の法定労働時間外の労働時間数の合計が60時間を超える部分は1.5とする。

② 休日労働の割増賃金

$$\left[\frac{基本給＋技能・資格手当＋精勤手当}{1カ月の平均所定労働時間数}\right]$$

×1.35×休日労働の時間数

③ 深夜労働の割増賃金

$$\left[\frac{基本給＋技能・資格手当＋精勤手当}{1カ月の平均所定労働時間数}\right]$$

×0.25×深夜労働の時間数

2　法定時間外における労働が、同時に休日における労働に当たる場合、当該労働時間数については、前項②の休日労働手当のみを支給する。また、深夜における労働が、同時に法定時間外における労働または休日における労働に当たる場合、当該労働時間数については、前項①の時間外労働手当または②の休日労働手当に加え、③の深夜労働手当を支給する。

(管理監督者)
第17条　課長職以上の者については管理監督者として、第16条に定める③深夜労働手当のみを支給する。

(臨時休業中の賃金)
第18条　会社の都合により、所定労働日に従業員を休業させた場合は、労基法第26条の定めるところにより、1日につき労基法第12条に規定する平均賃金の6割を支給する。
2　会社の都合により、所定労働時間のうちの全部または一部について従業員を休業させた場合は、労基法第26条に定めるところにより、当該労働日の賃金額について、労基法第12条に規定する平均賃金の6割に相当する賃金額を保障する。

(休暇等の賃金)
第19条　年次有給休暇の期間は、所定労働時間労働したときに支払われる通常の賃金を支払う。
2　産前産後休業、育児時間、生理休暇、母性健康管理のための休暇、育介法に基づく休業および子の看護休暇、特別休暇、および裁判員等のための休暇については、無給とする。
3　［就業規則第○条に定める］休職期間は、無給とする。
4　前2項に定める休暇または休職期間中に会社が立て替えて支払った社会保険料については、従業員の復職後○カ月以内（休職期間満了により退職した場合には○カ月以内）に、会社が指定する口座に振り込んで支払わなければならない。

> **CHECK②**
> 産前産後休業、育児時間、生理休暇、母性健康管理のための休暇、育介法に基づく休業および子の看護休暇について賃金支給の有無を定める

(賃金の非常時払い)
第20条　労働者またはその収入によって生計を維

持する者が、次のいずれかの場合に該当し、そのために労働者から請求があったときは、賃金支払日前であっても、既往の労働に対する賃金を支払う。
① やむを得ない事由によって1週間以上帰郷する場合
② 結婚または死亡の場合
③ 出産、疾病または災害の場合
④ 退職または解雇により離職した場合

(昇降給)
第21条 給与の改定（昇給または降給）は、原則として毎年〇月に行う。ただし、会社の業績の著しい低下その他やむを得ない事由がある場合は、行わないことがある。
2　前項の改定は、基本給について行い、会社の経営状況、各従業員の職位、業務遂行能力、勤務成績および作業内容等を勘案して各人ごとに決定する。

> **CHECK⑤**
> 評価によって昇降給できる制度が望ましい。降給させるためには、降給できる旨規定する必要がある。

(賞与)
第22条 賞与は、原則として、下記の算定対象期間に在籍した労働者に対し、会社の業績等を勘案して下記の支給日に支給する。ただし、会社の業績の著しい低下その他やむを得ない事由により、支給時期を延期し、または支給しないことがある。

算定対象期間	支給日
月　日から　月　日まで	月　日
月　日から　月　日まで	月　日

2　前項の賞与の額は、会社の業績および労働者の勤務成績などを考慮して各人ごとに決定する。

3　賞与の支給対象者は、以下の条件を満たす者とする。
　①賞与支給日において、会社に在籍していること
　②賞与対象期間における出勤率が○％以上であること。ただし、就業規則上認められた休暇・休業（休職は除く）を取得した日数については、出勤率の算定において出勤したものと見なす。

CHECK⑥
出勤率を賞与額算定において考慮することは可能だが、年次有給休暇や育児・介護休業の取得を理由とする不利益な取り扱いは認められない。

（退職金の支給）
第23条　勤続3年以上の労働者が退職しまたは解雇されたときは、この章に定めるところにより退職金を支給する。ただし、自己都合による退職者で、勤続3年未満の者には退職金を支給しない。また、［就業規則第○条第○項により］懲戒解雇された者には、退職金の全部または一部を支給しないことがある。
2　継続雇用制度の対象者については、定年時に退職金を支給することとし、その後の再雇用については退職金を支給しない。

CHECK⑦
退職金の不支給・減額は、就業規則等の明文の規定があり、かつ、労働者に著しい背信行為がある場合にのみ許される。

（退職金の額）
第24条　退職金の額は、退職または解雇の時の基本給の額に、勤続年数に応じて定めた下表の支給率を乗じた金額とする。

勤続年数	支給率
3年〜5年未満	1.0
5年〜10年	3.0
11年〜15年	5.0
16年〜20年	7.0
21年〜25年	10.0
26年〜30年	15.0

31年〜35年	17.0
36年〜40年	20.0
41年〜	25.0

2　［就業規則第○条により］休職する期間については、会社の都合による場合を除き、前項の勤続年数に算入しない。

(退職金の支払方法および支払時期)
第25条　退職金は、支給事由の生じた日から○カ月以内に、退職した労働者に対して支払う。
2　退職金の計算において、50円以上の端数が生じた場合には100円に切り上げ、50円未満の端数が生じた場合には切り捨てる。
3　第1項の規定にかかわらず、従業員が死亡によって退職した場合には、退職金は、労基則第42条ないし第45条の規定する順位で、該当する者に支給する。

CHECK⑧
退職金の受給権者について定めておくことで、退職金の受給権は受給権者固有の権利となり、相続財産に属さないことから、相続人間の争いに巻き込まれるリスクが減少する。

※2016年12月に公表された同一労働同一賃金ガイドライン案において、①基本給②手当等③福利厚生④その他（教育訓練等）の各項目について、正規社員と非正規社員の待遇差の合理性判断要素が示された。その後2018年6月1日にハマキョウレックス事件（最高裁二小　平30.6.1判決　労判1179号20ページ）、長澤運輸事件（最高裁二小　平30.6.1判決　労判1179号34ページ）の最高裁判決がなされた。これらを踏まえ、2018年12月にガイドラインが策定された。給与規程をはじめとする、賃金に関する規程類を整備するに当たっては、ガイドラインや最高裁判決の内容に留意する必要がある。

2. 賃金台帳

CHECK ① 正社員に限らず、嘱託社員、パートタイマー、アルバイト、契約社員等すべての労働者について作成されているか

様式第20号（第55条関係）

賃金台帳

生年月日	雇入年月日	所属	氏名	性別

賃金計算期間	1月	2月	3月	4月	5月	6月	7月	8月	9月	10月	11月	12月	賞与1	賞与2	合計
労働日数	20.0日														
労働時間数	160.0時間														
時間外労働	20.0時間														
休日労働	16.0時間														
深夜労働	16.0時間														
基本給															0
															0
															0
															0
															0
時間外労働手当															0

賃金に関する書式

休日労働手当															0
深夜労働手当															0
通勤手当(課税)															0
通勤手当(非課税)															0
課税合計															0
非課税合計															0
総支給額	0	0	0	0	0	0	0	0	0	0	0	0	0	0	0
健康保険料															0
介護保険料															0
厚生年金保険料															0
雇用保険料															0
社会保険料合計	0	0	0	0	0	0	0	0	0	0	0	0	0	0	0
課税対象額	0	0	0	0	0	0	0	0	0	0	0	0	0	0	0
所得税															0
住民税															0
															0
															0
控除額合計	0	0	0	0	0	0	0	0	0	0	0	0	0	0	0
差引支給金額	0	0	0	0	0	0	0	0	0	0	0	0	0	0	0
領収印															

3. 賃金控除に関する協定書

賃金は「全額払いの原則」が基本であるが、法令に別段の定めがある場合や労使協定により定められている場合においては賃金の一部を控除して支払うことができる。

CHECK ①	全額払いの原則の例外を適用するために、控除すべき項目が列挙されているか

賃金控除に関する協定書

甲（使用者：□□□□）と乙（労働者代表：□□□）は、労働基準法第24条第1項ただし書きに基づき、賃金控除に関し、下記のとおり協定する。

記

1　甲は、毎月○日、賃金支払いの際、次に掲げるものを控除して支払うことができる。
　①従業員持ち株会の拠出金
　②財形制度の積立金
　③団体生命保険・損害保険の保険料
　④社宅家賃
　⑤従業員貸付制度に基づく毎月の返済額
　⑥労働組合費

2　この協定は、○○年○月○日から有効とする。

3　この協定は、いずれかの当事者が○日前に文書による破棄の通告をしない限り効力を有するものとする。

CHECK①
賃金は原則として全額を労働者に支給する必要があり、公租公課や社会保険料を除き、賃金から天引きを行うためには、労使協定に項目を規定する必要がある。

○○年○月○日

甲：
(使用者職氏名)　　　　　□□□□　㊞

乙：
(労働者代表)　　　　　　□□□□　㊞

4. 口座振込同意書

CHECK ①	振込先を分けることができるようにしている場合、その対応はできているか

提出日： 　年　月　日

口座振込同意書（新規・変更）

賃金の支払いを口座振込みで行うことに同意し、下記の指定口座への振り込みを依頼します。

氏名：　　　　　　　㊞
住所：

指定振込口座および振込金額

□ 振 込 先 1			
金融機関	銀　行 信用金庫 信用組合	支店名	店 （支店番号　　）
預金種目	普通　・　当座	口座番号	
（フリガナ） 口座名義人			

□ 振 込 先 2			
金融機関	銀　行 信用金庫 信用組合	支店名	店 （支店番号　　）
預金種目	普通　・　当座	口座番号	
（フリガナ） 口座名義人			

CHECK①
振込先の記載が2カ所あるのは、会社によって振込先を分けることができるようにしている場合に対応したものである。

第10章 パート・アルバイト等

1 同一労働同一賃金に関する書式
1. (同一労働同一賃金対応)契約社員　就業規則

2 無期転換に関する書式
1. 有期契約社員[就業規則例](無期契約への転換について)
2. 無期転換社員[就業規則例]
3. 無期労働契約転換申込書
4. 無期労働契約転換申込書受理通知書
5. 無期転換意向確認書
6. 計画認定・変更申請書
7. 有期労働契約不更新通知書

3 正社員転換に関する書式
1. 正社員転換制度規程

第10章 パート・アルバイト等

1 同一労働同一賃金に関する書式

働き方改革

　第196回国会で成立、平成30年7月6日に公布された働き方改革関連法のうち、「同一労働同一賃金」に関する改革においては、パートタイム労働法、労契法、派遣法が改正され、不合理な待遇差を解消するための規定の整備、労働者に対する待遇に関する説明義務の強化、行政ADR（訴訟手続によらず民事上の紛争を解決しようとする当事者のため、公正な第三者が関与して、その解決を図る手続）の整備等が盛り込まれるに至った。

　「同一労働同一賃金」をめぐる改革は、同一企業内における正社員と非正規社員（有期雇用労働者、パートタイマー社員、派遣社員等）の間の不合理な待遇差の是正・解消を目的とするものである。この改革の背景には、当該待遇差が、社会的不公正や少子化につながる等、日本の労働市場や社会全体にわたる問題となっているという社会的側面と、非正規社員がコストの安い労働力と認識されることで能力開発機会の乏しい非正規社員の増加につながるとともに、低コストの非正規社員の存在が賃金引き上げによる経済成長を阻害する要因になっているという経済的側面があるとの指摘もされている（水町勇一郎『同一労働同一賃金のすべて』［有斐閣］53～54ページ）。また、法改正に加え、近時、契約社員と正社員の待遇差の不合理性等が争われた二つの事件の最高裁判決（ハマキョウレックス事件　最高裁二小　平30.6.1判決　労判1179号20ページ、長澤運輸事件　最高裁二小　平30.6.1判決　労判1179号34ページ）も出される等、同一労働同一賃金の問題は社会的にも注目の集まるトピックとなっている。

　本項目では、同一労働同一賃金に対応した就業規則として、契約社員向けの就業規則を取り扱うこととしている。今後、パート・アルバイトや契約社員向けの就業規則を作成される際の参考とされたい。

1. （同一労働同一賃金対応）契約社員　就業規則

 働き方改革

CHECK①	契約社員の基本給・賞与、福利厚生、教育訓練等の待遇について、(i)職務内容、(ii)職務内容・配置の変更の範囲、(iii)その他の事情に照らし、正社員との間で不合理な相違を設けていないか
CHECK②	契約社員の基本給・賞与、福利厚生、教育訓練等の待遇について、(i)職務内容、(ii)職務内容・配置の変更の範囲が同じ場合に、正社員との間で差別的な取り扱いをしていないか
CHECK③	正社員に利用の機会を与えている福利厚生施設について、契約社員にも利用の機会を認めているか
CHECK④	年10日以上の年次有給休暇が与えられている者は最低5日は消化させる旨を記載したか

契約社員　就業規則

第1章　総則

（目的）
第1条　この契約社員就業規則（以下、「本規則」という）は、会社の契約社員の就業に関する事項を定めたものである。この規則に定めのない事項については、個別の雇用契約書および法令に定めるところによる。

（契約社員の定義）
第2条　本規則において、契約社員とは、第4条の

手続きを経て会社に採用された期間の定めのある労働契約を締結した者をいう。

(適用範囲)
第3条 本規則は、契約社員にのみ適用される。

第2章 採用

(採用)
第4条 会社は、契約社員の採用に当たっては、就職希望者のうちから選考して採用する。

(採用決定後の提出書類)
第5条 契約社員は、採用決定後、2週間以内に、次に掲げる書類を会社に提出しなければならない。
①入社誓約書
②住民票記載事項証明書
③その他会社が指示する書類
2　契約社員は、前項で提出した書類の記載事項に変更があったときは、当該変更から2週間以内に書面により会社に届け出なければならない。

第3章 服務規律

(服務)
第6条 労働者は、職務上の責任を自覚し、誠実に職務を遂行するとともに、会社の指示命令に従い、職務能率の向上および職場秩序の維持に努めなければならない。

(遵守事項)
第7条 労働者は、以下の事項を守らなければならない。

①許可なく職務以外の目的で会社の施設、物品等を使用しないこと。
②職務に関連して自己の利益を図り、または他より不当に金品を借用し、もしくは贈与を受ける等不正な行為を行わないこと。
③勤務中は職務に専念し、正当な理由なく勤務場所を離れないこと。
④会社の名誉や信用を損なう行為をしないこと。
⑤在職中および退職後においても、業務上知り得た会社、取引先等の機密を漏洩（ろうえい）しないこと。
⑥酒気を帯びて就業しないこと。
⑦その他労働者としてふさわしくない行為をしないこと。

(職場のパワーハラスメントの禁止)
第8条 職務上の地位や人間関係などの職場内の優位性を背景にした、業務の適正な範囲を超える言動により、他の労働者に精神的・身体的な苦痛を与え、または就業環境を害するようなことをしてはならない。

(セクシュアルハラスメントの禁止)
第9条 性的言動により、他の労働者に不利益や不快感を与え、または就業環境を害するようなことをしてはならない。

(妊娠・出産・育児休業・介護休業等に関するハラスメントの禁止)
第10条 妊娠・出産等に関する言動および妊娠・出産・育児・介護等に関する制度または措置の利用に関する言動により、他の労働者の就業環境を害するようなことをしてはならない。

（その他あらゆるハラスメントの禁止）
第11条　第8条から前条までに規定するもののほか、性的指向・性自認に関する言動によるものなど職場におけるあらゆるハラスメントにより、他の労働者の就業環境を害するようなことをしてはならない。

（個人情報）
第12条　契約社員は、会社および取引先等に関する情報の管理に十分注意を払うとともに、自らの業務に関係のない情報を不当に取得してはならない。
2　契約社員は、職場または職種を異動あるいは退職するに際して、自らが管理していた会社および取引先等に関するデータ・情報書類等を速やかに返却しなければならない。

（始業および終業時刻の記録）
第13条　契約社員は、始業および終業時にタイムカードを自ら打刻し、始業および終業の時刻を記録しなければならない。

第4章　勤務

（雇用期間）
第14条　契約社員の雇用期間は、期間の定めのあるものとし、個別の労働契約に定める。なお、最初の雇用契約期間においては、試用期間を設けることがある。
2　前項の雇用期間は、雇用契約書に定める基準を満たした場合に限り、これを更新することがある。ただし、更新回数は、2回を限度とする。

(就業場所)

第15条 契約社員は、採用に当たって会社が指示した事業所を就業場所として、業務に従事するものとする。契約社員の同意がない限り、雇用期間の途中において、就業場所は変更しない。

(就業時間および休憩時間等)

第16条 所定労働日、始業時刻、終業時刻、休憩時間および休日は、個別の労働契約により定める。

2　会社は、業務の都合その他やむを得ない事情により、始業時刻、終業時刻または休憩時間を変更することがある。

3　会社は、業務の都合その他やむを得ない事情により、あらかじめ休日を他の日と振り替えることができる。

(時間外、休日および深夜の勤務)

第17条 会社は、業務の都合その他必要があるときは、時間外、深夜(午後10時から午前5時までの間。以下同じ)および休日に勤務をさせることがある。ただし、その場合には、労働基準法第36条に基づく労使協定の範囲内とする。

第5章　休暇等

(年次有給休暇)

第18条 採用日から6カ月間継続勤務し、所定労働日の8割以上出勤した契約社員に対しては、10日の年次有給休暇を与える。その後1年間継続勤務するごとに、当該1年間において所定労働日の8割以上出勤した契約社員に対しては、下表のとおり勤続期間に応じた日数の年次有給休暇を与える。

CHECK①
異動の有無は職務の変更の範囲に関わるものであり、可能な限り限定的に規定する。

勤続期間	6カ月	1年6カ月	2年6カ月	3年6カ月	4年6カ月	5年6カ月	6年6カ月以上
付与日数	10日	11日	12日	14日	16日	18日	20日

2　前項の規定にかかわらず、週所定労働時間が30時間未満であり、週所定労働日数が4日以下（週以外の期間によって所定労働日数を定める労働者については年間所定労働日数が216日以下）の労働者に対しては、下の表のとおり所定労働日数および勤務時間に応じて日数の年次有給休暇を与える。

週所定労働日数	1年間の所定労働日数	勤続期間						
		6カ月	1年6カ月	2年6カ月	3年6カ月	4年6カ月	5年6カ月	6年6カ月以上
4日	169～216日	7日	8日	9日	10日	12日	13日	15日
3日	121～168日	5日	6日	6日	8日	9日	10日	11日
2日	73～120日	3日	4日	4日	5日	6日	6日	7日
1日	48～72日	1日	2日	2日	2日	3日	3日	3日

3　第1項または第2項の年次有給休暇は、契約社員があらかじめ請求する時季に取得させる。ただし、契約社員が請求した時季に年次有給休暇を取得させることが事業の正常な運営を妨げる場合は、他の時季に取得させることがある。また、10日以上の有給休暇を付与されたにもかかわらず、付与日から1年以内に取得した年次有給休暇日数が5日に満たない場合には、会社は、5日にいたるまで有給休暇の取得日を指定しなければならない。

> **CHECK④**
> 2019年4月1日より10日以上年次有給休暇が付与される社員が自主的に5日以上を消化しない場合、会社は最低5日、あらかじめ日程を決めて年次有給休暇を取得させなければならない。また、守ることができなかった場合は労基法違反となり、事業者に対し30万円以下の罰金が課される。
>
> **働き方改革**

4　前項の規定にかかわらず、労働者代表との書面による協定により、各契約社員の有する年次有給休暇日数のうち5日を超える部分について、あらかじめ時季を指定して取得させることがある。
5　第1項および第2項の出勤率の算定に当たっては、下記の期間については出勤したものとして取り扱う。
　①年次有給休暇を取得した期間
　②産前産後の休業期間
　③育児・介護休業法に基づく育児休業および介護休業した期間
　④業務上の負傷または疾病により療養のために休業した期間
6　付与日から1年以内に取得しなかった年次有給休暇は、付与日から2年以内に限り繰り越して取得することができる。
7　前項について、繰り越された年次有給休暇とその後付与された年次有給休暇のいずれも取得できる場合には、繰り越された年次有給休暇から取得させる。
8　会社は、毎月の賃金計算締切日における年次有給休暇の残日数を、当該賃金の支払明細書に記載して各契約社員に通知する。

（産前産後の休業）
第19条　6週間（多胎妊娠の場合は14週間）以内に出産予定の女性契約社員から請求があったときは、休業させる。
2　産後8週間を経過していない女性契約社員は、就業させない。
3　前項の規定にかかわらず、産後6週間を経過した女性契約社員から請求があった場合は、その者について医師が支障がないと認めた業務に就かせ

ることがある。

(母性健康管理の措置)
第20条　妊娠中または出産後1年を経過しない女性契約社員から、所定労働時間内に、母子保健法に基づく保健指導または健康診査を受けるために申し出があったときは、次の範囲で時間内通院を認める。
①産前の場合
　　妊娠23週まで……………………4週に1回
　　妊娠24から35週まで…………2週に1回
　　妊娠36週から出産まで…………1週に1回
　　ただし、医師または助産師（以下、「医師等」という）がこれと異なる指示をしたときには、その指示により必要な時間
②産後（1年以内）の場合
　　医師等の指示により必要な時間
2　妊娠中または出産後1年を経過しない女性契約社員から、保健指導または健康診査に基づき勤務時間等について医師等の指導を受けた旨申し出があった場合、次の措置を講ずる。
①妊娠中の通勤緩和措置として、通勤時の混雑を避けるよう指導された場合は、原則として勤務時間の短縮または〇時間以内の時差出勤を認める。
②妊娠中の休憩時間について指導された場合は、適宜休憩時間の延長や休憩の回数を増やす。
③妊娠中または出産後の女性契約社員が、その症状等に関して指導された場合は、医師等の指導事項を遵守するための作業の軽減や勤務時間の短縮、休業等の措置を取る。

(育児時間および生理休暇)
第21条　1歳に満たない子を養育する女性契約社

員から請求があったときは、休憩時間のほか1日について2回、1回について30分の育児時間を与える。
2　生理日の就業が著しく困難な女性契約社員から請求があったときは、必要な期間休暇を与える。

（育児・介護休業、子の看護休暇等）
第22条　契約社員のうち必要のある者は、育児休業、介護休業等育児又は家族介護を行う労働者の福祉に関する法律に基づく育児休業、介護休業、子の看護休暇、介護休暇、育児・介護のための所定外労働の制限、育児・介護のための時間外労働および深夜業の制限ならびに所定労働時間の短縮措置等（以下、「育児・介護休業等」という）の適用を受けることができる。
2　育児・介護休業等の取り扱いについては、「育児・介護休業規程」で定める。

（慶弔休暇）
第23条　契約社員が申請した場合は、次のとおり慶弔休暇を与える。
①本人が結婚したとき　〇日
②妻が出産したとき　〇日
③配偶者、子または父母が死亡したとき　〇日
④兄弟姉妹、祖父母、配偶者の父母または兄弟姉妹が死亡したとき　〇日

（病気休暇）
第24条　契約社員が私的な負傷または疾病のため療養する必要があり、その勤務しないことがやむを得ないと認められる場合に、病気休暇を〇日与える。

(裁判員等のための休暇)
第25条　契約社員が裁判員もしくは補充裁判員となった場合または裁判員候補者となった場合には、次のとおり休暇を与える。
　①裁判員または補充裁判員となった場合　必要な日数
　②裁判員候補者となった場合　必要な時間

第6章　賃金

(賃金の構成)
第26条　賃金の構成は、次のとおりとする。

```
賃金 ─┬─ 基 本 給
      ├─ 手  当 ─┬─ 通勤手当
      │          └─ 精勤手当
      └─ 割増賃金 ─┬─ 時間外労働割増賃金
                   ├─ 休日労働割増賃金
                   └─ 深夜労働割増賃金
```

(基本給)
第27条　基本給は、本人の職務内容、技能、勤務成績、年齢等を考慮して、個別の労働契約により定める。

(通勤手当)
第28条　通勤手当は、○円を上限として、住居と就業場所の間で最も安い通勤経路の交通費の実費相当額を支払う。

(精勤手当)
第29条　精勤手当は、当該賃金計算期間における

CHECK①・②

契約社員について配転・出向等就業場所の変更が予定されていない場合には、正社員に住宅手当を支給し、その一方で、契約社員には住宅手当を支給しないとしたとしても、不合理な相違とは解されないものと考えられる。

CHECK①・②

正社員との通勤手当の取り扱いの差異については不合理と判断される恐れがある。また、正社員に精勤手当を支給し、その一方で、契約社員には精勤手当を支給しないとした場合、不合理な相違と解される可能性がある（長澤運輸事件［最高裁二小　平30.6.1判決　労判1179号34ページ］）。

働き方改革

出勤成績により、次のとおり支給する。
①無欠勤の場合　　　　月額　〇円
②欠勤1日以内の場合　月額　〇円
2　前項の精勤手当の計算においては、次のいずれかに該当するときは出勤したものと見なす。
①年次有給休暇を取得したとき
②業務上の負傷または疾病により療養のため休業したとき
3　第1項の精勤手当の計算に当たっては、遅刻または早退2回をもって、欠勤1日と見なす。

(割増賃金)
第30条　時間外の労働をさせた場合は、次の算式により算出された額を時間外労働割増賃金として支給する。
①1カ月60時間以下の時間外労働について
（基本給＋精勤手当）／1カ月の平均所定労働時間数×1.25×時間外労働の時間数

②1カ月60時間以上の時間外労働について
（基本給＋精勤手当）／1カ月の平均所定労働時間数×1.5×時間外労働の時間数

2　休日の労働をさせた場合は、次の算式により算出された額を休日労働手当として支給する。
（基本給＋精勤手当）／1カ月の平均所定労働時間数×1.35×休日労働の時間数
3　深夜の労働をさせた場合は、次の算式により算出された額を深夜労働手当として支給する。
（基本給＋精勤手当）／1カ月の平均所定労働時間数×0.25×深夜労働の時間数

(昇降給)
第31条　勤務成績その他の評価に鑑み、昇給または降給を行うことがある。
2　昇降給額は、契約社員の勤務成績等を考慮して各人ごとに決定する。

(賞与)
第32条　賞与は、原則として、下記の算定対象期間に在籍した契約社員に対し、会社の業績等を勘案して下記の支給日に支給する。ただし、会社の業績の著しい低下その他やむを得ない事由により、支給時期を延期し、または支給しないことがある。

算定対象期間	支給日
○月○日から○月○日まで	○月○日
○月○日から○月○日まで	○月○日

2　前項の賞与の額は、会社の業績および契約社員の勤務成績等を考慮して定める。

第7章　退職・解雇

(退職)
第33条　契約社員が次のいずれかに該当するときは、退職とする。
　①労働契約期間が満了し、更新をしないとき
　②退職を願い出て会社が承認したとき
　③死亡したとき
　④音信不通または行方不明の状況が○日に及んだとき
2　契約社員が退職し、または解雇された場合、その請求に基づき、会社は、使用期間、業務の種類、地位、賃金または退職の事由を記載した証明書を

遅滞なく交付する。

(解雇)
第34条 契約社員が次のいずれかに該当するときは、解雇することができる。
① 勤務態度が著しく不良で改善の見込みがないと会社が認めたとき
② 能力不足または勤務成績が不良で就業に適さないと会社が認めたとき
③ 精神または身体の障害により業務の遂行に甚だしく支障があると会社が認めたとき
④ 試用期間における勤務態度または勤務成績が不良で、契約社員として不適格と会社が認めたとき
⑤ 協調性を著しく欠き、他の社員の業務遂行に悪影響を及ぼすとき
⑥ 事業の運営上やむを得ない事情または天災事変その他これに準ずるやむを得ない事情により、事業の継続が困難となったときまたは事業の縮小・転換または部門の閉鎖等を行う必要が生じ、他の職務に転換させることが困難なとき
⑦ その他前各号に準ずる事由があったとき
2 前項の規定により契約社員を解雇する場合は、少なくとも30日前に予告をする。予告しないときは、平均賃金の30日分以上の手当を解雇予告手当として支払う。ただし、予告の日数については、解雇予告手当を支払った日数だけ短縮することができる。
3 前項の規定は、次のいずれかに該当する契約社員を解雇する場合は適用しない。
① 契約社員を懲戒解雇する場合で、労働基準監督署長の解雇予告除外認定を受けたとき
② 天災事変その他やむを得ない事由のため事業の継続が不可能となった場合で、労働基準監督署長の解雇予告除外認定を受けたとき

③試用期間中の契約社員を、試用期間開始日から14日以内に解雇する場合

第8章　安全衛生・災害補償

(遵守事項)
第35条　会社は、契約社員の安全衛生の確保および改善を図り、快適な職場の形成のために必要な措置を講ずる。
2　契約社員は、安全衛生に関する法令および会社の指示を守り、会社と協力して労働災害の防止に努めなければならない。
3　契約社員は安全衛生の確保のため、特に下記の事項を遵守しなければならない。
①機械設備、工具等の就業前点検を徹底すること。また、異常を認めたときは、速やかに会社に報告し、指示に従うこと。
②安全装置を取り外したり、その効力を失わせるようなことはしないこと。
③保護具の着用が必要な作業については、必ず着用すること。
④喫煙は、所定の場所以外では行わないこと。
⑤立入禁止または通行禁止区域には立ち入らないこと。
⑥常に整理整頓に努め、通路、避難口または消火設備のある所に物品を置かないこと。
⑦火災等非常災害の発生を発見したときは、直ちに臨機の措置を取り、上司に報告し、その指示に従うこと。

(健康診断)
第36条　契約社員に対しては、採用の際および毎年1回（深夜労働に従事する者は6カ月ごとに1

回)、定期に健康診断を行う。また、会社が必要と認めるときは、随時会社が指定する医師の診断を受けさせることができる。
2　前項の健康診断のほか、法令で定められた有害業務に従事する契約社員に対しては、特別の項目についての健康診断を行う。
3　長時間の労働により疲労の蓄積が認められる契約社員に対し、その者の申し出により医師による面接指導を行う。
4　第1項および第2項の健康診断ならびに前項の面接指導の結果必要と認めるときは、一定期間の就業禁止、労働時間の短縮、配置転換その他健康保持上必要な措置を命ずることがある。

(ストレスチェック)
第37条　契約社員に対しては、毎年1回、定期に、医師、保健師等による心理的な負担の程度を把握するための検査(ストレスチェック)を行う。
2　前項のストレスチェックの結果、ストレスが高く、面接指導が必要であると医師、保健師等が認めた契約社員に対し、その者の申し出により医師による面接指導を行う。
3　前項の面接指導の結果必要と認めるときは、就業場所の変更、作業の転換、労働時間の短縮、深夜業の回数の減少等、必要な措置を命ずることがある。

(安全衛生教育)
第38条　契約社員に対し、雇い入れの際および配置換え等により作業内容を変更した場合、その従事する業務に必要な安全および衛生に関する教育を行う。
2　契約社員は、安全衛生教育を受けた事項を遵守しなければならない。

(災害補償)
第39条　契約社員が業務上の事由または通勤により負傷し、疾病にかかり、または死亡した場合は、労基法および労災保険法に定めるところにより災害補償を行う。

第9章　福利厚生・教育訓練等

(福利厚生)
第40条　会社は、契約社員による福利厚生施設の利用等福利厚生については、正社員と同様の取り扱いをする。

(教育訓練の実施)
第41条　会社は、正社員に実施する教育訓練で当該正社員が従事する職務の遂行に必要な能力を付与するものについては、職務内容が同一の契約社員に対して、正社員と同様に実施する。
2　会社は、前項のほか、契約社員の職務内容、成果、能力、経験等に応じ教育訓練を実施するよう努める。

> **CHECK①〜③**
> 正社員との間で不合理な相違を設けることは許されない。また、正社員に利用の機会を与えている福利厚生施設について、契約社員にも利用の機会を認めなければならない(労働契約法20条・パートタイム労働法12条)。
> **働き方改革**

第10章　懲戒

(懲戒の種類)
第42条　会社は、契約社員が次条のいずれかに該当する場合は、その情状に応じ、次の区分により懲戒を行う。
①けん責
　始末書を提出させて将来を戒める。
②減給
　始末書を提出させて減給する。ただし、減給は1回の額が平均賃金の1日分の5割を超えるこ

とはなく、また、総額が1賃金支払期における賃金総額の1割を超えることはない。
③出勤停止
始末書を提出させるほか、○日間を限度として出勤を停止し、その間の賃金は支給しない。
④懲戒解雇
予告期間を設けることなく即時に解雇する。この場合において、所轄の労働基準監督署長の認定を受けたときは、解雇予告手当（平均賃金の30日分）を支給しない。

（懲戒の事由）
第43条 契約社員が次のいずれかに該当するときは、情状に応じ、けん責、減給または出勤停止とする。
①正当な理由なく無断欠勤が○日以上に及ぶとき。
②正当な理由なくしばしば欠勤、遅刻、早退をしたとき。
③過失により会社に損害を与えたとき。
④素行不良で社内の秩序および風紀を乱したとき。
⑤第7条、第8条、第9条、第10条、第11条に違反したとき。
⑥その他この規則に違反または前各号に準ずる不都合な行為があったとき。
2 契約社員が次のいずれかに該当するときは、懲戒解雇とする。ただし、平素の服務態度その他情状によっては、第34条に定める普通解雇、前条に定める減給または出勤停止とすることがある。
①重要な経歴を詐称して雇用されたとき。
②正当な理由なく無断欠勤が○日以上に及び、出勤の督促に応じなかったとき。
③正当な理由なく無断でしばしば遅刻、早退または欠勤を繰り返し、○回にわたって注意を受けても改めなかったとき。

④正当な理由なく、しばしば業務上の指示・命令に従わなかったとき。
⑤故意または重大な過失により会社に重大な損害を与えたとき。
⑥会社内において刑法その他刑罰法規の各規定に違反する行為を行い、その犯罪事実が明らかとなったとき（当該行為が軽微な違反である場合を除く）。
⑦素行不良で著しく社内の秩序または風紀を乱したとき。
⑧数回にわたり懲戒を受けたにもかかわらず、なお、勤務態度等に関し、改善の見込みがないとき。
⑨第7条、第8条、第9条、第10条、第11条に違反し、その情状が悪質と認められるとき。
⑩許可なく職務以外の目的で会社の施設、物品等を使用したとき。
⑪職務上の地位を利用して私利を図り、または取引先等より不当な金品を受け、もしくは求めもしくは供応を受けたとき。
⑫私生活上の非違行為や会社に対する正当な理由のない誹謗中傷等であって、会社の名誉信用を損ない、業務に重大な悪影響を及ぼす行為をしたとき。
⑬正当な理由なく会社の業務上重要な秘密を外部に漏洩して会社に損害を与え、または業務の正常な運営を阻害したとき。
⑭その他前各号に準ずる不適切な行為があったとき。

第11章　契約の更新・無期労働契約への転換

（契約更新の基準）
第44条　会社は、個別の労働契約に定めた雇用期間満了後、本人の承諾を得て労働契約を更新する

ことがある。更新の有無については、次の各号に定める事情等を考慮して、雇用期間満了の○カ月前の日に、会社が判断し、その有無を決定する。
①契約期間満了時の当該契約社員が勤める事業所における業務量
②本人の勤務成績、勤務態度
③本人の能力
④会社の経営状況
⑤従事している業務の進捗状況

(無期労働契約への転換)
第45条 期間の定めのある労働契約で雇用する契約社員のうち、通算契約期間が5年を超える者は、別に定める様式で申し込むことにより、現在締結している有期労働契約の契約期間の末日の翌日から、期間の定めのない労働契約での雇用に転換することができる。
2 前項の通算契約期間は、平成25年4月1日以降に開始する有期労働契約の契約期間を通算するものとする。ただし、契約期間満了に伴う退職等により、労働契約が締結されていない期間が連続して6カ月以上ある者については、それ以前の契約期間は通算契約期間に含めない。
3 この規則に定める労働条件は、第1項の規定により期間の定めのない労働契約での雇用に転換した後も引き続き適用する。

附　則
この規則は○○年○月○日から施行する。

2 無期転換に関する書式

　わが国では、終身雇用制を軸に、経営の柔軟性や、雇用の調整手段として、いわば景気の調整弁として有期労働契約が用いられてきた。しかし、戦後、終身雇用制の維持に陰りが見え始めると、非正規雇用労働者が急増していき、特に、平成20年に発生したリーマンショック以降の不況により、有期契約労働者への雇止めが急増し、非正規労働者保護のために、有期労働契約に関して立法措置を望む声が高まった。これを受けて、労契法が、平成24年8月に改正され、その法改正の内容の一つとして、有期契約労働者についての無期転換制度に関する規定（労契法18条）が、制定された。

　労契法18条1項は、①同一の使用者との間の二以上の有期労働契約の②契約期間を通算した期間が5年を超える労働者が、③当該使用者に対し、現に締結している有期労働契約の契約期間が満了する日までの間に、④当該満了する日の翌日から労務が提供される期間の定めのない労働契約の締結の申し込みをしたときは、使用者は当該申し込みを承諾したものとみなすものと規定している。すなわち、有期労働契約社員について一定の場合に使用者に対して無期労働契約に転換することを申し込む権利（以下、「無期転換申込権」という）を認める規定となっている。

　無期転換申込権に対して使用者が対応するためには、無期転換申し込みに関する制度設計を検討し、規定や様式の整備を行う必要がある。

　なお、厚生労働省は、有期契約労働者の無期転換ポータルサイト（http://muki.mhlw.go.jp/）を公表しており、このサイトには、使用者および労働者に向けた無期転換制度についての留意点等が記載されているので、適宜参照されたい。

1. 有期契約社員［就業規則例］（無期契約への転換について）

CHECK①	無期転換権の事前の申込制度が定められているか

有期契約社員　就業規則

（前略）

（無期労働契約への転換）
第○条　有期契約社員の労働契約が更新され、当社との通算契約期間が5年を超える場合、当該有期契約社員は、労働契約法第18条に基づき、当社に対して、期間の定めのない労働契約への転換を申し込むことができる。
2　前項の申し込みは、会社との通算契約期間が5年を超えることになる労働契約の契約期間の初日から契約期間満了の○カ月前までに、所定の方法により行うものとする。
3　当社は、第1項に基づく申し込みを行った有期契約社員との間の現在の労働契約期間満了の翌日から、当該有期契約社員との間で、期間の定めのない労働契約を締結するものとする。
4　第1項に基づく無期転換後の労働条件は、無期転換社員就業規則による。

（後略）

CHECK①
権利発生前に申し込みの意向を確認することで、無期転換契約者の数を転換前に把握することが可能となる。

2. 無期転換社員［就業規則例］

CHECK ①	就業規則の適用対象については記載したか
CHECK ②	無期転換後の労働条件（賃金、定年等）は明確か
CHECK ③	勤続年数の計算方法が明示されているか

無期転換社員　就業規則

（対象）
第○条　この規則は、有期契約社員就業規則第○条に定める、労働契約法第18条に基づく無期転換申込権を行使したことにより、会社と期間の定めのない雇用契約を締結した従業員（以下、「無期転換契約社員」という）に適用する。なお、この規則に定めのない事項については、有期契約社員就業規則を適用する。

（退職金）
第○条　無期転換契約社員の退職金については、「無期転換契約社員退職金規程」によるものとする。

（定年）
第○条　無期転換契約社員の定年退職年齢は満60歳とし、その日をもって当然に退職するものとする。ただし、満60歳を超えて満65歳までに無期転換契約社員となった無期転換契約社員については、満65歳を定年とする。
2　前項の60歳定年退職年齢に達した無期転換契約社員が希望する場合、会社は、「定年後再雇用

CHECK①
無期転換権の行使により正社員となるわけではないことを明らかにしておくためにも、正社員就業規則とは別に無期転換契約社員就業規則を作成し、対象者を明示しておくことが望ましい。

CHECK②
満60歳を超えて無期転換契約社員となる場合も想定されるため、第1項の定めを置くことが望ましい。

規程」に基づき、当該無期転換契約社員が満65歳に達するまで、契約期間を1年単位として、再雇用するものとする。

(勤続年数の計算)
第○条 無期転換契約社員の年次有給休暇における勤続年数については、有期契約社員としての勤続年数も通算する。
2 前項に掲げる場合を除き、無期転換契約社員の勤続年数は、無期転換契約社員としての勤務を開始した時点から計算する。

CHECK③
年次有給休暇の継続勤務期間の計算に当たっては、有期契約期間も通算されるものとされているが、それ以外の勤続年数の計算についての通算は任意であるため、通算するか否かを明確にしておくことが望ましい。

3. 無期労働契約転換申込書

CHECK ①	書面により無期転換申込書が作成されているか
CHECK ②	転換後の就業規則・労働条件への同意が明示されているか

○○年○月○日

無期労働契約転換申込書

□□株式会社
□□□□殿

　　　　　　　　申込人所属　　□□部□□課
　　　　　　　　　　　氏名　　□□□□
　　　　　　　　契約期間満了日　○○年○月○日

　私は、現在の有期労働契約の契約期間の末日までに、貴社との通算契約期間が５年を超えますので、無期転換後の就業規則および労働条件を確認・同意の上、労働契約法第18条の規定に基づき、期間の定めのない労働契約への転換申込権を行使します。

CHECK①
無期転換権の行使は口頭でも可能だが、意向を明確化するため、書面による申し込みを求めることが望ましい。

CHECK②
無期転換権の行使のみでは労働条件が変わらないため、転換後の就業規則・労働条件が適用されるためには同意が必要となる。

4. 無期労働契約転換申込書受理通知書

CHECK①	書面により無期労働契約転換申込書受理通知書が作成されているか
CHECK②	契約開始日が記載されているか
CHECK③	転換後の労働条件等が明示されているか

〇〇年〇月〇日

無期労働契約転換申込書受理通知書

□□□□殿

□□株式会社
□□□□

　貴殿より提出された〇〇年〇月〇日付無期労働契約転換申込書を受理いたしました。
　無期転換後の労働条件は以下のとおりとなりますので、その旨通知いたします。

1．契約期間　期間の定めなし
2．契約開始日　〇〇年〇月〇日
3．労働条件等　「無期転換社員就業規則」に定めるとおり
4．賃金等　「無期転換社員賃金規程」に定めるとおり

CHECK①
無期転換権を行使された時点で会社は承諾したものと見なされるが、転換後の労働条件などを明示するために、書面による受領通知を行い紛争を回避することが考えられる。

CHECK②
現在の労働契約期間の満了する日の翌日から無期労働契約が開始される。

CHECK③
転換後に適用される就業規則を明示することで、紛争を回避する。

5. 無期転換意向確認書

CHECK ①	無期転換意向確認書が作成されているか

〇〇年〇月〇日

無期転換意向確認書

□□□□殿

□□株式会社
□□□□
内線：〇〇〇〇

　貴殿は、現在の雇用契約をもって、当社との通算契約期間が5年を超過するため、労働契約法第18条に基づき無期労働契約転換申込権を行使することができます。

　つきましては、現在の契約期間中における同権利行使の意向の有無につき、〇〇年〇月〇日までにご連絡ください。

CHECK①
回答は労働者の義務ではないが、任意の回答を事前に求めることにより、無期転換申込権行使の有無をめぐる紛争を未然に回避することが考えられる。

6. 計画認定・変更申請書

有期雇用特別措置法によって、①専門知識等を有する有期雇用労働者および②定年後引き続き雇用される有期雇用労働者については、都道府県労働局長の認定を受けることで、無期転換申込権が発生しないとする特例が設けられている。この認定を受けるためには、以下の書式（①の労働者については第一種計画についての申請書、②の労働者については第二種計画についての申請書）を用いて本社を管轄する都道府県労働局に対し申請を行う必要がある。

様式第1号

第一種計画認定・変更申請書

年　月　日

○○労働局長殿

1　申請事業主

名称・氏名	□□□□株式会社	代表者職氏名 （法人の場合）	労務太郎㊞
住所・所在地	〒(　-　)　　　　電話番号　○○-○○○○-○○○○ ○○県△△市□□区○○町○-○-○　FAX番号　（　　）			

2　特定有期業務の内容ならびに開始および完了の日
（1）内容

業務の内容	●●プロジェクト 業務が行われる主な事業場の名称： （●●研究所　　　　　　　　　　　）
必要とする専門的知識等	□博士の学位　　□公認会計士　　□医師　　□歯科医師　　□獣医師 □弁護士　　□一級建築士　　□税理士　　□薬剤師　　□社会保険労務士 □不動産鑑定士　　□技術士　　□弁理士 □ITストラテジストまたはシステムアナリストの資格試験に合格している者 □アクチュアリーの資格試験に合格している者 □特許発明の発明者　　□登録意匠の創作者　　□登録品種の育成者 □農林水産業・鉱工業・機械・電気・土木・建築の技術者 □システムエンジニア　　□デザイナー　　□システムコンサルタント

(2) 開始および完了の日

開始の日	完了の日	特定有期業務の期間
年　　月　　日	年　　月　　日	年　　月　　日

3　第一種特定有期雇用労働者の特性に応じた雇用管理に関する措置の内容

☐教育訓練を受けるための有給休暇または長期休暇の付与（労働基準法第39条の年次有給休暇を除く）
☐始業および終業時刻の変更　　　☐勤務時間の短縮
☐その他能力の維持向上を自主的に図るための時間の確保に関する措置（学会参加を含む）
（　　　　　　　　　　　　　　　　　　　　　　　　）
☐受講料などの金銭的援助
☐その他職業能力開発を支援するための教育訓練に係る費用の助成
（　　　　　　　　　　　　　　　　　　　　　　　　）
☐教育訓練の実施（事業主以外の機関等の施設により行われる教育訓練の受講を含む）
☐職業能力検定の実施（他の事業主等が行う職業能力検定の受検を含む）
☐業務の遂行に必要な技能および知識の内容等に関する情報の提供、相談の機会の確保その他の援助
（　　　　　　　　　　　　　　　　　　　　　　　　）

（記入上の注意）
1．「2（1）内容」の「必要とする専門的知識等」の欄は、該当する専門的知識等の☐にチェックして下さい。
2．「3　第一種特定有期雇用労働者の特性に応じた雇用管理に関する措置の内容」は該当する措置の内容の☐にチェックして下さい。

（添付書類）
1．「3　第一種特定有期雇用労働者の特性に応じた雇用管理に関する措置」を実施することが分かる資料（例：職業能力開発計画、労働契約書の雛形、就業規則等）
2．変更申請の場合は、認定されている計画の写し。

様式第7号

第二種計画認定・変更申請書

年　　月　　日

○○労働局長殿

1　申請事業主

名称・氏名	□□□□株式会社	代表者職氏名 (法人の場合)	労務太郎㊞
住所・所在地	〒(-)　電話番号　○○-○○○○-○○○○ ○○県△△市□□区●●町○-○-○　FAX番号　(　　)		

2　第二種特定有期雇用労働者の特性に応じた雇用管理に関する措置の内容

☐高年齢者雇用推進者の選任
☐職業訓練の実施
☐作業施設・方法の改善
☐健康管理、安全衛生の配慮
☐職域の拡大
☐職業能力を評価する仕組み、資格制度、専門職制度等の整備
☐職務等の要素を重視する賃金制度の整備
☐勤務時間制度の弾力化

3　その他

☐高年齢者雇用安定法第9条の高年齢者雇用確保措置を講じている。
　☐65歳以上への定年の引き上げ
　☐継続雇用制度の導入
　　☐希望者全員を対象
　　☐経過措置に基づく労使協定により継続雇用の対象者を限定する基準を利用

(注)　高年齢者等の雇用の安定等に関する法律の一部を改正する法律（平成24年法律第78号）附則第3項に規定する経過措置に基づく継続雇用の対象者を限定する基準がある場合

（記入上の注意）
1.「2　第二種特定有期雇用労働者の特性に応じた雇用管理に関する措置の内容」は該当する措置の内容の☐にチェックしてください。
2.「3　その他」は、該当する☐はすべてチェックしてください。

(添付書類)
1. 「2 第二種特定有期雇用労働者の特性に応じた雇用管理に関する措置」を実施することが分かる資料(例:契約書の雛形、就業規則等)
2. 高年齢者雇用確保措置を講じていることが分かる資料(就業規則等［経過措置に基づく継続雇用の対象者を限定する基準を設けている場合は、当該基準を定めた労使協定書(複数事業所を有する場合は本社分のみで可)を含む］)
3. 変更申請の場合は、認定されている計画の写し

7. 有期労働契約不更新通知書

CHECK ①	雇止めの理由（契約期間の満了を除く）が記載されているか

○○年○月○日

有期労働契約不更新通知書

□□□□殿

　　　　　　　　　　　　　　□□株式会社
　　　　　　　　　　　　　　　　□□□□

　当社は、貴殿との間で○○年○月○日に締結した雇用契約を更新せず、同契約は○○年○月○日の期間満了をもって終了といたしますので、本書をもってその旨通知いたします。

　なお、契約不更新の理由は以下のとおりとなります。

〈有期雇用契約を更新しない理由〉
　○○年○月○日の雇用契約更新時に、本契約を更新しないことが合意されていたため。

CHECK①
雇止めの理由を明示する場合、契約期間の満了以外の理由であることが必要とされている。

第10章 パート・アルバイト等

3 正社員転換に関する書式

　パートタイム労働法13条には、事業主に、雇用する短時間労働者について、通常の労働者への転換を推進するための措置を講じることが義務付けられている。

　また、「日本再興戦略」改訂2015（平成27年6月30日閣議決定）に正社員転換等を加速させていくことが盛り込まれたこと等を踏まえ、非正規雇用労働者の正社員転換・待遇改善等の雇用対策を総合的に推進するため、平成27年9月24日、厚生労働大臣を本部長とする「正社員転換・待遇改善実現本部」が設置された。同本部では、平成28年1月28日に開催された第2回会合において、同年4月から5カ年の非正規雇用労働者の正社員転換や待遇改善のための取り組みを「正社員転換・待遇改善実現プラン」として決定し、当該プランをもとに、平成28年3月までに各都道府県労働局において、各都道府県の実情に応じた非正規雇用労働者の正社員転換や待遇改善のためのさまざまな取り組みが「地域プラン」として策定された。

　これらを踏まえ、使用者は、その雇用する非正規雇用労働者について、正社員転換制度を導入することを検討する必要がある。

1. 正社員転換制度規程

CHECK①	正社員転換試験の受験資格を規定しているか
CHECK②	正社員転換試験の実施要項（定期的に行うか、随時行うか）や試験内容を規定しているか
CHECK③	正社員転換の申請は、定期的に行うか、随時行うかを規定しているか

第10章 パート・アルバイト等

| CHECK ④ | 年次有給休暇の勤続年数の算定において、正社員転換前から通算して算定されているものとされているか |

正社員転換制度規程

(総則)
第1条 この規程は、パートタイマーおよび契約社員(以下、「パートタイマー等」という)の正社員転換制度の運用について定めたものである。

(転換の条件)
第2条 正社員に転換することのできるパートタイマー等は、本人が転換を希望し、かつ第4条に定める正社員転換試験に合格した者とする。

CHECK①
会社にとって正社員にふさわしい労働者が転換試験の受験資格を得られるように適切な条件を過不足なく設定する。

(転換試験の受験資格)
第3条 以下の各号のすべてを満たしたパートタイマー等は正社員転換試験を受験することができる。
(1) 勤続年数満○年以上
(2) フルタイム勤務できること
(3) 過去2回の人事評価において連続して「A」以上の結果を得ていること
(4) 心身ともに健康であり、職務に対する意欲があること
(5) 全国各地への転居を伴う異動を受け入れることができること
(6) 直属上司の推薦があること

(正社員転換試験)

CHECK②
筆記試験の内容、面接担当者について決定する。

第4条　正社員転換試験の内容は以下のとおりとする。
　（1）　一般常識に関する筆記試験
　（2）　業務知識に関する筆記試験
　（3）　人事担当役員または取締役による面接試験

（申請の受け付け）
第5条　［正社員への転換申請は毎年〇月〇日から〇日の間に受け付ける。／会社が正社員を募集する場合は、事前に申請期間等を定めてパートタイマー等に周知する。］
2　正社員への転換を希望するパートタイマー等は、前項の期間に所属長を通じて人事部に対して、転換の申請を行うものとする。

CHECK③
正社員転換の申請については毎年定期的に行う場合のほか、申請があり次第随時行うという方法も考えられる。

（審査および試験の実施）
第6条　パートタイマー等から正社員への転換申請があったとき、会社は第3条に定める要件を満たしているか否かを審査し、満たしている者に対して第4条に定める転換試験を行う。
2　試験の合否は、試験日から1カ月以内に書面により本人に通知する。

（労働条件）
第7条　転換試験に合格したパートタイマー等に対して、合格の通知とともに、雇用契約書により個別に定めた労働条件を提示する。なお、転換試験に合格したパートタイマー等であっても、会社の提示した労働条件に合意しない場合には、正社員に転換しない。
2　正社員に転換した者の労働時間・休日・休暇その他の労働条件は、「正社員就業規則」の定めるところによる。

3 年次有給休暇の勤続年数の算定においては、パートタイマー等であった期間を勤続年数に通算する。ただし、正社員としての勤務年数を算定する場合は、パートタイマー等であった期間は勤続年数に通算しない。

（転換時期）
第8条 正社員への転換時期は、原則として、毎年〇月〇日とする。ただし、転換試験に合格した者と協議を行い、個別に転換時期を定めることがある。

附　則
　この規程は〇〇年〇月〇日より施行する。

CHECK④
正社員転換によっても継続勤務が認められるため、年次有給休暇の勤続年数の算定は通算される。

付 録

モデル就業規則

モデル就業規則

第1章　総則

（目的）
第1条　本規則は、会社の社員の服務規律および就業に関する事項その他労働条件について定めたものである。

（定義）
第2条　本規則において社員とは、本規則第5条の手続きを経て会社に採用された者をいう。
2　所属長とは、職制上、当該社員を直接指揮監督する者をいう。
3　労使協定とは、当該事業場に、労働者（第1項に定める社員に限らず、すべての労働者を意味する）の過半数で組織する労働組合がある場合においては、その労働組合、労働者の過半数で組織する労働組合がない場合においては、労働者の過半数を代表する者と会社との書面による協定をいう。

（適用の範囲）
第3条　本規則は、前条項の社員にのみ適用され、パートタイマー、嘱託、アルバイトについては別に定めるところによる。

（労働条件の変更）
第4条　本規則は、法令の制定もしくは改廃、または経営上の理由等により一方的に変更することがある。

第2章　採用・異動、その他人事

（採用決定者の提出書類）
第5条　会社は、入社希望者の中から、会社が実施する選考手続きを経て採用する者を決定する。採用決定者（採用内定者を含む）は、採用決定後、2週間以内に、次に掲げる書類を提出しなければならない。

①入社誓約書
②身元保証書
③住民票記載事項証明書
④健康診断票
⑤通勤経路届
⑥厚生年金保険被保険者証および雇用保険被保険者証（前職のあった者）
⑦源泉徴収票（入社の年に給与所得のあった者）
⑧年金手帳
⑨マイナンバー通知カードまたはマイナンバーカードの写し
⑩給与所得の扶養控除等申告書
⑪健康保険被扶養者届
⑫その他会社が指示する書類
2　社員は、前項で提出した書類の記載事項に変更があったときは、2週間以内に文書で会社に届け出なければならない。

（身元保証）
第6条　身元保証人は、父母兄弟またはこれに代わる近親者あるいは会社が適当と認めた者とする。
2　身元保証の期間は5年間とし、会社が特に必要と認めた場合には、期間の更新を求める場合がある。

（試用期間）
第7条　社員として新たに採用した者については、採用した日から〇カ月間を試用期間とする。ただし、会社が特に認めたときは、この期間を短縮し、または設けないことがある。
2　試用期間中の者については、試用期間途中または満了日をもって、その勤務状況、出勤状況、健康状態、成績等から業務適性等を総合的に判断し、本採用の有無を決定する。
3　あらかじめ定めた試用期間内で本採用の有無を決定することが適当でないと会社が判断した場合、試用期間を延長することがある。
4　試用期間は、勤続年数に通算する。

（出張）
第8条　会社は、社員に対し、業務上の必要により出張（海外出張を含む）を命じることがある。

2　出張旅費に関する事項については、その都度、会社の指示に従う。

(配転)
第9条　会社は、社員に対し、業務上の必要により配転(国内および海外への転勤ならびに職種変更を含む)を命じることがある。
2　社員は、前項の命令について、正当な理由がない限りこれを拒否してはならない。ただし、勤務地あるいは職種について限定する合意を別途締結している場合は、会社は社員の同意を得るものとする。
3　前項の勤務地あるいは職種について限定する合意を締結した社員については、別途規定する勤務地限定正社員規程あるいは職種限定正社員規程が適用される。

(昇進)
第10条　会社は、業務上の必要により、社員に対し、昇進を命じることがある。

(降格)
第11条　会社は、業務上の必要により、社員に対し、降格(職位・役職の引き下げおよび[職能資格制度上の資格・等級／職務・役割等級制度上の等級]の低下)を命じることがある。

(出向)
第12条　会社は、業務上の必要により、社員に対し、会社に在籍したまま他社への出向(海外出向を含む)を命じることがある。
2　出向期間は原則として3年以内とする。ただし、業務上の必要により、その期間を延長する場合がある。
3　出向中の賃金、退職金、昇格、昇給等の査定その他の処遇は、特に取り決めがない限り、原則として[本規則／出向規程]によるものとする。
4　出向先から復帰した際の役職は、会社の状況に鑑み会社が決定する。

(業務引き継ぎ)
第13条　人事異動および退職等により業務引き継ぎの必要性が生じた者は、保管中の備品、書類その他すべての物品を返還するとともに、後任者に対し指定日時までに業務の引き継ぎを終了し、所属長にその旨を報告しなければならない。

（休職）

第14条 会社は、社員が次のいずれかに該当するときは、所定の期間休職を命じることができる。
　（1）業務外の傷病により欠勤し、別途定める私傷病休職規程に規定される要件を満たしたとき
　（2）前項第1号による休職については、別途定める私傷病休職規程の定めによる。なお、同規程所定の休職期間中に当該社員が定年を迎えた場合の休職期間は、定年退職時までとする。
　（3）出向を命じられたとき　出向期間
　（4）前各号のほか、会社が認めたとき　会社が承認した期間
2　前項第1号による休職の場合において、同号所定の休職期間中に当該社員が定年を迎える場合の休職期間は、定年に達した日の属する月の末日までとする。

（復職）

第15条 会社は、休職期間満了時までに休職事由が消滅したと認めた場合は、復職を命じる。
2　私傷病を理由とする休職を命じられた社員が復職を希望する場合には、医師の診断書を添付し、書面で復職を願い出るものとする。
3　前項に基づく復職申請があった場合、会社は復職の可否を判断するため、必要に応じ、社員に対し主治医師の医療情報開示同意書の提出を求め、または会社の指定する医療機関での受診を命じることができる。

（休職期間の通算）

第16条 社員の復職後6カ月以内に、同一または類似の事由により欠勤または不完全な労務提供が認められた場合は、第14条にかかわらず休職を命じることができる。この場合、休職期間は通算するものとする。

第3章　服務規律

（服務）

第17条 社員は、職務上の責任を自覚し、誠実に職務を遂行するとともに、会社が定める規則および業務上の指示命令に従い、職務能率の向上および職場秩序を維持し、誠実に職務に専念しなければならない。

（遵守事項）
第18条　社員は、以下の事項を守らなければならない。
  1．就業等に関する遵守事項
   ①常に自己の健康に留意し、継続的かつ充分な就業を行うこと。
   ②業務の遂行に当たっては、会社の方針を尊重し、常に、同僚と協力し、円滑な運営を期すること。
   ③会社の許可なく、自家用車で通勤し、または業務に用いないこと。
   ④事業場へ入退場する際に、警備係員の要求があった場合は社員証明書を提示しなければならないこと。
   ⑤職場においては、業務遂行に不適切な服装をしないこと。
   ⑥会社の都合により、担当業務の変更または他の部課への応援を命じられた場合は、正当な理由なく拒まないこと。
   ⑦職務に関連して自己の利益を図り、または他より不当に金品を借用し、もしくは贈与を受ける等不正な行為を行わないこと。
   ⑧勤務中は職務に専念し、正当な理由なく勤務場所を離れず、または他の者の就業を妨げないこと。
   ⑨社員は、業務上または規律保持上の必要により所持品の検査を求められたときは、これを拒んではならないこと。
   ⑩酒気、薬物その他の影響のある状態で就業しないこと。
  2．施設管理に関する遵守事項
   ①消耗品は、常に節約し、商品・備品・帳票類等の保管には十分注意すること。
   ②許可なく職務以外の目的で会社の施設、物品等を使用しまたは持ち出さないこと。
   ③社員は、会社の管理する施設内において、会社の許可なしに、演説、集会、貼り紙、掲示、ビラの配布その他これに類する行為をしてはならないこと。
   ④社員は、会社の管理する施設内において、組合活動、宗教活動、政治活動、営業活動など、業務に関係のない活動を行わないこと。
  3．社員としての地位・身分による遵守事項
   ①会社と利害関係のある取引先から、みだりに金品ならびに飲食などの饗応を受けたり、私事の事由で貸借関係を結ばないこと。
   ②職場の内外を問わず、会社の名誉や信用を損なう行為をしないこと。
   ③社員は、勤務時間外において、他の会社等の業務に従事する場合には、事前に会社に所定の届出をすること。また、別途規定する副業・兼

業取扱規程を順守すること。
　　④会社の業務の範囲に属する事項について、著作、講演などを行う場合は、あらかじめ会社の許可を受けること。
　4．その他
　　①会社が定める諸規則および会社の通達、通知事項を守ること。
　　②その他社員としてふさわしくない行為をしないこと。

（セクシュアル・ハラスメントの禁止）
第19条　社員は、職場において行われる性的な言動に対する社員の対応により当該社員に対してその労働条件につき不利益を与えること、または職場において行われる性的な言動により社員の就業環境を害するようなことを含め、相手方の意に反する性的な言動（セクシュアル・ハラスメント）をしてはならない。
2　会社は、セクシュアル・ハラスメントに関する相談窓口を設置し、セクシュアル・ハラスメントの防止および苦情や相談に関する措置を講じる。

（パワー・ハラスメントの禁止）
第20条　職務上の地位や人間関係などの職場内の優位性を背景にした、業務の適正な範囲を超える言動により、他の社員に精神的・身体的な苦痛を与えたり、就業環境を害するようなことをしてはならない。
2　会社は、パワー・ハラスメントに関する相談窓口を設置し、パワー・ハラスメントの防止および苦情や相談に関する措置を講じる。

（秘密保持義務）
第21条　社員は、在職中および退職後において、会社の秘密情報につき、厳に秘密として保持し、会社の事前の許可なく、いかなる方法をもってしても、開示、漏洩または使用してはならない。
2　社員は、前項の秘密情報の管理に十分注意を払うとともに、自らの業務に関係のない情報を不正に取得してはならない。
3　社員は、職場もしくは職種の異動または退職その他会社の指示があった場合、自らが管理していた第1項の秘密情報に関するデータ・情報書類等（その複製物、複写物、印刷物、電子媒体を含む）を、会社の指示に従い、速やかに破棄、消去または返却しなければならない。

(競業避止義務等)
第22条　社員は、会社に在職中、会社の許可なく、同業他社に就業し、または自ら会社の業務と競争関係となる競業行為を行ってはならない。
2　社員は、退職後であっても、以下の行為を行ってはならない。
（1）退職後1年間、社員が在職中に担当した○○地域における顧客に対して、会社の行う事業と類似のサービスもしくは商品の勧誘、受注、提供等を行い、または、そのようなサービスもしくは商品の勧誘、受注、提供等につき第三者を支援すること。
（2）退職後1年間、○○地域において、会社の事業と競合する事業のうち、社員が担当した事業（競業事業）を、自ら直接もしくは間接に行い、または競業事業を行う法人との間で労働契約、委任契約もしくはこれに準ずる契約を締結すること。
（3）退職後1年間、直接・間接を問わず、会社の社員に対して、転職勧誘のために連絡・接触すること、または、当該社員を会社から退職させ、自己もしくは第三者において雇用する等の目的で、会社の社員に連絡、接触、勧誘、提案、説得すること。

(貸与パソコンの私的利用禁止・モニタリング)
第23条　社員は、会社が貸与した電子端末を業務遂行に必要な範囲で使用するものとし、私的に利用してはならない。
2　会社は、情報システムおよび情報資産の保護のために必要であると認めた場合には、社員の使用する電子端末および電子メール等を社員に断りなくモニタリングすることができるものとする。

(SNS利用制限)
第24条　社員がソーシャルメディアを利用して会社に関係する情報その他の情報を発信する場合は、会社が規定するガイドラインを順守し、会社および取引先等の第三者の秘密情報を漏洩したり、会社の信用を損なう内容を発信してはならず、また、当該情報発信が会社の公式の情報発信であると誤認されるような内容の発信をしてはならない。

(始業および終業時刻の記録)
第25条　社員は、始業および終業時にタイムカードを自ら打刻し、始業および終業の時刻を記録しなければならない。

(遅刻、早退、欠勤等)
第26条 社員は遅刻、早退もしくは欠勤をし、または勤務時間中に私用で事業場から外出する際は、事前に所属長に対し申し出るとともに、承認を受けなければならない。ただし、やむを得ない理由で事前に申し出ることができなかった場合は、事後に速やかに届け出をし、承認を得なければならない。
2　前項の場合は、原則として不就労分に対応する賃金は控除する。
3　傷病のため欠勤するときは、会社の求めに応じて、医師の診断書を提出しなければならない。

第4章　労働時間、休憩および休日

(労働時間および休憩時間)
第27条　労働時間は、1週間については40時間、1日については8時間とする。
2　始業・終業の時刻および休憩時間は、次のとおりとする。ただし、業務の都合その他やむを得ない事情により、これらを繰り上げ、または繰り下げることがある。この場合、前日までに社員に通知する。
　　始業時刻　　午前9時00分
　　終業時刻　　午後6時00分
　　休憩時間　　正午から午後1時00分まで
3　前項の規定にかかわらず、一斉休憩の適用除外に関する労使協定を締結した場合には、対象労働者の休憩時間については労使協定の定めによるものとする。

(勤務間インターバル)
第28条　会社は、従業員の健康および福祉を確保するために、勤務間インターバル制度を設けるものとする。
2　会社は、労働者ごとに1日の勤務終了後、次の勤務を開始するまでに少なくとも、〇時間の継続した休息時間を与える。
3　前項の休息時間の満了時刻が、次の勤務の所定始業時刻以降に及ぶ場合、当該始業時刻から満了時刻までの時間は労働したものと見なす。

(休日)
第29条　休日は、次のとおりとする。

①土曜日および日曜日
　②国民の祝日に関する法律に定める国民の祝日・休日
　③年末年始（12月○日～1月○日）
　④夏季休日（○月○日～○月○日）
　⑤その他会社が指定する日
2　業務の都合により会社が必要と認める場合は、あらかじめ前項の休日を他の日と振り替えることがある。
3　休日に8時間以上労働した場合は、原則として○日以内に1日の代休を与える。代休は無給とする。

（1カ月単位の変形労働時間制）
第30条　○○部に所属する社員については、第27条の規定にかかわらず、次に定める1カ月単位の変形労働時間制によるものとする。

期　間	始業時間	終業時間	休憩時間
毎月1日～24日	午前9時	午後5時	午後0時より午後1時
毎月25日～月末	午前8時	午後6時	午後0時より午後1時

2　前項の変形労働時間制の起算日は毎月1日とする。
3　事故・災害または取引先の緊急発注等により納期が切迫した場合、第1項の始業・終業時刻を繰り上げ、または繰り下げることがある。この場合において業務の都合によるときは、所属長が前日までに通知する。

（1年単位の変形労働時間制）
第31条　会社は、社員の全部または一部につき、1年単位の変形労働時間制に関する労使による協定を締結した場合は、第27条の規定にかかわらず、当該協定の適用を受ける社員について、1週間の所定労働時間は、対象期間を平均して1週間当たり40時間とする。
2　前項の勤務制度により勤務する社員については、第29条の規定にかかわらず、1日の始業・終業の時刻、休憩時間は1年単位の変形労働時間制に関する労使協定のとおりとする。

（休日）
第32条　1年単位の変形労働時間制の適用を受ける社員の休日については、1年単位の変形労働時間制に関する労使協定の定めるところにより、対象期間の初日を起算日とする1週間ごとに1日以上、1年間に○日以上

となるように指定する。その場合、年間カレンダーに定め、対象期間の初日の〇日前までに各社員に通知する。
2 会社は、次の各号に定める事由がある場合、前項の休日を他の労働日に振り替えることがある。この場合、会社は社員に対し、その振替の通知を、対象となる休日または労働日までに行うこととする。
① 納期に完納しないと取引先との関係上重大な支障を来すおそれがある場合
② 賃金締切日等の切迫による計算業務、または棚卸業務およびこれに関連する業務を行う必要がある場合
③ 業務内容によりやむを得ない場合

(フレックスタイム制)
第33条 〇〇課所属社員については、労使協定を締結した場合はフレックスタイム制によることとし、始業および終業の時刻を社員の決定に委ねる。ただし、始業時刻につき社員の決定に委ねる時間帯は午前〇時から午前〇時まで、終業時刻につき社員の決定に委ねる時間帯は午後〇時から午後〇時までとする。
2 午前〇時から午後〇時までの間(休憩時間を除く)については、所属長の承認のない限り、所定の勤務に従事しなければならない。
3 フレックスタイム制の管理は別に定める労使協定による。

(事業場外労働のみなし労働時間制)
第34条 会社は、業務上の必要がある場合は事業場外勤務または出張勤務を命ずることがある。
2 社員が会社の用務を帯びて、所定労働時間の全部または一部につき、事業場外または出張で勤務する場合であって、労働時間を算定しがたいときは、あらかじめ別段の指示をしない限り第27条に定める所定労働時間を勤務したものとみなす。
3 前項の業務の遂行につき、必要とされる労働時間が、第27条に定める所定労働時間を超えることが通常の場合は、労使協定を締結して、当該業務の遂行に通常必要とされる時間を定める。
4 前項の規定により勤務する社員は、当該協定により定めた労働時間を勤務したものとみなす。

(テレワーク)
第35条　会社は、社員の申請があったときに、連続1カ月を上限として、自宅における業務遂行(テレワーク)を許可することができる。
2　テレワークの管理は別に定める規程による。

(専門業務型裁量労働制)
第36条　○を行う社員については、労使協定を締結した場合は、専門業務型裁量労働制によるものとする。
2　前項の労使協定を締結した場合は、当該社員の業務の遂行の手段および時間配分については、当該社員の裁量に委ねるものとし、所定労働日の勤務については、労使協定で定める時間労働したものとみなす。

(企画業務型裁量労働制)
第37条　事業運営に関する事項についての企画、立案、調査および分析の業務を行う社員のうち、業務の性質上、当該社員に業務の遂行方法を大幅に委ねる必要がある社員について、労使委員会における決議がなされた場合には、企画業務型裁量労働制を適用することとし、当該業務の遂行の手段および時間配分の決定等に関し、具体的な指示はしないものとする。
2　前項の決議に基づく社員の所定労働日における労働時間については、労使委員会で決議した時間労働したものとみなす。

(高度プロフェッショナル制度)
第38条
1　会社は、労働基準法第41条の2に従い、労使委員会を設置し、同条第1項所定の事項に関して同委員会の5分の4以上の多数により決議し、かつ、当該決議を所轄労働基準監督署長に対して届け出ることで、高度プロフェッショナル制度を導入することができる。ただし、同制度の対象とすることができる従業員は、以下の業務に従事する者に限られる。
　(1)　金融工学等の知識を用いて行う金融商品の開発の業務
　(2)　資産運用(指図を含む)の業務または有価証券の売買その他の取引の業務のうち、投資判断に基づく資産運用の業務、投資判断に基づく資産運用として行う有価証券の売買その他の取引の業務または投資判断に基づき自己の計算において行う有価証券の売買その他の取引の業務

（3）有価証券市場における相場等の動向または有価証券の価値等の分析、評価またはこれに基づく投資に関する助言の業務
　（4）顧客の事業の運営に関する重要な事項についての調査または分析およびこれに基づく当該事項に関する考案または助言の業務
　（5）新たな技術、商品または役務の研究開発の業務
2　高度プロフェッショナル従業員については、本就業規則第〇条（労働時間）から第〇条（割増賃金）までの規定は適用しない。
3　会社は、高度プロフェッショナル制度を導入した場合、第1項の労使委員会の決議および労働基準法第41条の2の定めに従い、休日、特別有給休暇の付与、勤務間インターバル制度の実施、深夜労働の回数制限、法定の健康診断・医師による面接指導その他法令上必要な措置を講じ、かつ、法令に従いその実施状況を所轄労働基準監督署長に対して報告するものとする。
4　高度プロフェッショナル制度従業員の賃金その他の労働条件、勤務評価の方法、健康確保措置その他については、第1項の労使委員会の決議および労働基準法第41条の2の定めに従う。

（時間外および休日労働等）
第39条　会社は、社員に対し業務の都合により、所定労働時間を超え、または所定休日に労働させることがある。ただし、別途規定するノー残業規程において定められた日においては、会社は時間外労働を承認しないものとする。
2　前項の場合、法定労働時間を超える労働または法定休日における労働については、あらかじめ会社は社員の過半数代表者と書面による労使協定を締結するとともに、これを所轄の労働基準監督署長に届け出るものとする。
3　妊娠中の女性、産後1年を経過しない女性社員（以下「妊産婦」という）であって請求した者および18歳未満の者については、前項による時間外労働または休日もしくは深夜（午後10時から午前5時まで）労働に従事させない。
4　災害その他避けることのできない事由によって臨時の必要がある場合には、第1項から前項までの制限を超えて、所定労働時間外または休日に労働させることがある。ただし、この場合であっても、請求のあった妊産婦については、所定労働時間外労働または休日労働に従事させない。

(時間外および休日労働等の承認)
第40条　社員が所定労働時間を超えて労働する場合には、必ず事前に、その必要性（必要な業務の内容を含む）および想定される時間外労働時間を明記した所定の様式による申請書を提出し、時間外労働の可否と予定時間につき所属上長の承認を得なければならない。
2　社員は、前項の承認を得た時間外労働が終了した後には、所属上長に対して所要時間について報告しなければならない。
3　所属上長は、想定された時間外労働時間と前項の時間外労働時間に1時間以上の乖離がある場合、その理由について確認し、齟齬が生じないよう、社員を指導するものとする。
4　社員は、やむを得ない事由により事前の許可を得ることができない場合には、事後速やかに書面を提出し承認を得るものとする。この場合、所属上長は、事前の承認が得られなかった事情および業務上の必要性の存否等を考慮し、承認するか否かを決定するものとする。
5　社員が前2項の手続きを取らずに時間外労働を行った場合、会社は、これを時間外労働としては認めない。

(労働時間、休憩および休日に関する規定の適用除外者)
第41条　労働時間、休憩および休日に関する規定は、監督もしくは管理の地位にある者または機密の事務を取り扱う者には適用しない。

第5章　休暇等

(年次有給休暇)
第42条　毎年4月1日から翌年3月31日までを年次有給休暇の年度とする。
2　勤続期間に応じ、次の年次有給休暇を付与する。
　（1）採用初年度は、雇入れ時に、その月に応じて次の年次有給休暇を与える。

採用月	4～9月	10月	11月	12月	1月	2月	3月
付与日数	10日	9日	7日	5日	3日	1日	0日

　（2）採用初年度以降の年度は、毎年4月1日に、前年度1年間において所定労働日の8割以上出勤した社員に対して、下の表のとおり勤続期間に応じた日数の年次有給休暇を与える。なお、4月1日時点で採用初年度の勤続期間が1年未満であっても1年に切り上げて取り

扱うものとし、切り上げた期間は出勤したものとして計算する。

勤続期間	2年目	3年目	4年目	5年目	6年目	7年目以上
付与日数	11日	12日	14日	16日	18日	20日

3　年次有給休暇の付与日数が10日以上の者については、そのうち5日について、付与日から1年以内に、会社が時季を指定して取得させるものとする。ただし、本人による時季指定または計画的付与制度に基づいて取得した日数がある場合は、その日数を上記の5日から控除する。

（半日単位の年休付与）
第43条　年次有給休暇は、1日あるいは半日単位で与える。
2　前項における「半日」とは、午前（午前9時から正午）または午後（午後1時から午後6時。ただし、休憩45分を付与する）をいう。

（年次有給休暇の取得手続）
第44条　年次有給休暇を請求しようとする者は、取得予定日の2日前までに所属長に所定の様式で届け出なければならない。ただし、社員が届け出た時季に年次有給休暇を取得することが事業の正常な運営を妨げる場合、会社は時季を変更することがある。
2　前条の年次有給休暇が10日以上与えられた社員に対しては、付与日から1年以内に、当該社員の有する年次有給休暇日数のうち5日について、会社が社員の意見を聴取し、その意見を尊重した上で、あらかじめ時季を指定して取得させる。ただし、社員が前項または第45条の規定による年次有給休暇を取得した場合においては、当該取得した日数分を5日から控除するものとする。

（年次有給休暇の時間単位での付与）
第45条　会社は労使協定に基づき、第42条の年次有給休暇の日数のうち、1年について5日の範囲で時間単位の年次有給休暇（以下「時間単位年休」という）を付与する。

（計画年休）
第46条　会社は、労使協定に基づき、各社員の有する年次有給休暇日数のうち5日を超える部分について、あらかじめ時季を指定して取得させることができる。

（年休の繰り越し）
第47条 付与日から1年以内に取得しなかった年次有給休暇は、付与日から2年以内に限り繰り越して取得することができる。
2　前年度から繰り越された年次有給休暇がある場合、社員から特段の指定がない限り、会社は、当該繰り越された年次有給休暇から付与する。

（特別年次有給休暇）
第48条 会社は、社員に対して、時効により消滅した年次有給休暇に相当する日数を特別年次有給休暇として付与する。ただし、特別年次有給休暇の日数は、合計〇日を限度とする。
2　社員は、年次有給休暇の残日数が存しない場合に、次に掲げる目的に限り、特別年次有給休暇を取得することができる。
（1）業務外の傷病のため2週間以上休業する場合
（2）〈以下略〉
3　前2項に定める以外の事項は、特別年次有給休暇については、年次有給休暇の規定を準用する。

（代替休暇）
第49条 社員は、労使協定に基づき、1カ月の時間外労働時間が60時間を超えた場合、割増賃金の支給に代えて代替休暇を取得することができる。

（産前産後の休業）
第50条 会社は、6週間（多胎妊娠の場合は14週間）以内に出産予定の女性社員から請求があったときは、休業させる。
2　会社は、産後8週間を経過していない女性社員は、就業させない。
3　前項の規定にかかわらず、産後6週間を経過した女性社員から請求があった場合は、その者について医師が支障がないと認めた業務に就かせることがある。
4　第1項および第2項の休業は、これを無給とする。

（母性健康管理の措置）
第51条 妊娠中または出産後1年を経過しない女性社員から、所定労働時間内に、母子保健法に基づく保健指導または健康診査を受けるために申出があったときは、次の範囲で時間内通院を認める。
①産前の場合

妊娠23週まで	4週に1回
妊娠24週から35週まで	2週に1回
妊娠36週から出産まで	1週に1回

　　ただし、医師または助産師（以下「医師等」という）がこれと異なる指示をしたときには、その指示により必要な時間
　②産後（1年以内）の場合
　　医師等の指示により必要な時間
2　妊娠中または出産後1年を経過しない女性社員から、保健指導または健康診査に基づき勤務時間等について医師等の指導を受けた旨申出があった場合、次の措置を講ずる。
　①妊娠中の通勤緩和措置として、通勤時の混雑を避けるよう指導された場合は、原則として〇時間の勤務時間の短縮または〇時間以内の時差出勤を認める。
　②妊娠中の休憩時間について指導された場合は、適宜休憩時間の延長や休憩の回数を増やす。
　③妊娠中または出産後の女性社員が、その症状等に関して指導された場合は、医師等の指導事項を遵守するための作業の軽減や勤務時間の短縮、休業等の措置をとる。

（育児時間および生理休暇）
第52条　1歳に満たない子を養育する女性社員から請求があったときは、休憩時間のほか1日について2回、1回について30分の育児時間を与える。
2　生理日の就業が著しく困難な女性社員から請求があったときは、必要な期間休暇を与える。
3　第1項の育児時間および前項の生理休暇は、これを無給とする。

（育児・介護休業、子の看護休暇等）
第53条　社員のうち必要のある者は、育介法に基づく育児休業、介護休業、子の看護休暇、介護休暇、育児のための所定外労働の免除、育児・介護のための時間外労働および深夜業の制限ならびに所定労働時間の短縮措置等（以下「育児・介護休業等」という）の適用を受けることができる。
2　育児・介護休業等の取り扱いについては、育児・介護休業規程で定める。
3　育児・介護休業等は、これを無給とする。

(特別休暇)
第54条　社員が次の各号に該当するときは、特別休暇を与える。
　　（1）慶弔休暇
　　　①本人が結婚したとき　　　　　　　○日
　　　②妻が出産したとき　　　　　　　　○日
　　　③配偶者、子または父母が死亡したとき　　○日
　　　④兄弟姉妹、祖父母、配偶者の父母または兄弟姉妹が死亡したとき　　○日
　　（2）赴任休暇　　　　　赴任先に応じた所定日数
　　（3）リフレッシュ休暇　　リフレッシュ休暇規程による
　　（4）ボランティア休暇　　ボランティア休暇規程による
2　前項に定める特別休暇を請求しようとする者は、事前に所属長に所定の様式によって申請し、会社の承認を受けなければならない。ただし、やむを得ない事由によりあらかじめ申請書を提出できないときは、事後速やかに申請し、承認を受けなければならない。
3　第1項の休暇は、これを無給とする。

(裁判員等のための休暇)
第55条　社員が裁判員もしくは補充裁判員となった場合または裁判員候補者となった場合には、次のとおり休暇を与える。
　　①裁判員または補充裁判員となった場合　　必要な日数
　　②裁判員候補者となった場合　　　　　　　必要な時間
2　前項に定める休暇を請求しようとする者は、事前に所属長に所定の様式によって申請するものとする。
3　第1項の休暇は、これを無給とする。

第6章　賃金

(賃金の構成)
第56条　社員に支給する賃金および退職金については、別途定める給与規程による。

第7章　定年、退職および解雇

(定年等)
第57条　社員の定年は、満60歳とし、定年に達した日の属する月の末日を

もって退職とする。
2　前項の規定にかかわらず、定年退職する者が退職後の雇用を希望する場合は、定年の時点で第59条に定める退職事由または第60条に定める解雇事由（ただし、年齢に係るものを除く）に該当する者を除き、原則として、社員が満65歳となる日の属する月の末日まで再雇用する。ただし、高年齢者等の雇用の安定に関する法律の一部を改正する法律（平成24年法律第78号）附則第3項に規定する経過措置により、労使協定の継続雇用の対象者基準である次の各号のいずれかを満たさない者の再雇用期間は、下表の区分により、「60歳に到達する期間」欄に対応する「該当年齢」欄の年齢に達する日の属する月の末日までとする。
　　　各号の判断時期は、定年の時点とする。
（1）引き続き勤務することを希望している者
（2）過去3年間の人事評価がいずれもB以上の者
（3）過去3年間の出勤率が80％以上の者

60歳に到達する期間	該当年齢
2019年4月1日から2022年3月31日まで	63歳
2022年4月1日から2025年3月31日まで	64歳

3　定年後、再雇用を希望する者は、定年退職日（満60歳に達した日の属する月の末日）の3カ月前までに、所定の様式に従い、書面で会社に届け出をしなければならない。当該届け出については、定年退職日の3カ月前の日以降は受け付けないものとし、また、会社が認める場合を除き、定年退職日の3カ月前の日以降は変更できないものとする。

（再雇用契約の更新）
第58条　再雇用契約の期間は、原則として1年とする。ただし、再雇用契約の更新上限は、満65歳に達した日の属する月の末日までとする。
2　再雇用契約の更新は、第59条に定める退職事由または第60条に定める解雇事由（ただし、年齢に係るものを除く）に該当しない者に限り行い、以下の各号に掲げる事情に照らして判断するものとする。
①契約期間満了時の業務量
②社員の勤務成績、態度
③社員の能力
④会社の経営状況
⑤従事している業務の進捗状況

3　前条第2項の「該当年齢」に達した直後の契約更新は、同項に定める基準を満たした者に限り行う。
4　前各項にかかわらず、会社が提示した労働条件につき、社員と合意に至らなかった場合には、再雇用契約は更新しない。

（退職）
第59条　社員が次のいずれかに該当するときは、退職とする。
①退職を願い出て会社が承認したとき
②第14条に定める休職期間が満了し、なお休職事由が消滅しないとき、または復職しないとき（ただし、出向による休職その他会社の都合による休職の場合はこの限りではない）
③死亡したとき
④定年に達したとき
⑤音信不通または行方不明の状況が暦日数〇日に及んだとき
⑥会社の取締役に就任したとき
2　前項第1号の場合、原則として1カ月前までに所属長に退職届を提出しなければならない。
3　前項による退職届の提出後、退職の日までは従前の業務を継続しなければならない。また、身分証明書、社員証、健康保険証等、会社から貸与された物品を速やかに会社に返納し、会社に対し債務があるときは速やかに完済しなければならない。

（解雇）
第60条　社員が次のいずれかに該当するときは、解雇することがある。
①勤務態度が不良で改善の見込みがないと会社が認めたとき
②能力不足または勤務成績不良で就業に適さないと会社が認めたとき
③精神もしくは身体の障害により業務に堪えない、または不完全な労務提供しか行えないと会社が認めたとき
④試用期間における勤務態度または勤務成績が不良で、社員として不適格と会社が認めたとき
⑤協調性を欠き、他の社員の業務遂行に悪影響を及ぼすとき
⑥事業の縮小その他やむを得ない業務上の都合によるとき
⑦その他前各号に準ずる事由があったとき

（解雇予告）

第61条 会社は、社員を解雇する場合は、30日前に予告して解雇するか、または平均賃金の30日分以上の賃金を支払い解雇する。なお、予告期間を短縮する場合には、短縮した日数1日につき平均賃金の1日分を予告手当として支給する。

2　次の場合には、前項の規定を適用しない。
　①本人の責に帰すべき事由により解雇する場合で、行政官庁より解雇予告除外認定を受けたとき
　②天災事変その他やむを得ない事由のため事業の継続が不可能となった場合で、行政官庁より解雇予告除外認定を受けたとき
　③試用期間中の者を、試用期間開始日から14日以内に解雇するとき

（解雇制限）

第62条 社員が、次の各号の一に該当するときは、その期間は解雇しない。
　①業務上負傷しまたは疾病にかかり、療養のため休業する期間およびその後30日間。ただし、業務上の傷病による休業期間が3年におよび打ち切り補償を支給されたとき、もしくは労災保険法第19条の定めにより打ち切り補償を支払ったものとみなされたときは、この限りではない
　②産前・産後休業期間およびその後の30日間

2　天災事変その他やむを得ない事由のため事業の継続が不可能となった場合で、行政官庁より解雇予告除外認定を受けたときは前項の規定を適用しない。

第8章　安全衛生・災害補償

（遵守事項）

第63条 会社は、社員の安全衛生の確保および改善を図り、快適な職場の形成のために必要な措置を講ずる。

2　社員は、安全衛生に関する法令および会社の指示を守り、会社と協力して労働災害の防止に努めなければならない。

3　社員は安全衛生の確保のため、特に下記の事項を遵守しなければならない。
　①機械設備、工具等の就業前点検を徹底すること。また、異常を認めたときは、速やかに会社に報告し、指示に従うこと
　②安全装置を取り外したり、その効力を失わせるようなことはしないこ

と
③保護具の着用が必要な作業については、必ず着用すること
④喫煙は、所定の場所以外では行わないこと
⑤立入禁止または通行禁止区域には立ち入らないこと
⑥常に整理整頓に努め、通路、避難口または消火設備のある所に物品を置かないこと
⑦地震、火災等非常災害が発生したときは、直ちに臨機の措置をとり、○○に報告し、その指示に従うこと
⑧前号の場合において、事業所から避難する必要がある場合には、緊急時避難マニュアルおよび所属長の指示に従い、速やかに避難すること

（健康診断）
第64条　社員に対しては、毎年1回（深夜労働に従事する者は6カ月ごとに1回）、定期に健康診断を行う。
2　前項の健康診断のほか、法令で定められた有害業務に従事する社員に対しては、特別の項目についての健康診断を行う。
3　社員は前2項の健康診断を受けなければならない。ただし、社員が自ら希望する医師により、前2項の健康診断に相当する健康診断を受け、その結果を証明する書面を会社に提出したときはこの限りではない。
4　長時間の労働により疲労の蓄積が認められる社員に対し、その者の申し出により医師による面接指導を行う。
5　第1項および第2項の健康診断ならびに前項の面接指導の結果、必要と認めるときは、一定期間の就業禁止、労働時間の短縮、配置転換その他健康保持上必要な措置を命ずることがある。

（ストレスチェック）
第65条　社員に対しては、毎年1回、ストレスチェックを行う。
2　ストレスチェックは、別途定めるストレスチェック制度実施規程に従って実施する。

（傷病者の就業禁止等）
第66条　次の各号のいずれかに該当する社員については、次の各号に定める事由が消滅するまで、就業を禁止する。
①伝ぱのおそれのある伝染性の疾病に罹患した者
②労働により病状が悪化するおそれのある疾病に罹患した者

③前各号のほか、厚生労働大臣が定める疾病、その他法律に定める疾病に罹患した者
2　会社は、前項の規定にかかわらず、社員の心身の状況が就業に適さないと判断した場合、その就業を禁止する。
3　会社は、前2項に定める就業禁止の期間については、無給とする。

（災害補償）
第67条　社員が業務上の事由または通勤により負傷し、疾病にかかり、または死亡した場合は、労災保険法に定めるところにより災害補償を行う。社員がこの給付を受ける場合は、その価額の限度において、会社は同一の事由について労基法上の災害補償の義務を免れる。

（上積み補償と民事損害賠償金）
第68条　会社は、業務災害に関して、前条に定めた災害補償とは別に、災害上積み補償金を支給する場合がある。
2　前項の業務災害の認定は、労災保険法の保険給付に関する行政官庁の認定に従う。
3　社員またはその遺族は、第1項に定める災害上積み補償金を受領した場合には、当該業務災害にかかる会社の損害賠償責任を免責するものとし、当該金額を超えて、当該業務災害に関して会社に対し一切の金銭的請求を行わない。
4　社員またはその遺族は、本条に定める災害上積み補償金を受領する際、引き換えに、会社に対する損害賠償請求権を放棄する旨の誓約書を差し入れなければならない。

第9章　懲戒

（懲戒の事由等）
第69条　社員が次のいずれかに該当するときは、その軽重に応じ、次条に定める懲戒処分を行う。
　①正当な理由なく欠勤、遅刻、早退を繰り返したとき
　②会社の業務効率を害し、または会社の業務を妨害しようとしたとき、その他職務怠慢と認められるとき
　③故意または過失により会社に損害を与えたとき
　④素行不良により社内の秩序および風紀を乱したとき

⑤性的な言動により、他の社員に不快な思いをさせ、または職場の環境を悪くしたとき
⑥職務上の地位や人間関係などの職場内の優位性を背景にした、業務の適正な範囲を超える言動により、他の社員に精神的・身体的な苦痛を与え、または職場の環境を悪くしたとき
⑦重要な経歴を詐称して雇用されたとき
⑧業務上の指示・命令に従わなかったとき
⑨会社内において刑法その他刑罰法規の各規定に違反する行為を行い、その犯罪事実が明らかとなったとき（当該行為が軽微な違反である場合を除く）
⑩数回にわたり懲戒を受けたにもかかわらず、なお、勤務態度等に関し、改善の見込みがないとき
⑪許可なく職務以外の目的で会社の施設、物品等を使用したとき
⑫職務に関連して自己の利益を図り、または他より不当に金品を借用し、もしくは贈与を受ける等不正な行為を行ったとき
⑬私生活上の非違行為によって、会社の名誉信用を損ない、業務に悪影響を及ぼす行為をしたとき
⑭業務の内外を問わず、会社に対する正当な理由のない誹謗中傷等によって、会社の名誉信用を損ない、業務に悪影響を及ぼす行為をしたとき
⑮正当な理由なく会社の業務上の秘密を外部に漏洩して会社に損害を与え、または業務の正常な運営を阻害したとき
⑯故意または過失により虚偽の報告、届け出を行ったとき
⑰故意または過失もしくは監督不行き届きによって災害、傷害その他の事故を生じさせ、または会社の設備、器具または資料を紛失、破損したとき
⑱本規則を含む社内規則に違反したとき
⑲その他前各号に準ずる不適切な行為があったとき
2　業務に関する指導ならびに監督不行き届きにより、社員が懲戒処分を受けたときは、その管理監督の任にある管理監督者を懲戒することがある。
3　他人を教唆、煽動して懲戒該当行為をさせたり、他人の懲戒該当行為を助けたり、または他人の懲戒該当行為を認識したにもかかわらずこれを会社に隠蔽しもしくは報告しなかったときは、第1項に定める懲戒該当行為に準じて次条を適用する。
4　社員が故意または重大な過失によって会社に損害を与えたときは、次

条に定める懲戒処分に関係なく、別に、その損害の全部または一部を賠償させることがある。

(懲戒の種類)
第70条 社員が前条のいずれかに該当する場合には、その軽重に応じ、次の懲戒処分を行う。また、処分は併科することがある。
①譴責
　　始末書を提出させ、将来を戒める。
②減給
　　始末書を提出させ、減給する。ただし、1回の減給額が平均賃金の1日分の5割を超えることはなく、また、総額が1賃金支払期における賃金総額の1割を超えることはない。
③出勤停止
　　始末書を提出させ、○日間を限度として出勤を停止する。また、その間の賃金は支給しない。
④降格
　　始末書を提出させ、職位／職階を降格する。
⑤諭旨解雇
　　退職願の提出を勧告する。勧告に応じない場合には、次号に定める懲戒解雇を行う。
⑥懲戒解雇
　　予告期間を設けることなく即時に解雇する。この場合において、所轄の労働基準監督署長の認定を受けたときは、解雇予告手当（平均賃金の30日分）を支給しない。
2　被懲戒者の氏名、事案の概要については、社内公表を行う場合がある。

(懲戒事由の存在が疑われる場合の自宅待機)
第71条 社員の行為が第69条に定める懲戒事由に該当する疑いがある場合には、懲戒事由に該当する行為の有無等に関する調査が終了し、懲戒処分に関する決定が行われるまで、自宅待機を命じる場合がある。
2　前項の場合、社員は、会社に対して連絡先を明らかにするとともに、会社からの出社要請に応じなければならない。

第10章　教育訓練・福利厚生・職務発明

（教育訓練の実施）
第72条　新たに雇い入れられた者に対しては、業務に関する導入訓練を実施する。
2　前項に定めるもののほか、会社は必要な研修会等の教育訓練を実施する。
3　前項に定める研修会等で、所定労働時間外に行われ、参加が任意のものについては、賃金（割増賃金を含む）を支給せず、また、研修費用の全部または一部を負担させる場合がある。

（福利厚生）
第73条　社員は、会社の設置する各種福利厚生制度を利用することができる。

（職務発明）
第74条　性質上会社の業務範囲に属し、かつ、その発明をするに至った行為が社員の現在または過去の職務に属する発明（以下「職務発明」という）については、別に定める「職務発明規程」に基づいて取り扱うものとする。

（附　則）
この規則は〇〇年〇月〇日から施行する。

執筆事務所

森・濱田松本法律事務所

弁護士約480名（外国法事務弁護士等を含む）を擁する（2018年12月時点）、日本有数の大規模総合法律事務所。海外には北京・上海・シンガポール・バンコク・ヤンゴン・ホーチミンに、国内では東京のほか、大阪・名古屋・福岡（弁護士法人森・濱田松本法律事務所の従事務所）に拠点を有し、国内外を問わず幅広い業務分野をカバーしたワンストップ・サービスを提供している。

執筆弁護士一覧（50音順）

安倍 嘉一　あべ よしかず
2000年東京大学法学部卒業、2005年10月弁護士登録（日本）。経営法曹会議会員、第一東京弁護士会労働法制委員会外国法研究部会副部会長、同会司法研究委員会ＬＧＢＴ部会副部会長。
主な著書に『ケースで学ぶ労務トラブル解決交渉術』（民事法研究会、2013年）、『従業員の不祥事対応実務マニュアル』（民事法研究会　2018年）、『企業訴訟実務問題シリーズ　過重労働・ハラスメント訴訟』（中央経済社　2018年、共著）がある。

荒井 太一　あらい たいち
2002年慶應義塾大学法学部卒業、2009年米国バージニア大学ロースクール（LL.M）卒業、2015-2016年厚生労働省労働基準局に出向。『企業訴訟実務問題シリーズ　労働訴訟―解雇・残業代請求』（中央経済社　2017年2月刊（共著））、『企業の情報管理‐適正な対応と実務』（労務行政　2016年9月刊（共著））、ほか多数執筆。
2018年「Chambers Asia 2018」において、Employment分野のUp and Comingに選出
2017年厚生労働省「柔軟な働き方に関する検討会」委員就任。

岩澤 祐輔　いわさわ ゆうすけ
2013年東京大学法学部卒業、2015年弁護士登録。主な著書に、『企業訴訟実務問題シリーズ　過重労働・ハラスメント訴訟』（中央経済社、2018年、共著）、『弁護士が教える　いちばんわかりやすい労働判例集』（労務行政　2018年、共著）、『コンプライアンスのための金融取引ルールブック（第17版）』（銀行研修社、2018年、共著）がある。また、「WEB労政時報」において、「国際自動車（第2・歩合給等）事件（東京地裁　平28.4.21判決）」など複数の裁判例の解説を担当。

宇賀神 崇　うがじん たかし

2010年東京大学法学部卒業、2012年東京大学法科大学院修了、2014年弁護士登録、2016年中国対外経済貿易大学ビジネス中国語（高級）課程修了、2018年米国ジョージタウン大学ローセンター留学。労働法務と中国法務を中心として、『弁護士が教える　いちばんわかりやすい労働判例集』（労務行政　2018年刊、共著）、『2018年 労働事件ハンドブック』（労働開発研究会　2018年刊、共著）、『中国経済六法2018年版』（日本国際貿易促進協会　2018年刊、共著）、研究報告書「中国における知的財産権侵害に対する当事者間の紛争解決手段に関する調査」（日本貿易振興機構　2018年）、「中国最新法律事情（219）執行・仲裁に関する３つの司法解釈」（国際商事法務Vol.46 No.5）、『業務場面でつかむ！民法改正で企業実務はこう変わる』（第一法規　2018年刊、共著）ほか多数執筆。

梅澤 惇　うめざわ じゅん

2014年早稲田大学法学部卒業、2016年慶應義塾大学法科大学院修了、2017年弁護士登録。

大川 信太郎　おおかわ しんたろう

2015年東京大学法学部卒業、2016年弁護士登録。
WEB労政時報にて「弁護士が精選！重要労働判例－第170回　イクヌーザ（組込型固定残業代の有効性）事件」、BUSINESS LAWYERSにて「休職者を復職させるにあたり、どのような職場に配置させるべきか」などを担当。主な著書に『海外進出企業のための外国公務員贈賄規制ハンドブック』（商事法務、共著）がある。

小栗 翼　おぐり つばさ

2013年慶應義塾大学商学部商学科中退、2016年慶應義塾大学法科大学院修了、2017年弁護士登録。

金丸 祐子　かなまる ゆうこ

2005年慶應義塾大学大学院法学研究科民事法学専攻修士課程修了（法学修士）、2006年弁護士登録（日本）、2012年米国カリフォルニア大学ロサンゼルス校ロースクール卒業（LL.M.）、2013年ニューヨーク州弁護士登録。2012－2013年シンガポールRajah & Tann LLPにて、2013－2014年住友電気工業株式会社法務部にて執務。主な著書に'The International Copmarative Legal Guide to Employment & Labour Law 2018 8th Edition'－Japan section（Global Legal Group、2018、共著）、『Q&A 改正個人情報保護法と企業対応のポイント』（新日本法規、2017年、共著）がある。

川井 悠暉　かわい ゆうき

2016年京都大学法科大学院修了、2017年弁護士登録。「ビジネスガイド」（2019

年3月号)にて「裁判例からみる雇止め可否の判断ポイントと企業の対応策」を執筆。「WEB労政時報」にて、「幻冬舎コミックス事件(東京地裁　平29.11.30判決)を担当。

木村 純 きむら じゅん
2011年早稲田大学法学部卒業、2014年東京大学法科大学院修了、2015年弁護士登録。「労政時報」にて、相談室Q&A「上司との恋愛関係を解消したことを理由とする異動希望に、どう対応すべきか」(3914号－16.8.12)を執筆。また、「WEB労政時報」において、「紀北川上農協事件(大阪地裁　平29.4.10判決)」など複数の裁判例の解説を担当。その他の労務関係の執筆として、『相談室Q&A－有期労働契約の無期転換申込みに対する対応』(中央経済社　企業会計　2018年6月号)等を担当。

坂本 萌 さかもと もえ
2011年慶應義塾大学法学部法律学科卒業、2013年慶應義塾大学法科大学院修了、2014年弁護士登録。『弁護士が教える　いちばんわかりやすい労働判例集』(労務行政　2018年、共著)を執筆。また、WEB労政時報において、「野村證券元従業員(同業他社に転職した元社員に対する退職加算金の返還請求)事件」など複数の裁判例の解説を担当。
その他主な著書・論文として、「メンタルヘルスの不調により休職中の従業員が復職可能かどうかの判断」(BUSINESS LAWYERS　2018年7月6日発行)、「相談室Q&A　パワハラの判断基準と対応策」(中央経済社　企業会計　2018年8月号)など多数。

塩見 典大 しおみ のりひろ
2012年京都大学法学部卒業、2016年神戸大学法科大学院修了、2017年弁護士登録。

芝村 佳奈 しばむら かな
2016年東京大学法学部卒業、2017年弁護士登録。「WEB労政時報」誌上にて、「泉レストラン事件(東京地裁　平29.9.26判決)」など複数の裁判例の解説を担当。

白岩 直樹 しらいわ なおき
2013年東京大学法学部第1類卒業、2015年東京大学法科大学院修了、2016年弁護士登録。2017年より東京大学法科大学院未修者指導講師。WEB労政時報において、「学校法人札幌大学(給与支給内規変更)事件(札幌地裁　平29.3.30判決)」、「甲学園(就業規則の変更による最大で約15.5%(約424万円)の退職金減額が認められた例)事件(大阪地裁　平28.10.25判決)」等を担当。また、主な著書に、『機関投資家の議決権行使方針及び結果の分析〔平成30年版〕』(商事法務、共著)、「TOPIX100構成銘柄企業のコーポレートガバナンス・コード

対応の傾向－2018年3月末時点開示内容をもとに－」（商事法務、共著）がある。

立入 寛之 たちいり ひろゆき
2013年東京大学法学部第1類卒業、2015年東京大学法科大学院修了、2016年弁護士登録。2018年より東京大学法科大学院未修者指導講師。「WEB労政時報」にて、「ニチネン（賃金減額の有効性）事件（東京地裁 平30.2.28判決）」を担当。また、主な著書に、「2018年改訂後のコーポレートガバナンス・コードに基づく開示事例と分析」（商事法務、共著）、「TOPIX100構成銘柄企業のコーポレートガバナンス・コード対応の傾向－2018年3月末時点開示内容をもとに－」（商事法務、共著）がある。

谷口 行海 たにぐち いくみ
2015年慶應義塾大学法学部法律学科卒業、2017年東京大学法科大学院中退、2017年弁護士登録。「WEB労政時報」にて、「乙山彩色工房事件（京都地裁 平29.4.27判決）」を担当。

堀 裕太郎 ほり ゆうたろう
2013年中央大学法学部政治学科卒業、2016年東京大学法科大学院修了、2017年弁護士登録。「WEB労政時報」にて、「大阪医科薬科大学事件（大阪地裁 平30.1.24判決）」を担当。

松本 亮孝 まつもと りょうこう
2014年京都大学法学部卒業、2016年京都大学法科大学院修了、2017年弁護士登録。「WEB労政時報」において、「国・中労委（学校法人河原学園［旧岡崎学園］）（元組合委員長へのけん責処分等の不当労働行為）事件（東京地裁 平29.7.19判決）」を担当。

南谷 健太 みなみたに けんた
2011年東京大学経済学部経済学科卒業、2014年慶應義塾大学法科大学院修了、2015年弁護士登録。「労政時報」にて、相談室Q&A「特定の社員を1カ月間に何回も出張させることは問題か」（3930号－17.5.12）を執筆。また、「WEB労政時報」において、「仁和寺事件（京都地裁 平28.4.12判決）」など複数の裁判例の解説を担当。その他の主な著書・論文として、『改正入管法の要点』（会社法務A2Z 2019年2月号）、『弁護士が教える いちばんわかりやすい労働判例集』（労務行政 2018年、共著）、『働き方改革関連法の概要と実務上の対応ポイント』（月刊監査役2018年10月号、共著）、『働き方改革関連法の概要と求められる企業の対応』（会計・監査ジャーナル2018年9月号）など多数。

南田 航太郎 みなみだ こうたろう
2015年東京大学法学部第1類卒業、2016年東京大学法科大学院中退、2017年弁

護士登録。「WEB労政時報」において、「学校法人Y大学（人事措置等）（業務制限の継続の有効性）事件（東京地裁　平29.8.10判決）」を担当。また、主な著書に、「機関投資家の議決権行使方針及び結果の分析［平成30年版］」（商事法務、共著）がある。

毛阪 大佑　もさか だいすけ
2013年京都大学法学部卒業、2015年京都大学法科大学院修了、2016年弁護士登録。

森田 茉莉子　もりた まりこ
2005年東京大学法学部卒業、2007年東京大学法科大学院修了、2008年9月弁護士登録（日本）、2014年米国ニューヨーク大学ロースクール修了（LL.M.）、2015年ニューヨーク州弁護士登録。2014～2015年米国Epstein Becker &Green法律事務所にて、2016－2017年米国連邦政府・雇用機会均等委員会（EEOC）・ADR Unitにて執務。主な著書に『企業訴訟実務問題シリーズ　過重労働・ハラスメント訴訟』（中央経済社、2018年、共著）、「Q&A相談室：日本ヒューレット・パッカード事件」（中央経済社　企業会計　2012年10月号）がある。

山内 洋嗣　やまうち ひろし
2004年東京大学法学部卒業、2007年弁護士登録、2014年米国ヴァージニア大学卒業、2015年ニューヨーク州弁護士登録。主な著書に『企業危機・不祥事対応の法務〔第2版〕』（商事法務、共同編集・共著）、「日本版司法取引制度と企業が行うべき実務対応」（会計・監査ジャーナル第30巻11号）、「公表の要否と適否を考える　データ偽装発覚直後の対応」（ビジネス法務第18巻第8号）、「企業グループにおける内部監査」（旬刊商事法務2159号）がある。

山口 祥太　やまぐち しょうた
2014年名古屋大学法学部卒業、2016年早稲田大学法科大学院修了、2017年弁護士登録。「WEB労政時報」にて、「コナミスポーツクラブ事件（東京地裁　平29.10.6判決）」を担当。

カバー・本文デザイン／株式会社ライラック
印刷・製本／日経印刷株式会社

働き方改革時代の規程集

2019年7月 8日　初版発行
2020年3月26日　初版2刷発行

編　著　森・濱田松本法律事務所
発行所　株式会社 労務行政
　　　　〒141-0031　東京都品川区西五反田3-6-21
　　　　　　　　　　住友不動産西五反田ビル3階
　　　　TEL：03-3491-1231
　　　　FAX：03-3491-1299
　　　　https://www.rosei.jp/

ISBN978-4-8452-9312-4
定価はカバーに表示してあります。
本書内容の無断複写・転載を禁じます。
訂正が出ました場合、下記URLでお知らせします。
https://www.rosei.jp/static.php?p=teisei